THE
SHALLOWS

網路讓我們
變笨？數位
科技正在改
變我們的大
腦、思考與
閱讀行為■

WHAT
THE
INTERNET
IS
DOING
TO
OUR
BRAINS

THE
SHALLOWS

網路讓我們
變笨？數位
科技正在改
變我們的大
腦、思考與
閱讀行為

WHAT
THE
INTERNET
IS

Nicholas Carr

DOING

[著] 卡　爾　[譯] 王年愷

TO
OUR
BRAINS

「數位新世界」出版的話

　　數位科技像空氣一樣，一轉瞬就充滿了我們生活的每個角落。工作、學習、娛樂、理財、居家、出遊、溝通、傳情、兼差、謀生、犯罪等，沒有一種媒體的發明像數位科技這樣無縫深入。

　　美國史學大師巴森在他的經典名著《從黎明到衰頹》中說，這個時代有一個新階級叫做「數位人（Cybernist）」，他們的角色跟中世紀的教會神職人員一樣，各機構制度的主管及領袖皆從這個階級產生。巴森在 1999 年寫出這段話的時候，Google 尚未誕生，然而 10 年過後，現在全世界市值上升最快的公司，讓最多年輕人快速致富的行業，全都來自這裡。

　　數位世界本來是人類的新邊疆，但很快的它已經變成我們的現實。英特爾的葛洛夫說「所有公司都會變成網路公司」，我們不只架部落格、上噗浪、開臉書，我們也要開始煩惱新開拍的電影如何找到觀眾，老家日漸蕭條的手工製品如何找到新愛好者，舊媒體如何找尋新讀者，救災體系如何不要被鄉民在一天之內架設的網站所淘汰。

　　舊時代的服務、溝通、組織必須現在就跨入新世界，而我們只有很少數人熟悉數位世界的遊戲規則。如果有所謂數位落差，那不只存在於城鄉之間，更重要的是存在於舊部門、舊市場、舊主管、舊官僚對新世界的陌生。

　　你不需要開始學程式設計，但你應該開始熟悉數位世界運作的原理，以及如何進入的方法。這是「數位新世界」系列為什麼會誕生的原因。

各界好評

電腦網路迷人風貌下，潛藏著風險。本書指出了這令人心驚的風險。

—— 王智弘（彰化師範大學輔導與諮商學系教授）

每當史上任何一種新技術正以摧枯拉朽之勢在改變人類生活的時候，總會有人不合時宜地唱出刺耳的反調。也許事後大家會嘲笑這種聲音的落伍與可笑；但是更久之後，我們往往才能發現原來這是一段把握到時代變化之關鍵的冷靜低音。說不定這本書就是如此一盆冷水，能夠稍息我們過度火熱而淺薄的情緒。

—— 梁文道（知名文化評論家）

這本書既非不斷堅持憂慮立場的悲嘆之作，亦不是天真樂觀的數位頌歌；卡爾的《網路讓我們變笨？》是一部有深度又充滿驚奇的作品，探索我們「急躁」的性靈在網路時代下的樣貌。不論你透過書頁或螢幕來閱讀，都一定要讀這本書。

—— 范德比爾特（《馬路學》作者）

卡爾仔細地檢視了當代文化最重要的議題：新的數位環境造成的心智和社會變遷。他在書中不偏離重大的議題，以鎮靜

的步調拆解了網際網路相關討論時經常出現的陳腔濫調。《網路讓我們變笨？》充滿機智、企圖心，又淺顯易懂，亦真正描述了我們當今詭異的人工新世界。

　　——喬歐亞（詩人、美國國家藝術基金會前主席）

　　教育的核心，是發展出專心一致的能力。這種能力結成的果實，我們稱為文明。但這一切有可能都要結束了。歡迎進入膚淺時代，人類的反教育過程正要開始。在這本傑作裡，卡爾統合了近年來的認知相關研究，同時委婉地反駁了把科技進展過度理想化的人，真正點出線上生活習慣所造成的危險：我們的頭腦會被重組。讀者將會逐漸發現一個冷酷的事實：我們好像真的把自己搞砸了。

　　——柯勞佛（《摩托車修理店的未來工作哲學》作者）

　　總結來說，《網路讓我們變笨？》試圖留住人類深思遠慮的心智能力，這些能力在當今看來受到愈來愈大的威脅。卡爾的陳述發人深省，他直言不諱地指出網際網路這個媒體如何改變我們現在的思考方式，以及未來的世代會如何思考，或是不用哪些方式思考。幾乎沒有別的作品比這本書更重要。

　　——沃夫（《普魯斯特與烏賊》作者）

　　卡爾寫了一本很重要的書，來得也正是時候。試試看你能不能離線得夠久，好把這本書讀完！

　　——寇柏兒特（《災難現場筆記》作者）

獻給母親

也謹此緬懷父親

目 次

在這寬闊的寂靜中
我會整修一個玫瑰環繞的聖殿
以運行大腦的花圈格棚裝飾……
　　　　　── 濟慈，〈賽吉頌〉

前言

看門狗與小偷

一九六四年，正當披頭四襲捲美國影視廣播之際，加拿大哲學家麥克魯漢出版了《認識媒體》一書，也因此從一位沒沒無聞的學者竄升成為明星。此書有如神諭，言簡意賅且震撼思維；在一九六〇年代這個充滿迷幻藥、靈魂遨遊、登陸月球的火箭，以及眾人對內外探索的遙遠時期，這本書正是時代產物的最佳寫照。《認識媒體》的核心是個預言，預示著直線思維的崩解。麥克魯漢宣稱二十世紀的「電子媒體」，包括電話、廣播、電影及電視，正在打破文字對我們思考及感官的無情主宰。人類破碎零散的個體自亙古深鎖在閱讀鉛字書頁中，此時卻轉而完整融合到一個廣納全球的部族村落裡，幾乎達到「科技擬真的意識，亦即認知的創造過程會無所保留地延伸到整個人類社會。」[1]

即使在名聲如日中天之時，談論《認識媒體》的人還是遠比讀過它的人來得多。這本書現在已成為文化古物，只在大學媒體研究課程裡研讀；但麥克魯漢引人注意的能力不亞於他的學術成就。他善於用字遣詞，其中一句話從書中躍然而出，成

為大眾熟知的名言：「媒體即訊息。」當我們再三複誦這句謎語般的格言時，我們忘了麥克魯漢並不只是承認新通訊科技的改變力量，並為之喝采，他還同時警告著這股力量帶來的威脅，以及忽視這份威脅的風險。他寫道：「電訊科技就在城門裡，跟造就與形成美式生活的古騰堡印刷術交會，但我們卻對此麻木、耳聾、瞎眼、默不作聲。」[2]

麥克魯漢了解，一個新媒體來臨時，大家會很自然地沉浸在它帶來的資訊，亦即其「內容」。他們關心報紙上的新聞、收音機裡的音樂、電視上的節目、電話線另一端的人所說的話。媒體本身的技術再怎麼讓人驚奇，仍消失在不斷湧現的真相、娛樂和言語對談的背後。等到大家（不免俗地）開始爭論這個媒體的影響是好是壞時，爭論的重點總是內容。擁護者會稱讚它，批判者會貶低它。幾乎所有新的資訊媒體都經歷過同樣的爭執方式，這至少可追溯回古騰堡印刷機印出來的書本。擁護者讚美新技術開啟的新內容洪流，將之視為文化的「民主化」，他們的說法相當有道理。批判者則指責新內容粗俗，將之視為文化的「蠢化」，這種說法也一樣有道理。一方的富饒伊甸園，是另一方的荒蕪之地。

網際網路是最新引起這種辯論的媒體。網路擁護者和批判者交鋒二十年，戰場包括數十本書和多篇期刊文章，以及數以千計的網誌文章、影片和播客節目。雙方仍然針鋒相對：擁護者宣布資訊易取、高參與度的新黃金時期將屆，而批判者抱怨這是庸俗、自我沉溺的新黑暗時代。這個辯論的確很重要，因為內容確實要緊，但是由於論點過於傾向個人思想和品味，使

得辯論走入死巷裡。表達的看法日益極端，攻勢也逐漸轉為人身攻擊。「搞破壞的盧德份子！」擁護者冷笑著說。「沒教養的非利士人！」批判者譏諷回應。「悲觀主義者！」「不知天高地厚的傢伙！」

但雙方都忽略了麥克魯漢看到的事情：長久下來，媒體帶來的內容不重要，反而是媒體本身對我們思考及行為造成的影響比較要緊。一個廣泛使用的媒體是我們窺看世界和自身的窗口，也因此形塑我們看到的事物，以及我們看待這些事物的方式──如果我們用得夠多，它終有一日會改變我們每個人及社會整體。麥克魯漢寫道：「科技的影響不是在觀念或概念的層面上。」這些影響反而會改變「認知的模式，並且是不停歇、不受阻的改變。」[3] 這是愛出鋒頭的人的誇大之詞，但他所持的觀點無誤。媒體會直接對神經系統施展它們的魔法或損害。

我們專注在媒體的內容上，會使我們看不到這些深層的影響。我們對節目內容感到驚豔或不適之外，沒有餘力注意我們頭腦內發生的事情。到了最後，我們便假裝技術本身並不重要；我們告訴自己，我們怎麼使用它才重要。這意味著我們有控制能力，這種狂妄的暗示意義也讓人感到欣慰。各種技術和科技不過是工具罷了，在被我們使用以前沒有活動力，放下後也沒有活動力。

沙諾夫是 RCA 的廣播先驅人物，後來亦是美國國家廣播公司發展電視的領導人物，大眾傳媒正是他建立事業版圖和致富的主要工具。他在一九五五年一場於聖母大學的演講裡駁斥了他人對大眾傳媒的批評，他不責怪新科技造成任何的不良影

響，反而把所有的過錯推到閱聽大眾身上：「我們太容易把科技器具當成代罪羔羊，代替操控這些工具的人的罪過。現代科學的產物本身並沒有好壞，決定其價值的，是我們使用它們的方式。」麥克魯漢對這個看法嗤之以鼻，指責沙諾夫用「現正流行的夢遊語氣」[4] 說話。麥克魯漢認為所有新的媒體都會改變我們：「我們對所有媒體的標準態度，亦即『重要的是我們使用它們的方式』，是科技白痴的麻木姿態。」媒體的內容只是「小偷隨身攜帶的鮮美肉塊，用來引開守護心智的看門狗。」[5]

　　就連麥克魯漢也不可能預見網際網路獻給我們的盛宴：佳餚一道接一道，愈益鮮美多汁，我們在大啖之餘幾乎無喘息的空檔。自有網路連線能力的電腦縮到 iPhone 和黑莓機的大小後，這變成一個可移動的盛宴，無時無刻在任何地方皆能享用。它在我們家裡、辦公室裡、車裡、教室裡、皮包裡、口袋裡。即使對網路不停擴張的影響保持戒慎的人，也很少讓他們的擔憂妨礙他們使用和享受科技。影評人湯姆生曾觀察到：「在媒體的確定性面前，疑慮的力量會削弱。」[6] 他談的是電影，以及電影這個媒體如何把它大大小小的感受投射在銀幕上，同時也投射在我們這些入迷又順服的觀眾上。他的言論更適於形容網路。電腦螢幕帶來的財寶和便利性如推土機，鏟平了我們的疑慮。它無微不至地為人類服務，如果我們還反過來責怪它主宰人類的生活，反倒顯得我們很無禮。

第一章

HAL與我

　　「大衛，停下來。停下來好嗎？停下來，大衛。你可以停下來嗎？」庫柏力克的電影《二〇〇一太空漫遊》片末一個著名又出奇深刻的場景裡，超級電腦 HAL 這樣祈求憤恨難平的太空人鮑曼。鮑曼差點因為這台故障機器在外太空喪命，此時正平靜冷酷地拔除控制它人工頭腦的記憶迴路。「大衛，我的頭腦要消失了，」HAL 無助地說著。「我可以感覺到。我可以感覺到。」

　　我也可以感覺到。過去幾年來我有股不舒服的感受，好像有人（或是有東西）在亂動我的頭腦，重整裡面的神經迴路，重編裡面的記憶。我的思考能力並沒有流失，最起碼我覺得不是這麼一回事；但是它在改變。我不再用以前的方式來思考。當我在閱讀的時候，這種感覺最強烈。以前我很容易就能沉浸在書本或長文裡。我的頭腦會深入曲折的敘事或是蜿蜒的論述，我也會一次花上數小時漫步在長篇散文中。這種情形現在已經不常遇到了。現在，我在閱讀一兩頁後注意力就會開始飄移。我會坐立難安，忘掉先前的思緒，並開始找別的事情

做。我覺得我一直在把我任性的頭腦拉回文本上。以前自然而來的深度閱讀，現在變成一種搏鬥。

我覺得我知道到底發生了什麼事：這十多年以來，我花了很多時間在網路上，到處瀏覽，有時還會在碩大的網路資料庫中新增資料。身為一個作家，網路真是上天送下來的禮物。以前需要在圖書館書架中或期刊室裡費時數日的研究，現在只需要幾分鐘：用 Google 搜尋幾次、快速點了幾個超連結後，我就能找到所需的事實資料或名言錦句。我實在無法統計網路幫我省下的時間及汽油。我大部分的銀行交易和購物都是在線上進行的。我用電腦的瀏覽器來付帳單、約時間、訂機位和旅館房間、換發駕照，以及發送邀請卡與問候卡。就算在工作外的時間，我也很有可能在探索網路的資料叢林：讀寫電子郵件、快速掃過新聞頭條和網誌文章、追蹤臉書狀態更新、看串流影片、下載音樂，或是單純在連結之間點來點去。

網路已經成為我的全能媒體，大部分從我雙眼雙耳進入腦內的資訊都是順著網路這個渠道流入的。這個異常豐富又容易搜索的資料收藏能供人立即取用，好處眾多；這些好處也已有許多人描述和稱讚。《考古雜誌》一名作家普林格說：「Google是對人類的神奇恩賜，把原先四散世界各地、讓人無法從中獲益的資訊和想法採集、集中起來。」[1]《連線雜誌》的湯普生觀察如下：「矽晶記憶的完整無瑕是對思想的恩賜。」[2]

這些恩賜是真的，但是它們也有代價。一如麥克魯漢所提，媒體並不只是資訊的通道：它們為思想提供材料，但也塑造思想的方式。網路現在似乎逐漸侵蝕我的專注和深思能

力。不論我是否在線上，我的頭腦現在期望以網路散播資訊的方式來吸收資訊：像是一道快速流動的分子。從前我是茫茫字海裡的潛水夫；現在我像是騎著水上摩托車，在水面上飛馳。

也許我是個異類，一個局外人，但事情看起來不像這樣。當我跟朋友提起我的閱讀困難時，許多人說他們也遭受一樣的痛苦。他們使用網路愈多，就愈需要掙扎才能專注在長篇寫作上。有些人擔心他們染上了慢性散漫浮躁症。曾任職於雜誌社、現在編寫關於線上媒體網誌的卡普承認他已經完全不再閱讀書本了。他寫道：「我在大學的時候主修文學，閱讀的胃口曾經很大。到底發生了什麼事？」他猜測的答案是：「我現在所有的閱讀都在網路上，或許不是因為我閱讀的方式變了（也就是說，我只是圖個方便），而是因為我**思考**的方式變了？」[3]

探討電腦在醫藥方面應用的部落客佛里曼也形容網際網路如何改變他的思考習慣：「我現在幾乎完全失去閱讀、吸收篇幅稍長文章的能力，不論是網路或紙本文章都一樣。」[4] 這位任教於密西根大學醫學院的病理學家在電話上跟我繼續說明他的看法。他說，他的思考方式現在帶有如音樂「斷奏」的特質，這也反應他從許多網路來源快速掃過小段文章的行為。他承認：「我沒辦法讀《戰爭與和平》了，我已經失去這個能力了。就連超過三四段長的網誌文章也沒辦法吸收。我都只是大略瀏覽過去。」

經常在學術出版協會網誌上發表文章的康乃爾大學通訊科技博士班學生戴維斯，回憶起一段一九九〇年代他示範網路

瀏覽器給朋友看的舊事。他說,當那位女生停下來閱讀她瀏覽到的文章時,他覺得「震驚」,甚至「生氣」。他責罵她:「你不該細讀網頁的,點有超連結的字就好了!」戴維斯現在寫道:「我讀得很多,或說我應該要讀得很多,但其實我沒有。我會略讀,我會快速捲動過去。我對長篇縝密的論證沒有耐心,雖然我也會責怪他人過度簡化世界。」[5]

卡普、佛里曼與戴維斯都是受過良好教育、有寫作長才的人;他們對於閱讀與專注能力退化似乎還不太悲觀。他們認為,整體來說,使用網路得到的益處,包括快速取得成山的資訊、強大的搜尋與過濾工具、容易與少數興趣濃厚的讀者分享意見,足以彌補他們不再能坐下來一頁頁閱讀書本或雜誌的損失。在一封電子郵件裡,佛里曼跟我說他「從未比最近更有創造力過」;他將之歸功於「我的網誌,以及我檢閱／略讀網路『大量』資訊的能力。」卡普逐漸認為在線上閱讀許多互相聯結的簡短選段比起閱讀「兩百五十頁的書」來得有效率;不過他說:「我們目前還無法體認這種交互聯結思考模式的優越性,因為我們是以舊的直線思考模式來衡量它。」[6]戴維斯則省思:「網際網路也許讓我變成一個比較沒有耐心的讀者,但我想它也讓我在許多方面變得更聰明。我能接觸到更多文獻、文物和人,這表示有更多外來的因素會影響我的思考,進而影響我的寫作。」[7]三個人都知道他們犧牲了一個重要的東西,但是都不願回到以前的樣子。

對某些人來說,「閱讀書本」這個念頭已經過時,甚至還有點傻,就像是縫補自己穿的襯衫,或是自己屠宰動物來

吃。「我不讀書了，」佛羅里達州立大學前學生會長、二〇
八年羅德獎學金得主之一的歐席這樣說。「我去 Google 就能
快速吸收相關資訊。」當使用 Google 書籍搜尋功能就能在一
兩分鐘內挑出重點段落時，主修哲學的歐席覺得實在沒有理由
一章接著一章慢慢走下去。他說：「坐下來把一本書從頭到尾
讀完沒有道理。這不是我善用時間的方法，因為我可以從網路
上更快地取得所有我需要的資訊。」他認為，當一個人成為網
路上的「高竿獵人」時，書本就顯得多餘無用。[8]

　　歐席的情形看來不是特例，而是常態。二〇〇八年時，一
個叫 N 世代的研究顧問公司發表一項網際網路對青少年影響
的研究。該公司訪問了六千名他們稱為「網路世代」的人，亦
即成長過程中一直使用網路的青少年。領導這項研究的研究員
寫說：「沉浸在數位世界的生活甚至還影響他們吸收資訊的
方式。他們在讀一頁文字的時候，不一定由左而右、由上而
下。他們有可能跳來跳去，到處尋找他們感到興趣的資料。」[9]
杜克大學教授海爾絲最近在一次資優學生兄弟會的會面中坦
言：「我已經沒辦法叫學生把整本書讀完了。」[10]海爾絲教的
是英語文學；她指的是主修文學的學生。

　　網路的用法琳琅滿目。有些人熱中使用最新科技，甚至到
無法自拔的地步。他們會用十多種以上的線上服務來記錄生
活，也會訂閱數十個資訊頻道。他們撰寫網誌並加上標籤，也
會用簡訊和推特傳消息。有些人雖然不那麼在意非走在最前端
不可，但仍然花大部分時間在線上，在桌上電腦、筆記型電腦
或手機上打字。網路已成為他們工作、學校或社交生活不可或

缺的一部分，而且經常對三種生活層面都是必須的。還有些人每天只上線幾次而已，上網收收電子郵件、追蹤新聞消息、研究他們感興趣的議題，或是購物。當然，還有很多人完全不用網路，可能是因為他們付不起，或是他們不想用。無論如何，網路對整個社會而言已經明顯成為最多人選擇的通訊及資訊媒體，而且這和軟體設計師柏納李撰寫最早的網際網路程式碼相隔僅僅二十年。它的使用範圍空前廣泛，即使以二十世紀大眾傳媒的標準來看都是如此。它的影響範圍也一樣遼闊。不論出於選擇或必要，我們已經接受網路獨有的高速搜集和散播資訊的方式。

如麥克魯漢所預期，我們似乎已經來到一個知識和文化史上的關鍵點，兩種非常不同的思考方式要在此交替。我們為了取得網路的寶藏而換掉的（只有小氣的守財奴才看不到這些寶藏），正是卡普所稱「我們舊的直線思考模式」。冷靜、專注、不受干擾的直線思考頭腦被一種新的頭腦推到一邊，這種頭腦想要，也需要以簡短、不相連、經常重疊在一起的擊發方式來吸收和發布資訊，而且愈快愈好。曾是雜誌編輯和新聞教授、現在經營聯合線上廣告公司的巴泰爾說，當他快速點閱網頁時，能夠感受到智識快速增長的雀躍之情：「當我在幾小時的時間裡即時從多處取材堆砌出新物品時，我可以『感覺』到我的頭腦被點亮，我『感覺』到我變得更聰明。」[11] 大部分人在上線的時候也曾有過類似的感受。這種感覺讓人陶醉其中，其醉人的程度使我們忽略了網路在認知方面造成的更深層影響。

　　從古騰堡的印刷機使閱讀書本成為大眾活動起，直線、重
文字的頭腦在過去五個世紀裡一直是藝術、科學和社會的中
心。這種頭腦既柔軟又細膩，是文藝復興充滿想像的頭腦、啟
蒙時代理性的頭腦、工業革命富有創造力的頭腦，甚至是現代
主義滿是破壞顛覆的頭腦。不久後，它可能成為往日過時的頭
腦。

　　超級電腦 HAL 9000 誕生（或是以 HAL 謙虛的說法，「開
始操作」）的日期是一九九二年一月十二日，問世的地點是伊
利諾州厄巴納的一個神祕電腦廠。我在差不多剛好三十三年前
出生，出生的地方是另一個美國中西部城市，俄亥俄州的辛辛
那提。我的一生跟大部分屬於戰後嬰兒潮和 X 世代的人一樣，
以一齣二幕戲的方式展開。這齣戲以類比青少年揭幕，道具快
速全部替換後就進入數位成年階段。

　　當我憶起童年的景象時，它們看起來既安撫人心又陌
生，像是從一部大衛林區執導的普遍級電影裡抽出來的定格畫
面。這些景象裡有固定在我們廚房牆上的肥大暗黃色電話，有
撥號用的轉盤和又長又捲的電話線；我父親在調整電視上面像
兔耳的天線，試圖讓擋住辛辛那提紅人隊比賽畫面的雜訊消
失，卻徒勞無功；有躺在我們碎石車道上面捲成一綑、被露水
沾濕的早報；有客廳裡的高傳真音響，旁邊的地毯上散著一些
黑膠唱片封套和防塵套（有些是我兄姊的披頭四專輯的）。地
下室充滿霉味的起居室裡，書架上有很多很多的書，它們五顏
六色的書背上寫著每本書的書名和作者。

　　一九七七年，也就是電影《星際大戰》上映、蘋果電腦公司成立那年，我前往新罕布夏州的達特茅斯學院就讀。申請入學時我並不知情，達特茅斯學院當時早已是學術電子計算機領域的頂尖學校，校方也在讓師生運用資料處理機器的能力上扮演關鍵的角色。校長克梅尼是位備受推崇的電腦科學家，他在一九七二年的時候寫了《人類與電腦》一書，影響甚大。在此之前十年，他還是培基程式語言的發明人之一，這是第一個使用常用單字和日常語法的程式語言。校園正中央附近，在新喬治王朝風格、有著高聳鐘塔的貝克圖書館後方，蹲著只有一層樓高的基維特計算機中心；這是一棟看起來乏味、有些許未來感的水泥建築，裡面藏著學校的兩部奇異 GE-635 大型主機。這兩部主機跑的是畫時代的達特茅斯分時處理系統；這是一種早期的網路，能讓數十人同時使用電腦。分時處理系統就是我們今天個人電腦的雛型。如克梅尼在他書中所言，這使得「人與電腦之間存在一個真正的共生關係。」[12]

　　我當時主修英美文學，為了避開數學和科學課程可說費盡心思；但是基維特中心位在校園的核心地帶，正好在宿舍和兄弟會集中地的中間，周末傍晚我常常會在公共電傳室裡的終端機前耗上一兩個小時，等著啤酒派對的氣氛炒熱起來。我通常會玩個大學部程式設計師（他們自稱「系程師」）拼湊出來的愚蠢原始多人遊戲，不過我確實也教會自己使用系統難用的文字處理程式，還學了一些基本的培基語言指令。

　　這些只不過是些數位小把戲而已。我每在基維特中心待一小時，大概也在鄰棟的貝克圖書館窩了二十多小時。我在圖書

館如洞穴般又深又黑的自習室裡抱考前佛腳，在參考書架上的厚重書籍裡查資料，也在流通櫃台打工，幫忙處理借書及還書。不過，我在圖書館時大部分是在書架的狹窄通道間漫步度過。雖然有上萬本書圍繞，我不記得我當時會感到焦慮，不像現今所謂「資訊過載」出現的症狀。那些書的靜謐有一種安撫感；它們願意等上幾年，甚至是好幾十年，只待適合的讀者前來把它們從書架位置上拿下來。「慢慢來吧，」書本用蒙塵沙啞的嗓音輕聲跟我說，「我們哪兒都不會去。」

到了一九八六年，我離開達特茅斯五年後，電腦才積極進入我的生活。我太太莫可奈何地允許我花了大約兩千美金（幾乎是我們全部的積蓄）買了一部蘋果電腦早期的麥金塔系列電腦：一部裝了最高配備的 Mac Plus，有著一 MB 的隨機存取記憶體、一顆二十 MB 的硬碟，和一個小小的黑白螢幕。我還記得我拆開這台褐色小機器的包裝時有多麼興奮。我把它安置在我的書桌上，插上鍵盤和滑鼠，撥動電源開關。電腦亮了起來，響了一個歡迎的鈴聲，並一邊對著我微笑，一邊執行著讓它活起來的神祕過程。我深深被它吸引住了。

這部 Mac Plus 身兼家用電腦和公司商用電腦二職。我每天把它拖到我擔任編輯的管理顧問公司辦公室裡。我使用微軟的 Word 軟體來修改提案、報告和簡報，有時候也會打開 Excel 來修正顧問報表。每天晚上，我把它運送回家，在家裡用它來追蹤家庭收支、寫信、玩遊戲（還是很蠢的遊戲，但沒那麼原始）；但最讓人分心的事情，是使用當時所有麥金塔電腦內建、創意十足的 HyperCard 程式來拼湊出簡單的資料庫。

HyperCard 是蘋果電腦公司創意數一數二的程式設計師艾金生所撰寫的，其使用的超文本系統預示了網際網路的模樣及感覺。雖然說在網路上點選的是頁面的連結，而 HyperCard 裡點選的是卡片上的按鈕，不過想法如出一轍，吸引力也一樣強。

我開始感覺到電腦不只是一個一步一口令的簡陋機器：電腦是一個會以細微但明顯的方式對人造成影響的機器。我使用電腦的時間愈長，它對我工作方式的改變也愈大。剛開始的時候我沒辦法在螢幕上編輯任何東西，我會把文件印出來，用鉛筆做修正，再把修正輸入數位版本裡；輸入完成後再印出來用鉛筆修改一次。有時候，我一天內會這樣來回十多次。但不知何時開始，我的編輯程序突然改變了。我發現我沒辦法在紙上書寫或修改任何東西。少了刪除按鍵、捲軸、剪下及貼上功能，和復原的指令，我就覺得失去了方向。我**非得**在電腦螢幕上做所有的編輯工作。在使用文字處理程式之中，我自己也變成了某種文字處理機器。

當我在一九九○年前後買了一部數據機後，更大的改變來了。在此之前，我的 Mac Plus 是部獨立作業的機器，功能僅限於我在硬碟上裝的軟體。當它和其他電腦透過數據機連線後，它開始有了新的身分和角色。它不再只是個高科技瑞士刀，而是一個通訊的媒體，一個搜尋、整理和分享資訊的裝置。我試用了所有的線上服務，包括 CompuServe、Prodigy，甚至還有蘋果短命的 eWorld 服務；但是我決定長期使用的是美國線上的服務。我一開始訂購的美國線上服務只讓我一周上線五小時；我會細心地把珍貴的一分一秒分配好，好讓我能和

一小群也有美國線上帳號的朋友通電子郵件，在幾個電子布告欄上追蹤消息，和閱讀轉載自報章雜誌的文章。事實上，我還喜歡上我數據機透過電話線與美國線上伺服器溝通的聲音。聽著那些「嗶」、「咔」的雜音就像是聽兩個機器人之間的友善爭論。

到了一九九○年代中期，我身陷「升級輪迴」中，這讓我不太愉快。我在一九九四年讓年老的 Mac Plus 退役，換成一台麥金塔威力貓 550，有著彩色螢幕、唯讀光碟機、一顆五百 MB 的硬碟，以及當時感覺快得出奇的 33mHz 處理器。我用的軟體大部分需要更新版本才能在新電腦上使用，它也能讓我跑各種不同、有著最新多媒體功能的新程式。我把所有新軟體安裝完後，我的硬碟也滿了。我必須再去買一顆外接硬碟來擴充。我還新增了一個 Zip 高容量軟碟機，後來再增添一個燒錄器。過沒幾年，我又買了一部螢幕更大、處理器更快的新桌上型電腦，以及一部我在外出時能使用的攜帶型機種。在此同時，我的老闆禁用麥金塔電腦，改用 Windows 作業系統的電腦，所以我用了兩種不同的系統：工作時一種，在家時另一種。

約在此時，我開始聽到有人談論一個叫網際網路的東西；據知情人士所說，這個神祕的「網路的網路」未來一定會「改變一切」。一九九四年《連線雜誌》的一篇文章宣稱我鍾愛的美國線上「突然過時」了。一個叫「圖像介面瀏覽器」的新發明許諾著一個更加精采萬分的數位體驗：「只要跟隨著連結（點一下，所連結的文件就會出現），你就能隨心所欲任遊

線上世界。」[13] 這先激起我的好奇心，後來更使我深深著迷。到了一九九五年末，我在工作用電腦上安裝了新的網景瀏覽器，用它來探索看似無窮盡的網路頁面。不久，我在家裡也有一個線上服務帳號，以及一部更快的數據機用來搭配這個服務。我取消了我的美國線上服務。

故事接下來的部分你一定知道，因為這八成也是你自己的故事：日益快速的晶片、日益快速的數據機、DVD 和 DVD 燒錄器、容量以 GB 計算的硬碟、雅虎、亞馬遜、eBay、MP3、線上串流影片、寬頻網路、Napster 和 Google、黑莓機和 iPod、無線網路、YouTube 和維基百科、網誌和微網誌、智慧型手機、隨身碟、小筆電。這些有誰能抗拒呢？我可沒辦法。

當網際網路在二〇〇五年左右升級為 Web 2.0 時，我也跟著它一起升級。我轉而使用社群網路，並生產數位內容。我註冊了 roughtype.com 這個網域，也開始撰寫一個部落格。這是個令人亢奮的經驗，至少頭幾年是如此。我從二〇〇〇年左右就開始以自由寫作維生，大部分的寫作內容與科技有關；我熟知出版書籍或文章是一個緩慢、花費心力，且經常讓人頭痛的事情。你會絞盡腦汁寫出初稿，把它寄給出版商；假如它沒跟著退件信回來的話，你還要經歷一回又一回的編輯、查證、校對手續。成品要等到數周或數月後才會出現；如果是一本書，你可能要等上超過一年才會看到它付梓出版。部落格拋棄了整個傳統出版機制。你把文字寫出來，加上幾個連結，按下「發布」按鈕，你的作品便立刻公開給全世界看。你還會得到

正式寫作方法少有的東西：讀者直接的回應，有可能以留言評論的方式出現，或是如果讀者自己也有部落格，就會以連結回應。這個新奇的過程是一種解放。

線上閱讀也讓人覺得新奇、解放。透過超連結和搜尋引擎，我的螢幕上有著源源不斷的文字，另外還隨附圖片、聲音和影片。出版商拆除付費的藩籬後，免費內容的潮流變成海嘯。新聞頭條日夜不停地來到我的雅虎首頁和 RSS 閱讀器。在一個連結上點一下，就會出現數十個，甚至上百個連結。我的電子信箱收件匣每一兩分鐘就會有新郵件。我在 MySpace、臉書、Digg 和推特上註冊帳號。我開始不再續訂我之前訂閱的報紙和雜誌；這些東西還有誰需要？當這些東西的紙本寄來時，不論是否被露水沾濕，我都覺得我早已看過它們的內容了。

二〇〇七年的某一刻，我的資訊樂土裡溜進了一條懷疑的惡蛇。我開始注意到網路對我的影響遠比我老舊、獨立作業的電腦來得深刻及廣泛。這不單單是因為我花那麼多時間盯著電腦螢幕，或是我在更加習慣、仰賴網站和網路服務後，許多習慣和作息也隨之改變。我頭腦運作的根本方式好像也在改變。這時我就開始擔心我無法把精神集中在同一件事上超過一兩分鐘的問題。一開始，我以為這個問題只是中年頭腦退化的症狀。但是，我發覺我的頭腦不只是在慢慢飄走，它還感到飢餓。它要求我用網路餵食它的方式來餵它，而且餵它吃得愈多，它就變得愈餓。就算我不在電腦前，我還是渴望著收信、點連結、用用 Google。我想要**保持連線**。正如微軟的

Word 把我變成人肉文字處理機器，我感覺到網路正把我變成某種高速資料處理機器，一個人肉的 HAL。

我想念我的舊腦袋。

第二章

必經之路

　　尼采已到山窮水盡之際。他從小就體弱多病，而且自從他在普魯士軍隊騎兵部隊服役時自馬上摔下來後，從來沒有完全康復過。一八七九年時，他的健康情形每下愈況，也因此被迫辭去他在巴塞爾大學的文字學教授一職。此時他年僅三十四歲，在歐洲到處遊走，尋找他身上諸多病痛的療法。他會在秋天天冷時前往南方的地中海海岸，春天時再北上到瑞士阿爾卑斯山，或是他母親在萊比錫附近的住所。一八八一年末，他在義大利港城熱那亞租了一間頂樓公寓。他的視力在退化中，把兩眼集中在頁面上已變成痛苦累人的事，常常會帶來劇烈頭痛和一陣陣嘔吐。他被迫縮短寫作時間，並且害怕不久必須完全停止寫作。

　　在無計可施的情形下，他訂了一部打字機，一部丹麥製的馬林漢生書寫球，機器在一八八二年初的時候送達他的住所。書寫球是哥本哈根皇家聾啞機構校長馬林漢生前幾年的新發明，外觀有種奇特的美感。它看起來像一個華麗的金色針墊。五十二個包含大小寫字母、數字和標點符號的按鍵以同心

圓的方式從球的上方冒出來，其排列方式經科學設計，可以讓打字最有效率。在按鍵下方有一個圓弧金屬盤，可放入一張打字用紙。巧妙至極的齒輪機制讓金屬盤在每按一次按鍵後向前推進，動作精準如時鐘般。只要有足夠練習，打字的人可以在一分鐘內打出多達八百個字元，因此這也是當時史上速度最快的打字機。[1]

書寫球救了尼采，至少救了他一段時間。當他學會盲打後，他便能眼睛閉著、只用指尖打字，讓腦內思考的文字再度流到頁面上。他鍾愛馬林漢生的發明，甚至還為它打了一首小頌歌：

> 書寫球是個像我的東西：以鋼鐵製造
> 卻在旅途中易受扭曲。
> 需要有充足的耐心和技巧，
> 還有靈巧的手指，才能使用我們。

三月的時候，柏林的一份報紙報導尼采「感覺比以前還要好」，而且因為打字機的關係「已恢復寫作活動」。

但這個機器還對他的作品產生較細微的影響。尼采的一位好友，身兼作家和作曲家的柯瑟立茲，注意到尼采寫作風格的改變。尼采的散文變得緊實，有如電報。他的作品也有股新的強悍力道，像是機器本身的「鋼鐵」力透過某種形而上的神祕方式傳到它打出來的頁面上。「也許這部機器會帶給你全新的風格習慣，」柯瑟立茲在信中寫道，並且還說明在他自己的作

品裡，「我在音樂和語言上的『想法』經常和紙筆的品質有關。」

「你說的對，」尼采回覆。「我們的寫作工具會參與塑造思考。」[2]

當尼采在熱那亞練習使用書寫球時，在東北方八百公里的地方有位叫佛洛伊德的年輕醫學生在一個維也納的實驗室裡擔任神經生理學研究員。他的專長是解剖魚類和甲殼類動物的神經系統。他從實驗裡推測大腦跟身體的其他器官一樣，是由許多不同的細胞組成的。日後再將他的理論延伸，猜測細胞之間的間隙（他稱為「接觸屏障」）在管理我們腦內功能上扮演關鍵角色，會形塑我們的記憶和想法。佛洛伊德的結論在當時不屬於科學主流的看法。大部分的醫生和研究人員相信大腦並不是由細胞組成，而是由神經纖維構成的單一塊長布。即使跟佛洛伊德抱持相同看法，認為大腦是由細胞組成的人，也幾乎沒有人注意到這些細胞之間的空隙可能發生的事情。[3]

佛洛伊德當時已訂婚，迫切需要更高收入，不久便放棄研究員的道路，改當私人精神分析學家。不過，日後的研究證實了他年輕時的猜想。科學家使用功能不停增強的顯微鏡，證實了各別神經細胞的存在。他們還發現這些細胞（亦即神經元）跟我們體內其他細胞既相似又不相似。神經元有中央核心，稱為神經元胞體，肩負體內其他細胞共通的功能。但神經元還有兩個像觸角的附屬物，即軸突和樹突，用來發送和接收電脈衝。神經元在活動時，會有脈衝從胞體流到軸突末端，並

引發軸突末端釋放稱作神經遞質的化學物質。神經遞質流過突觸（即佛洛伊德所謂的「接觸屏障」），附在相鄰神經元的樹突，在這個細胞裡引發（或抑制）新的電脈衝。神經元彼此之間以透過突觸傳送的遞質溝通，在複雜的細胞通道裡傳遞電波。想法、記憶、情感全來自神經元透過突觸達成的電化學交流。

二十世紀時，神經科學家和心理學家更能體認人類大腦令人咋舌的複雜度。他們發現，我們的頭骨裡有大約一千億個各種不同形狀的神經元，其長度可從數十分之一毫米到數公尺不等。[4] 一個神經元通常有許多樹突（但只會有一個軸突），而樹突和軸突也可能有無數個分支和突觸終端。平均而言，一個神經元會有大約一千個突觸連結，有些神經元會比這個多一百倍。我們腦內億萬個突觸把我們的神經元連結成一個綿密的迴路網；這個網狀結構以我們尚未完全理解的方式，產生出我們的思想、感覺，以及自我意識。

雖然上個世紀人類對大腦生理運作的了解愈來愈深，我們仍視一個老舊的假設為理所當然：大部分的生物學家和神經科學家還是一如數百年來一般，堅信成人的腦部結構不會改變，我們的神經元會在兒時大腦尚可改變的時候形成迴路，當我們成熟以後迴路便固定下來。照主流的觀點來看，大腦像是一個堅固的結構體，在我們年輕時灌漿、塑型之後，就會快速硬化成為最後的形狀。我們長到二十歲以後，就不會再有新的神經元和迴路形成。當然，我們還是會繼續在一生中儲存新的記憶（也會遺忘舊的），但成人大腦裡唯一會發生的結構變

化，是伴隨著身體老化、神經細胞死亡而來的緩慢崩壞。

雖然成人大腦的不變性廣為科學家堅信，仍然有些異端出來唱反調。少數的生物學家和心理學家在快速增多的大腦研究文獻裡看到跡象，顯示即使成人大腦也能改變，或說有「可塑性」。他們認為，我們一生中都可能有新神經迴路形成，而老舊的迴路有可能會增強、減弱，甚至完全消失。英國生物學家楊格在一系列由英國廣播公司於一九五〇年播放的講座裡，主張大腦的結構可能一直處在變動的狀態，會因應不同的工作需求而調節改變。他說：「有證據顯示我們的腦細胞其實會隨著使用而發展增大，也會因為不使用而萎縮或消逝。因此，每一項舉動都有可能在神經組織上留下永久的印記。」[5]

楊格並不是第一個提出這個看法的人。早在七十年以前，美國心理學家詹姆士就對大腦的適應能力表示一樣的直覺看法。他在他的畫時代鉅著《心理學原理》中寫著：「神經組織似乎先天就有驚人的可塑性。」正如任何其他的生理複合構造，「外來的力量或內在的張力可能在不同的時候作用，將構造變成與原本相異的樣貌。」詹姆士也引述法國科學家杜蒙的一段譬喻，並對此表示認同；杜蒙在更早一篇關於習慣對生理影響的文章裡，將經驗對大腦的影響喻為陸地上的流水：「流水會替它自己挖出一條通道，這條通道會愈來愈寬、愈來愈深，當水再度流動時，它會循著它原先刻出來的道路走。相同地，外在事物的印象會在神經系統裡刻出愈益妥善的道路，這些必經之路會在相似的外在刺激下重新啟動，即使中斷一段時間後仍然如此。」[6]佛洛伊德也一樣站在反對主流的立

場。在〈科學心理學大綱〉這篇寫於一八九五年但未出版的文章裡，他主張大腦，特別是神經元之間的接觸屏障，可以為了因應一個人的經驗而改變。[7]

　　大部分的腦部科學家和醫師都駁斥這類的臆測，而且常常對其嗤之以鼻。他們仍堅信大腦的可塑性在童年結束後會消失，這些「必經之路」一旦鋪好後就不會再拓寬或縮小，更別提重畫了。他們跟拉蒙卡哈爾站在同一個立場。拉蒙卡哈爾是位著名的西班牙醫師、神經解剖學家和諾貝爾獎得主；他在一九一三年以斬釘截鐵、不留存疑空間的口吻宣稱：「在成人的〔腦部〕中心裡，神經道路是固定、最終、不變的。所有的東西都能死亡，但沒有東西能再生。」[8]拉蒙卡哈爾在年輕的時候，自己也曾經對正統看法存疑；一八九四年時，他提出假設：「思想的器官在某種程度上是可變的，而且也能透過方法正確的腦內運動漸臻完善。」[9]但他最後仍接受傳統看法，也成為傳統觀點的一位雄辯、權威的守護者。

　　成人大腦之所以被視為不變的生理器材，起因於工業革命時視頭腦為機械器具的譬喻，這個譬喻也用來支持大腦不變的論點。就如同蒸氣機或發電機一般，神經系統由許多零件組成，每個零件都有一個既定的功用，好讓整體可以完善地運作。這些零件的形狀或功能都不能改變，因為只要一有變化就一定會立刻使整部機器故障。大腦的不同區域，甚至是每一個迴路，都扮演著清楚規畫好的角色，處理感官輸入、指示肌肉動作，或形成記憶和想法；這些角色在兒時建立以後就不能再變動。依此來看，英國詩人華茲華斯的名言也很適合套用在大

腦上：孩童確實是成年人的父執之輩。

大腦為機械的概念既反映又反駁了笛卡兒在一六四一年《沉思集》闡述的著名二元論。笛卡兒宣稱大腦和精神存在分成有形及無形的兩個領域。實體的大腦跟身體其他部分一樣，是個純機械的器具，像時鐘或泵浦一樣照零件的運行而運作。但笛卡兒認為大腦內的運作並不能解釋意志思想的運作。身為自我意識的精髓，精神存在於物理空間之外，超越物質定律。精神和大腦可以互相影響（依笛卡兒所見，是透過松果體某種神祕的行為），但它們仍是完全分開的個體。在那個科學躍進、社會動盪的年代裡，笛卡兒的二元論有種安撫的效果。現實有物質的層面，是科學管轄的領域，但也有精神的層面，是神學管轄的領域；這兩個領域之間沒有交會點。

當理性思考變成啟蒙時代的新興宗教後，「精神為無法觀察、無法實驗的非物質」這個概念變得薄弱不堪。科學家在認同笛卡兒「大腦為機械」的想法之餘，卻反對笛卡兒二元論的「精神」部分。思想、記憶和情感不再被視為來自一個虛無的精神世界，而是大腦生理運作產生出來的合理、既定產物。自我意識不過是這些生產過程下的副產品而已。一位著名的神經生理學家宣稱：「『精神』一詞已經過時了。」[10] 數位的電腦（一種「會思考的機器」）於二十世紀中出現後，「大腦為機械」的譬喻更加擴大鞏固了。此時科學家和哲學家開始說我們大腦的迴路，甚至是我們的行為，都是「固定的線路」，正如刻在電腦矽晶片裡的微小迴路。

當「成人大腦無法改變」成為固定教條後，研究心理學家

多吉認為這又演變為一種「神經科學虛無主義。」多吉解釋說，由於這促成「一種許多腦部病變療法是無效或不需要的觀念」，這使得精神病患或腦傷患者幾乎沒有受治療的希望，更別說是痊癒了。當這個觀念「擴散到我們的文化裡」後，它最終「阻扼了我們對人性的整體看法。因為大腦無法改變，從中而來的人性看起來也必須是固定無法變動的。」[11]沒有再生這回事，只有逐漸崩壞。我們也被冷硬如水泥的腦細胞困住了——或是說，被後天調教的想法困住了。

時間是一九六八年。當時我九歲，是一個標準的郊區孩子，會在我家附近的樹林裡玩耍。麥克魯漢和梅勒兩人在黃金時段電視節目上辯論，爭論梅勒所稱「人類加速進入超科技世界」[12]所造成的心智和道德涵義。《二○○一太空漫遊》正在戲院裡首輪上映，讓看片的人一知半解、陷入沉思，或是單純感到不滿。而在威斯康辛大學麥迪遜校區一個安靜的實驗室裡，莫山尼克正在一隻猴子的頭骨上鑿一個洞。

二十六歲的莫山尼克才剛從約翰霍普金斯大學獲得生理學博士的學位，指導教授是蒙特凱索這位神經科學先驅。他到威斯康辛大學來進行大腦圖譜的博士後研究。科學家此時早已熟知身體的每一個部分都在大腦皮質上有對應的區域。皮質就是大腦充滿皺褶的表層，當皮膚裡特定的神經細胞受到刺激（比方說，被觸碰或被捏），它們會傳送一個電脈衝，透過脊髓到達皮質上一個特定區域的神經元裡，神經元再把皮膚被觸碰或被捏轉譯為有意識的感受。一九三○年代時，加拿大神

經外科醫生潘菲德曾使用電探針來繪製最早的人類大腦感測圖。但潘菲德的探針很原始，而他的感測圖雖然是當時畫時代的成就，但不夠精確。莫山尼克用一種新的探針，即細如髮絲的微電極，來繪出更加精準的感測圖，希望能從中找出腦部結構的新發現。

他移除猴子頭骨的一塊，讓猴子腦部露出一小部分後，便將一條微電極插入大腦皮質感測猴子某隻手的區域。他輕拍那隻手的不同部位，直到微電極旁的神經元有反應。經過幾天的時間，微電極有系統地插入數千次以後，他完成一幅顯示猴子大腦如何處理手部知覺的「微地圖」，準確到單獨神經細胞。他又在五隻猴子身上重複同樣的繁瑣手續。

莫山尼克接著進行實驗的第二部分。他用小刀畫在猴子手上，切斷感覺神經。他想了解大腦在末梢神經系統受傷再癒合後會有什麼樣的反應。他的發現讓他大為震驚。猴子手部神經長回來時變得紊亂，一如所料，牠們的大腦也如預期混亂了。舉例來說，當莫山尼克碰觸猴子手指的下方關節，猴子的大腦會告訴牠知覺是從指尖傳來的。訊息交錯在一起，腦部感測也混亂了。但是莫山尼克過幾個月再重複同樣的感覺實驗時，他發現大腦已經把紊亂的情形釐清了。猴子大腦認為正在發生的事，跟實際上正在發生的事吻合。莫山尼克發覺猴子的大腦自行重組了。猴子的神經道路依照一份新的地圖自行鋪設，好配合手部神經新的排列方式。

莫山尼克一開始無法相信他看到的現象。他跟所有的神經科學家一樣，學到的是成年的大腦無法改變；但他在實驗室裡

正好看到六隻猴子的大腦在細胞層級上進行快速、透徹的重組。莫山尼克日後回憶道：「我知道這樣的重組出奇震撼，但我沒辦法解釋。現在回想起來，我了解我當時看到神經可塑性的證據，但我那時並不知情。我只是很單純無法了解我所看到的。再說，神經科學主流裡根本不會有人相信有這種程度的可塑性。」[13]

莫山尼克在一份學術期刊上發表他的實驗結果[14]，但沒什麼人注意。不過，他知道他發現了全新的東西，後來三十年期間還在更多隻猴子上進行更多實驗，實驗的結果全部指向成年靈長類大腦有廣泛的可塑性。在一份一九八三年發表的實驗紀錄論文裡，莫山尼克更直截了當地宣告：「這些結果完全與感官系統是一系列固定程序機器的看法相牴觸。」[15] 他的實驗結果雖然一開始沒有人採信，現在卻在神經科學圈裡引發高度重視，最後還促成科學家重新檢視所有有關大腦運作的既有理論。研究人員發現有一系列的實驗記錄了神經的可塑性，最早可追溯回詹姆士和佛洛伊德。這些老舊研究長期受到忽略，但現在受到高度關注。

腦部科學不停地發展，可塑性的證據也一直變強。神經科學家除了使用微電極和電探針外，還使用靈敏的新機器掃描大腦，對象除了實驗室動物外還包括人類。這些實驗全都證實了莫山尼克的發現。它們還透露更進一步的事：大腦的可塑性不限於掌管觸覺的體感皮質，而是無所不在的。幾乎全部的神經迴路，不論是負責觸覺、視覺、聽覺、運動、思考、學習、理解或記憶，都有改變的可能。過去為眾人所接受的知識被拋開

了。

　　事實證明，成人大腦不光是可塑而已：照指導喬治梅森大學克拉斯諾高等研究所的神經科學教授奧茲的說法，大腦「非常可塑」。[16] 或是以莫山尼克自己的說法，是「極端可塑」。[17] 我們愈老，可塑性會愈低，大腦多少還是會固定下來，但是可塑性永遠不會消失。我們的神經元一直不停地切斷舊的連結和建立新連結，全新的神經細胞也不停生長。奧茲觀察道：「大腦有即時重新設定的能力，以此改變它的運作方式。」

　　我們目前還不知道大腦如何自行重新設定的一切細節，但是佛洛伊德的臆測現在已變得很明白了：祕密主要在突觸的化學物質濃湯裡。神經元之間細微縫隙裡發生的事情複雜異常，但簡單來說會牽涉到多種在神經通道裡標記和記錄經驗的化學反應。每當我們有生理或心理上的行為或感覺，我們腦內的一組神經元就會啟動。如果它們就在附近，這些神經元會透過交換突觸神經遞質（如麩胺酸這種胺基酸）的方式來結合。[18] 同樣的經驗重複時，神經元之間的突觸連結會增強、增多，其中包含生理上的改變，像是釋放更高濃度的神經遞質，以及結構上的改變，例如產生新神經元或在既有軸突和樹突上產生新的突觸末端。突觸連結也有可能隨經驗而減弱，同樣也是生理或結構改變造成的。我們在生命中學習的事情會嵌入腦內不停變動的細胞連結裡，這些相連的神經元形成我們腦內真正的「必經之路」。今日的科學家以一個稱為「海伯定律」的說法

來歸納神經可塑性的動態：「一起發動的細胞就會串連在一起。」

生物學家坎德爾在一九七〇年代早期對一種叫海兔的大型海蛞蝓進行一系列實驗，雖然方法非常簡單，但十足地展現突觸連結改變的方式。（海洋動物很適合拿來進行神經系統實驗，因為牠們的神經系統通常比較單純，神經細胞也比較大。）坎德爾這項實驗日後為他贏得諾貝爾獎；他發現海蛞蝓的鰓被碰觸後會立刻有縮回去的反射動作，即使是非常輕微的碰觸也會。但是如果一直重複碰觸它，不對蛞蝓造成任何其他的傷害，縮回的反射動作會漸漸消失。蛞蝓會習慣這種觸覺，並學會忽略它。坎德爾透過監視海蛞蝓神經系統的方式，發現「這個學習而來的行為改變伴隨著突觸連結強度遞減」，減弱的突觸連結坐落在「感到」觸碰的感覺神經元，與向鰓下達縮回指示的運動神經元之間。蛞蝓在正常的狀態下，大約百分之九十的感覺神經元會跟運動神經元連結，但是在鰓被碰觸四十下以後，只有百分之十的感覺細胞還保有跟運動細胞的連繫。坎德爾寫說，這項研究「強力證明了突觸能在相對少量的訓練之後產生大幅度且持久的改變。」[19]

突觸的可塑性，讓經驗主義和理性主義兩種久戰的思想方法哲學得以和解。依照洛克等經驗主義者的觀點，我們出生時的頭腦是一塊空白的「白板」。我們所知的事全從我們的經驗、我們在生命中學習的事物得來；換句話說，我們是後天教養的產物，而非先天便如此。依照康德等理性主義者的觀點，我們出生時腦內就有現成的「樣板」來決定我們如何觀

察、理解世界。我們所有的經驗都會經過這些與生俱來的樣
板；也就是說，先天性格才是主導。

　　如坎德爾所述，海兔實驗證實了「兩種看法都有道理，事
實上還會互補。」我們的基因「預設」了許多「神經元之間的
連結，換句話說，它們決定哪些神經元會在何時與哪些其他神
經元產生連結。」這些由基因決定的連結就是康德所謂的天生
樣板，也就是大腦的基本架構。但是我們的經驗會控制連結的
強度，或者可說「長期下來的效果」；這會造成思想不間斷的
形塑以及洛克所主張的「新行為模式的表現」。[20] 本來對立的
經驗主義和理性主義，在神經突觸中找到共同點。紐約大學神
經科學家李竇在《突觸構成的自我》一書中說明，先天性格和
後天教養「其實說的是同一種語言。它們都藉由塑造大腦突觸
組織的方式來達到心智和行為上的效果。」[21]

　　大腦不是我們以前認為的機器樣貌。雖然不同的區域跟
不同的腦內功能有關，構成大腦的細胞並不會形成不變的
結構，或是扮演固定的角色。它們是柔軟可動的，會依照經
驗、情形與需求改變。有些大幅度的驚人改變是針對神經系統
受傷的反應。比方說，實驗證實如果一個人眼睛失明，腦內處
理視覺刺激的視覺皮質並不會就此關閉，而會快速被處理聲音
的迴路取代。如果這個人學會閱讀盲人點字，視覺皮質會重新
分配，用來處理透過觸覺傳來的資訊。[22] 麻省理工學院麥戈文
腦部研究所的坎薇瑟教授這樣解釋：「神經元似乎『期待』接
收資料。平常的接收來源不見的時候，它們就會開始對最接近
的東西產生反應。」[23] 神經元隨時重新調適的能力，讓聽覺和

觸覺得以增強來彌補視覺的損失。失聰的人腦裡也會有類似的變化：他們其他的感官會增強，以彌補聽力的喪失。舉例來說，腦內處理周邊視覺的區域會變大，讓他們能看見以前聽到的事物。

一些針對意外失去手腳傷患的測試，也證明大腦自行重組的廣泛程度。傷者腦內處理截除肢體感受的區域，會很快被處理身體其他部位感受的迴路取代。在研究一位車禍中失去左手臂的少年男孩時，加州大學聖地牙哥校區大腦與認知中心領導人拉馬乾德朗發現當他要求男孩閉上眼睛，再碰觸男孩臉上不同部位時，男孩以為碰到的是他已經截肢的手臂。拉馬乾德朗一度輕拂男孩鼻子下方的部位，並且詢問：「你感覺這在哪裡？」男孩回答：「在我左手小指。有點刺痛。」這位男孩的腦內功能正在重組中，神經元重新分配到新的功能上。[24] 這類實驗的結果使我們現在相信，截肢病患的「幻肢」感受大部分源自神經可塑性造成的腦內改變。

我們對大腦調適能力的理解不斷增強，還發展出新的療法，用來醫治以前認為無法治療的病症。[25] 在二〇〇七年的《改變是大腦的天性》一書中，多吉敘述了一位麥可‧伯恩斯坦的故事；伯恩斯坦在五十四歲時重度中風，右腦掌管身體左邊動作的一部分受了傷。在一段正規的復健療程後，他恢復了部分的運動能力，但他的左手仍然無法使用，也必須使用拐杖才能走路。這個故事本來會在此結束，但近年伯恩斯坦參與一項實驗療法，這項實驗的領導人是阿拉巴馬大學神經可塑性研究的先驅研究員陶布。伯恩斯坦使用他的左手和左腿一再重複

例行的動作，有時每天長達八小時，每周多達六天。在幾星期的時間內，他左手和左腿的運動能力幾乎完全恢復了，讓他能回到從前每日的活動，不用再依賴拐杖。陶布還有不少病患也有同樣大幅度的復原情形。

神經可塑性的早期證據大多來自大腦對傷害的反應，包括莫山尼克切斷猴子手中的神經，或是人類喪失視力、聽覺或肢體。這使得一些科學家懷疑成人大腦是否只在極端情形下才有變動能力。他們猜測，可塑性也許是一種療傷機制，只有對大腦或感官的創傷才會啟動。後續的實驗證明了事實並非如此。健全正常的神經系統裡，也發現有著廣泛持續的可塑性；這讓神經科學家得出我們大腦永遠在變動的結論，即使是周遭情形和行為發生細微的變化，大腦也會重新調適。美國國立衛生研究院神經醫學部部長哈雷特寫道：「我們了解到神經不只有可塑的可能，這種可塑性還會不停運作。這是我們適應環境改變、學習新知識、發展新技能的方法。」[26]

哈佛大學醫學院一位領導研究員帕斯科里昂說：「神經系統在一生之中，正常情形下保持的狀態就是可以塑造的。」我們的大腦不停為了因應我們的經驗和行為而改變，在「每個感官感受、運動行為、關聯產生、獎勵信號、行動計畫，或是注意力〔改變〕」下都會重鋪一次迴路。帕斯科里昂認為，神經可塑性是演化造成的一項重要產物，因為這種特性使得神經系統「得以逃出自身基因組的限制，因而能適應環境壓力、生理變化，和不同的經驗。」[27] 大腦結構的不凡之處並不在於它內含大量的固定線路，而是在於它並沒有大量固定線路。美國哲

學家布勒在《調整的頭腦》這本批判演化心理學的書裡，認為經由自然選擇「設計出來的大腦並不是由數種預先寫好的適應範本構成」，反而是一個「可以在個體一生中適應當地環境需求的大腦，有時候可在數天之內就形成特殊化的結構，以應付這些需求。」[28] 演化讓我們有真正可以改變自身想法的大腦，而且還能一再改變。

我們現在知道，我們思考、領會、行動的方式不完全由基因決定，也不完全取決於兒時經驗。我們會用生活的方式來改變它們；另外，如尼采所察覺，我們使用的工具也會促成改變。陶布在阿拉巴馬州開設復健診所多年前，曾經針對一群慣用右手的小提琴手進行一項著名的實驗。他使用一部監控神經活動的機器，測量他們體感皮質裡處理左手訊息的區域（小提琴手使用左手來按樂器的絃）。他還測量一群慣用右手、從未學過樂器的自願受試者的相同大腦皮質區域。他發現小提琴手該區域明顯比非樂手受試者來得大。之後，他再量大腦皮質裡處理受試者右手感覺的區域；這裡樂手和非樂手沒有差異。演奏小提琴這種音樂工具，對大腦造成顯著的生理變化；即使是成年才開始學樂器的人也有相同的變化。

科學家訓練靈長類和其他動物使用工具後，也發現新技術對大腦的影響有多麼明顯。舉例來說，科學家訓練猴子使用耙子和鉗子，讓牠們取得平常抓取不到的食物。當研究人員監看猴子在受訓期間的神經活動時，他們發現猴子腦部的視覺區域和控制手使用工具的運動區域有顯著的成長。不過，他們還發現了更讓人訝異的事：耙子和鉗子直接融入猴子大腦裡掌管手

部的區域裡。就猴子大腦的觀點而言，這些工具成為猴子身體的一部分。根據執行該實驗的研究人員所述，猴子的腦部活動「像是把鉗子當成手指一樣。」[29]

　　不只有重複的動作才能重整我們腦內的迴路；只在腦內進行的活動也能改變神經迴路，有時還會大幅改變。一九九〇年代末，一個英國研究團隊掃描了十六位倫敦計程車司機的大腦，這些司機駕駛計程車的時間從兩年到四十二年不等。他們把掃描結果跟控制組比較時，發現計程車司機的海馬迴後方區域比常人大得多，這個區域在儲存及運用周遭環境的空間表徵上扮演關鍵的角色。更甚者，司機任職的時間愈久，海馬迴後方通常也愈大。研究人員還發現一些司機的海馬迴前方小於平均大小，可能是為了因應後方增大所需。後續的實驗指出，海馬迴前方縮小可能讓計程車司機其他方面的記憶能力減低。研究人員的結論是，在倫敦龐雜街道系統開車所需的不間斷空間處理能力，跟「海馬迴內灰質的相對重新分配有關。」[30]

　　帕斯科里昂在國立衛生研究院的另一個實驗提供了更多驚人的證據，說明我們思考方法影響大腦生理結構的方式。帕斯科里昂訓練了一群沒有彈過鋼琴的人，教他們彈一個由一小段音符組成的簡單旋律。他要其中一組每天在鍵盤上面練習這段旋律兩個小時，總共五天；他要求另一組每天在鍵盤前坐一樣長的時間，但只能想像自己在彈旋律，不能碰到琴鍵。帕斯科里昂用一種叫穿顱磁刺激的技術，記下所有受試者在測試前、中、後的腦內活動。他發現只用想像的那一組人，大腦的變化跟有實際按到琴鍵的人完全一樣。[31] 他們的大腦為了因

應純想像的舉動而產生變化；也就是說，大腦因為思考而改變。笛卡兒的二元論也許不正確，但他相信我們的思想可以對大腦產生生理上的影響，或是至少造成生理上的反應，這一點是正確的。從神經科學的角度來看，我們終會變成我們所想像的樣子。

葛林博在二〇〇八年《紐約書評》的一篇文章裡找到神經可塑性的詩意。他觀察到我們的神經系統「充滿著分枝、傳遞物質，以及被各種不凡的方式橫越過的間隙，有一種即興的特質，似乎反映思想本身的不可知。」[32] 這是個「虛幻的地方，會跟隨我們經驗的變化而改變。」我們有許多感謝思想工具可塑的理由：頭腦能輕易因經驗而改變，就連老舊的腦袋也能學會新把戲。大腦的適應能力不只替腦部創傷或病變的患者帶來新的療法和希望，這個能力還讓所有的人思想靈活、心智柔軟，讓我們能適應新的情境、學習新的技能，就整體而言擴展我們的視野。

但這不全是好消息。雖然神經可塑性讓我們免於受基因決定，多了一個自由思考和自由意志的出口，可塑性卻也在我們的行為上下了自己的決定論調。當我們透過重複生理或心理活動強化腦內特定的迴路時，這些迴路會把該項活動轉變為習慣。據多吉的觀察，神經可塑性的矛盾之處在於它既賦予我們靈活的大腦，卻也能把我們鎖進「僵化的行為」中。[33] 透過化學物質啟動的突觸將神經元串接起來；實際上，這也使得我們想要繼續運用它們形成的迴路。多吉寫道，腦內新迴路成形

後，「我們會希望一直保持啟用的狀態。」[34] 這就是大腦微調運轉的方式：例行的活動會愈來愈快、效率增加，而沒有用上的迴路會被剔除。

換句話說，神經具有可塑性並不等於帶有彈性：我們的神經迴路不會跟橡皮筋一樣彈回原始的狀態；它們改變後就會保持改變的狀態，而這個新的狀態當然不一定是讓人稱心如意的。壞習慣跟好習慣一樣，都能輕易烙印到神經元裡。帕斯科里昂認為：「可塑性造成的變化，對特定的個體而言不一定是行為上的加分。」可塑性除了是「發展及學習的機制」之外，也有可能是「病理上的原因」。[35]

正因如此，也有人將神經可塑性與精神疾病連結在一起，其中包含憂鬱症、強迫症、耳鳴等。病患愈是在意症狀，這些症狀就會在他的神經迴路裡刻得更深。在最極端的情形下，其實是腦部自己訓練出病來。許多藥癮之所以會加深，也是因為腦內可塑的通道被強化、鞏固之故。讓人成癮的藥物就算在很低的劑量下，也會大幅改變神經突觸裡的遞質流動，進而對腦部迴路及功能造成長期的變異。在一些情形下，某些像多巴胺（和腎上腺素類似，會造成愉悅的感受）的神經遞質在長久累積下甚至有可能會啟動或關閉某些基因，使對藥物的需求更強。原本的必經之路變成死亡之路。

日常例行活動也有可能因神經可塑性造成腦內的不良改變。實驗證明了大腦可透過生理或心理鍛鍊來建造全新、更強的迴路，但這些迴路也會因為長期忽略而減弱或消失。多吉寫道：「如果我們不再訓練思考的技能，我們不光只是忘掉這

些技能：它們在腦內占的空間會轉給其他被練習的技能。」[36]
加州大學洛杉磯校區醫學院的心理教授舒瓦茲稱這個過程為
「忙碌者生存」。[37] 我們犧牲掉的思考能力可能跟我們獲得的
能力一樣有價值，甚至更有價值。大腦可塑的特質裡，也潛藏
了心智衰退的可能性。

　　這並不代表我們無法在努力集中心力後再次改變神經訊息
的方向，重建我們喪失的能力。不過，這代表的就像杜蒙所理
解的，大腦內必經之路是阻力最小的路。這些道路是大部分人
在大部分情形下會選擇的走法，而且我們沿著道路走得愈遠就
愈難回頭。

〔插敘〕
大腦自我思考時在想什麼

　　根據亞里士多德的看法，大腦的功用是防止身體過熱。他在解剖學和生理學論文《論動物部分》裡，認為腦內物質是「土與水的混合物，可降低心臟的烈火奔騰。」血液從胸腔的「火熱」區域升起直達頭部，而大腦在頭部將其降溫到「中庸範圍」；冷卻下來的血液再流通全身。亞里士多德認為，這個過程有如「製造甘霖的過程，水汽因熱氣從地面升起前往高處，一接觸到地上高空的冷空氣，就會因此凝結成為水，再成為雨而落回地面。」人類之所以「論體形比例而言有最大的大腦」，是因為「人類心臟和肺部比其他動物更熱、更充血。」對亞里士多德而言，大腦顯然不可能如希波克拉底等人猜測那樣，是「感官的器官」，因為「當它被碰觸到時，沒有任何感受產生。」由於大腦缺乏知覺，「它有如動物的血液和糞便。」[1]

　　我們今天很容易嘲笑亞里士多德的謬誤，但也很容易了解這位偉大的哲學家為何會錯得如此離譜。大腦被包在頭骨箱子裡，不會傳達任何感官訊息告知它的存在。我們可以感覺到心

臟在跳、肺臟膨大、腸胃蠕動，但大腦無法運動，也沒有感官神經末端，對我們而言難以察覺。自古典時期到啟蒙時代的醫師和哲學家，必須從人類和動物屍體的頭顱取出一團團灰色組織，加以檢驗解剖，才能臆測頭腦的功能。他們看到的東西通常反映他們關於人性（或更全面來說，關於宇宙萬象）的既定立場。如美國醫學史教授馬登生在《大腦成形》裡所述，他們會把肉眼可見的大腦構造套進他們偏好的形而上隱喻裡，任憑己意重組這個器官的生理部分，「好依照自己的看法來描述相似之處。」[2]

在亞里士多德後將近兩千年，笛卡兒弄出另一個與水有關的譬喻來解釋大腦的功能。對他而言，大腦是精密水力「機器」裡的一個元件，這整部機器的運作有如「皇家庭院裡的噴泉」。心臟將血液送到大腦，而松果體會用壓力和熱能將血液轉型為「動物精氣」，這又會透過神經的「管線」傳開來。大腦的「洞窟和毛孔」是調節動物精氣流通全身的「孔徑」。[3]笛卡兒對於大腦功用的描述符合他的機械宇宙觀：依馬登生所言，這個宇宙觀裡**所有的**天體」都在各自獨立的系統裡「依循光學和幾何定律動態運作。」[4]

今日的顯微鏡、掃描器和感應器駁倒了這些關於大腦功用的古老幻想。但是大腦奇特而疏遠，彷彿屬於又不屬於我們的特質，還是在細微的層面上影響我們對它的認知。我們覺得大腦處在一種顯著的隔離狀態中，不受日常生活變動影響。儘管我們知道大腦是一個異常靈敏的經驗監控器，卻又想要相信它能超然於經驗的影響之外，想要相信它所記錄下來、儲存起來

的種種印象，不會在其自身的結構上留下印記。否則，我們就是在質疑自我的完整性。

我開始擔心網路改變我大腦處理資訊的方式時，心裡就是這樣子想的。剛開始，我抗拒這樣的想法。光是玩弄一部電腦，一個小小的工具，就能對我頭腦裡的東西造成深遠的影響，這種想法真是可笑至極！但是我錯了。正如神經科學家發現，大腦（以及由它而生的精神意識）是個永遠不會完工的作品。電腦不僅影響個人，更影響了人類整個物種。

第三章

思考的工具

　　一個小女孩從盒子裡拿出一支蠟筆，在紙張的一角上畫一個黃色的圓圈：這是太陽。她拿出另一支蠟筆，在紙張中間畫一道歪曲的綠線：這是地平線。她畫兩條穿透地平線的棕色線條，連結起來成為一個尖頂：這是一座山。她在山的旁邊畫一個歪斜的黑色長方形，上頭加上一個紅色三角形：這是她的家。小女孩稍微長大後去上學了，她在教室裡憑著記憶，在紙上畫出她國家的輪廓。她把這個輪廓分割成許多形狀，大略代表各州。她在其中一個州裡畫一顆五角星星，指出她居住的城市。小女孩長大了，受訓成為地理測量人員。她買一套精密儀器，用來測量一塊地的邊界和輪廓。她用測量得到的資料畫出一份精細的地圖，製成藍圖再給別人使用。

　　我們將周遭環境畫成圖案或地圖的方式，可用來回溯智能成熟的過程。我們先把四周所見的景物用原始、直接的圖像表示，而後進展到愈益精確、抽象的圖形來代表地理和地形空間；換句話說，我們從畫出所見，發展到畫出所知。隸屬美國國會圖書館的製圖專家維加，觀察到我們發展製圖能力的階段

過程，和二十世紀瑞士心理學家皮亞傑提出的兒童認知發展階段相仿。我們從幼兒時期以自身為中心、依靠感官體認世界，發展到青少年時期能做抽象、客觀的經驗分析。維加在描述兒童繪製地圖能力的進展時寫道：「剛開始時，認知無法對應到表現能力，能表現出的只有最簡單的地形關係，無法顧及視角或距離。之後，一種智能的『寫實度』會發展出來，用剛萌芽的比例關係概念表達所知的一切事物。最後會出現一種視覺的『寫實度』，並仰賴科學計算來達成與認知相符的結果。」[1]

在我們智能逐步成熟時，我們也在重演繪製地圖的歷史。人類最早的地圖，不論是畫在地上，或是刻在石頭上，都跟幼兒塗鴉一樣粗糙。這些圖案後來變得比較寫實，能夠真實描出空間比例，而且範圍經常超出肉眼所見的空間。時間久了以後，這種寫實度不論在精確度或抽象程度上都更加科學化。製圖家開始使用先進工具，像是能指出方位的指南針和測量角度的經緯儀，也開始仰賴數學概念和公式。在最後一階段的智能躍進後，地圖除了用來精確表示地表或天空的廣大空間外，還被用來表示想法，像是作戰計畫、疫情散播分析，和人口成長預測。維加形容如下：「把對空間的經驗轉變為空間的抽象化，這種智能演進過程是一種思想革命。」[2]

製圖學的演進不僅是人類智能進化的寫照，還對這門學問所記錄的學問進展施加推波助瀾的動力。地圖不但是儲存、散布資訊的媒體，更是觀察和思想模式的具體表現。隨著製圖技術的進步，製圖家獨特的觀察、認知世界方式也跟著地圖散播出去。地圖的影響遠遠超過訂定土地界線、規畫路程的實際功

用。製圖史學家羅賓森說明：「以一種簡化的替代空間取代現實空間，這本身就是一種讓人讚嘆不已的行為。」但是更讓人讚嘆的是地圖如何在社會各處「促進抽象思考的演進。」羅賓森繼續說：「簡化現實世界與建構替代它的相似空間，二者合起來確實達到相當高層次的抽象思考，因為這讓人能夠發現沒有圖譜就無法理解的思想架構。」[3] 地圖這項科技給了人類一顆理解能力更強的新腦袋，讓人更能了解塑造周遭事物和人類存在的無形力量。

地圖轉變了空間，把自然現象轉譯為抽象、思想化的概念；同樣的，機械時鐘也改變了時間。人類歷史裡，對時間的感受大多是無止盡的循環。某些時候，時間是被「計算」的，但仍是依靠自然現象做為計時工具，像是日晷影子的移動、沙漏裡落下的沙子，和水鐘裡流動的水。當時並沒有精確計時或細分日子的必要，大多數人只需要以日月星辰運行來計算時間。據法國中世紀歷史學家勒高夫所言，那時的人生「被農業生活的節奏掌控，不急躁、不在意精準與否、不計較生產力。」[4]

這種生活到了中世紀後半開始起了變化。最先需要精確計時的是基督教修士，他們的日常生活以規律的定時禱告為中心。六世紀時，聖本篤要求追隨他的人每天定時舉行七次崇拜儀式。六百年後，熙篤會修士更加重視守時，將整日畫分為一系列的規律活動，並視懈怠或浪費時間為對上帝的侮辱。由於有精準計時的需求，修士成為計時科技的先驅，致力發展計時技術。最早的機械時鐘便是在修道院裡組裝的，最早的鐘聲也

從教堂鐘塔傳出，後人也以此細分日常生活作息。

修道院以外的地方也有了精確計時的需求。歐洲富裕的王室宮廷十分重視新奇的玩意，開始渴求時鐘，並投入資金來促進時鐘的生產和提升技術。當住在鄉下的人搬到城裡，從田裡務農改為在市集、磨坊和工廠裡工作以後，他們的日子被分割為日漸精細的段落，每一段都用鐘聲宣告始末。在《時間革命》這本記述計時歷史的書中，藍迪斯描述如下：「鐘聲宣布工作開始、用餐、工作結束、城門關閉、市場開放、市場關門、集會、緊急事件、議會開會、飲酒時間結束、清掃街道開始、宵禁時間，以及其他事件，每個城市都有一套繁複的特別鐘聲。」[5]

工作、交通、崇拜，甚至休閒都需要更加縝密規畫和同步時間，也因此促成時鐘技術的快速發展。每個城市或教區光用自己的鐘來計時還不夠；現在，所有地方的時間必須一致，否則商業和工業會出問題。小時、分鐘、秒等時間單位變成通用標準，時鐘的機械元件也經過微調，讓它們更能精確測量這些時間單位。到了十四世紀，機械時鐘已經普及，幾乎所有地方都用它來協調各種繁瑣的機制，讓新的都市社會得以運行。城市間競相在城鎮公所、教堂或宮殿裡裝設最華麗的時鐘。歷史學家懷特提出以下的觀察：「每個歐洲城市都想盡辦法要用最響亮的計時鐘聲來伴隨行星運行、天使吹號、烏鴉啼叫，以及使徒、國王、先知的行進，深怕在眾城之間落後而抬不起頭來。」[6]

時鐘不僅變得更加精確和華麗；它們還變得更小、更便

宜。技術進步讓零件縮小，也連帶發展出人人付得起的鐘表，可以放置在屋內，甚至是攜帶在身上。假如公眾時鐘的普及改變了世人工作、購物、玩耍，和其他日漸規律的社會中的日常行為，個人計時工具（如室內時鐘、懷表，以及稍晚出現的腕表）還帶來更貼近私人的改變。如藍迪斯所述，個人時鐘變成「永遠看得見，永遠聽得到的伴侶和監督設備」，由於它不停提醒主人「使用的時間、花費的時間、浪費的時間、逝去的時間」，它變成「鞭策、開通個人成就和生產力的工具。」「個人化」的精準時間計量「是促進獨立精神的重要刺激，而這種獨立精神日後成為西方文明中恆久不變的特質。」[7]

機械時鐘改變了我們看待自己的方式，而且和地圖一樣，也改變了我們思考的方式。一旦時鐘把時間分割為一系列等長的單位，我們的頭腦開始注重將事物切割、度量等等有系統的腦力工作。我們開始在所有的事物和現象裡看到組成整體的小單元，再看到組成小單元的更小單元。我們的思考變得如亞里士多德一般，強調找出物質世界背後的抽象排列。時鐘扮演了關鍵的角色，把我們帶出中世紀，推進文藝復興和之後的啟蒙時代裡。在一九三四年反思科技對人類影響的著作《技術與文明》裡，美國歷史學家孟福說明時鐘如何「創造出一個信念，相信一個由數學測得的序列組成的獨立世界。」「切割時間的抽象架構」成為「行動與思考的參考點」。[8]現實需求讓人類想到要發明計時機器，也掌管了這個機器的用途；但在實際需求之外，時鐘規律的滴答聲也促成科學頭腦和科學人類的出現。

　　每一種科技都是人類意志的表現。我們透過工具，試圖擴張我們對外在因素的掌控權力，想辦法控制大自然、時間、距離，甚至彼此。我們的科技產物可大略依照增強或擴充先天能力的方式區分為四大類。第一類包括犁、縫補用的針和戰鬥機，可加強我們的體能、敏捷度或耐力。第二類包括顯微鏡、擴音機和蓋革計數器，會擴增我們感官的感受範圍或靈敏度。第三類科技涵蓋水庫、避孕藥，和基因改造玉米，讓我們能改變大自然以符合我們的需求或欲望。

　　地圖和時鐘歸在第四類；這類也許可以借用社會人類學家顧迪和社會學家丹尼爾・貝爾的詞彙（雖然原意稍有不同），稱為「智能科技」。這個類別包括所有延伸或輔助我們思考能力的工具，像是尋找和分類資料、整理和陳述想法、分享知識學問、測量和計算，以及擴充記憶的能力。打字機就是一種智能科技，算盤、計算尺、六分儀、地球儀、書本、報紙、學校、圖書館、電腦、網際網路也都是。雖然使用任何一種工具都有可能改變我們的思想觀點（就像犁讓農夫有新的展望，顯微鏡替科學家開啟了探索思想的新世界），智能科技對我們思考的內容和方式有最強、最持續的影響。這些科技是我們最貼身的工具，被我們用來表達自我、塑造個人和公眾身分，及發展人際關係。

　　尼采在書寫球上打字時感受到書寫、閱讀、處理腦內資訊的工具會在我們使用的同時對頭腦產生作用；這種想法是人類心智和文化歷史裡的一大主軸。正如地圖和機械時鐘的故事所述，智能科技一旦受到普遍運用就會促成新的思考方式，或是

把原本僅屬於少數菁英的既有思考方式帶給廣大群眾。換句話說，每一種智能科技都包括一種智能規範，一套人類頭腦如何運作（或是該如何運作）的假想。地圖和時鐘有著相似的規範：二者皆重新強調測量和抽象化，以及觀察、闡釋超出五官感受的形式與過程。

新技術的發明人很少會察覺其隱含的智能規範。他們通常全神專注在某個問題上，或試圖解決某個難纏的科學或工程難題，以致看不到他們發明背後更全面的含意。使用該項科技的人往往也對其規範毫無所知。他們也一樣，只在意使用工具後帶來的實質益處。我們的祖先發展出和使用地圖，並不是為了增進概念性思考的能力或發現世界暗藏的結構。這些效果只是這些科技帶來的副產品，但是這些副產品是何等重要啊！到了最後，影響最鉅的是發明裡潛藏的智能規範。智能規範是一種媒體或工具植於使用者腦內和文化裡的訊息。

數世紀以來，歷史學家和哲學家追溯了科技在形塑文明上扮演的角色，並為此爭論。有些人認同社會學家凡勃倫所稱的「科技決定論」：他們認為科技進步是人類不能控制的獨立力量，亦是影響人類歷史的主要因素。馬克思寫出以下的句子，正是支持此一論點：「風車帶來封建地主的社會；蒸汽馬達帶來的則是產業資本家的社會。」[9]艾默生的說法更加直接：「器具坐在馬鞍裡／騎乘著人類。」[10]在決定論觀點最極端的看法下，人類淪為「機械世界的性器官」；這種難忘的說法是麥克魯漢在《認識媒體》的〈小器械玩意的愛好者〉一章中提出的。[11]我們扮演的根本角色不過是不停製造更加繁瑣的

工具,像蜜蜂授粉般「孕育」出機器,直到科技進步到能自我複製的地步。到了這個時候,人類就變得可有可無了。

另一個極端則是工具論者;這些人像沙諾夫一樣,對科技的力量輕描淡寫,認為工具是中性的物件,全受使用者有意識地支配。我們使用的器具是達成目的所用的手段;器具本身沒有目的可言。工具論是看待科技時最普遍的觀點,當然也是因為我們最願意接受這個觀點。對大多數人來說,我們被工具控制是種可憎至極的看法。「科技只是科技」,媒體評論家凱瑞如是說:「它只是一個跨越時空的溝通和運輸手段,除此之外什麼都不是。」[12]

決定論者和工具論者之間的爭辯相當發人深省。雙方所持的論點都很有說服力。若細觀某一特定科技在某一特定時期下的運作,看到的確實像是工具論者所稱,我們完完全全掌控所使用的工具。每個人每天都會有意識地決定要用哪些工具,和如何使用這些工具。各個社會也會特意決定如何運用不同的科技。日本人為了保存傳統武士文化,在實際層面上禁用槍枝長達兩世紀。有些宗教社群,像是北美遵守舊教條的阿米希人,會排斥汽車等現代科技。所有國家都會以法律或其他方式限制某些工具的使用。

但是若從更大的歷史或社會脈絡來看,決定論者的說法就更加可信。雖然個人或社群團體可以對要使用哪些工具做出不同的決定,這並不表示人類整體有辦法有效控制科技進步的方式和速度。我們「選擇」使用地圖和時鐘的說法讓人難以信服(好像在說我們有辦法選擇不要用),更別說我們「選擇」

接受這些科技的種種副作用：前面已經說明，我們開始使用這些新科技時，經常沒料到會有副作用。據美國政治學家溫納提出的觀察，「如果我們從現代社會的經驗裡學到任何東西，肯定是科技不只輔助人類活動，更是重塑這些活動及其所代表意義的強烈動力。」[13] 我們雖然很少察覺到這個事實，但我們日常生活中的例行公事有許多早在我們出生前就被科技定型下來。科技也不能說是完全獨立演進，畢竟在我們接受和使用工具背後有經濟、政治和人口等等重要考量；但是「進步依照自己的邏輯向前走」的說法一點也不誇大，而這種邏輯不一定和工具發明人和使用人的想法、期望相呼應。工具有時候會依照我們的指示運作，但有時候我們會為了迎合工具的需求來調整自己。

決定論和工具論之間的爭執永遠不可能化解；畢竟這兩種觀點對人類天性和命運的看法涇渭分明。這個爭論不但和理性有關，更是信念之爭。但有一件事是決定論者和工具論者都會同意的：科技進展往往代表歷史的轉捩點。新的狩獵和農耕工具帶來新的人口成長、定居和勞動模式。新的交通運輸方式造成擴大的貿易和商業版圖，以及新的經貿結盟。新武器改變了國家之間的權力平衡。其他領域的突破（包括醫藥、冶金，和磁力等相異領域）改變人類生活的方式不計其數，而且至今仍在改變。綜觀來說，人類使用的科技造就了人類文明今日的樣貌。

比較難察覺的是科技（特別是智能科技）對人類大腦運作的影響。我們看得到思想的結晶，像是藝術品、科學發現，和

文獻上面的文字符號，但我們看不到思想本身。化石成形的物體多的是，但是並沒有頭腦的化石。艾默生在一八四一年時寫道：「我願意以沉著的筆鋒譜出智慧的自然史，但這個無法捉摸的精髓，至今有誰能畫出其路徑和範圍？」[14]

現在，這層覆蓋科技和大腦交互作用的迷霧總算開始消失了。近年關於神經可塑性的發現讓智能的精髓變得比較清晰，也使得其路徑和範圍更容易勾勒。這些新發現告訴我們，人類歷史裡影響我們尋找、儲存、理解資訊，以及改變注意力、運用五官感受、記憶、遺忘的種種科技，在輔助或延伸神經系統時如何塑造人類大腦的生理結構和運作機制。這些工具在使用時強化了某些神經迴路，也削弱了別的神經迴路，更在增強某些思考習慣之餘讓其他的習慣消失。神經可塑性這個失落的環節讓我們能夠理解資訊媒體和其他智能科技如何影響文明發展，以及這些科技如何在生理層面上主導人類意識的歷史。

人類大腦的基本構造最近四萬年裡沒有什麼改變。[15] 從基因層面來看，演化的速度慢得出奇，至少以人類對時間的理解來看是這樣。但我們也知道這千百年以來，人類思考和行為模式改變得讓人看不出原本的樣貌。科幻作家威爾斯在一九三八年的《世界大腦》裡提出他對人類的觀察：「從石器時代末期以降，他的社交生活和生活習慣完全變了樣，甚至還反過來走回頭路；但他的遺傳特徵改變不大，甚至根本沒變。」[16] 神經可塑性的新認知讓我們理解這個難題。我們的基因密碼奠定下智能和行為的護欄，但護欄之間的路很寬廣，方向盤也握在我

們手裡。我們每分每秒、日復一日所做的每一件有意識和無意識行為，以及這些行為的運作方式，都在改變大腦突觸裡的化學物質流動，進而改變我們的大腦。當我們把思想習慣透過自身訂下的規範傳給子女時，我們也一併把大腦結構的改變傳下去。

雖然我們的考古工具仍然無法解讀大腦灰質的運作方式，但我們現在知道智能科技不但有可能一再塑造腦內迴路，甚至還體認到這些改變無可避免。所有的重複經驗都會影響大腦裡的突觸；因此，反覆使用增強或延伸神經系統的工具應該會有特別顯著的影響。雖然我們無法在生理層面把過往的思想改變記錄下來，現今仍有替代物可以讓我們檢視。舉例來說，失明人士學習閱讀點字時，我們看得到思想不斷重建和退化的直接證據：點字畢竟是一種科技，一種資訊媒體。

我們已經知道倫敦計程車司機的大腦特點；從這個來看，我們可以假設當人類在周圍環境找方向時不再憑記憶，轉而仰賴地圖時，大腦海馬迴和其他牽涉到空間模擬和記憶的部位一定出現了結構和功能上的變化。記憶空間圖像的迴路應該縮小，而解讀複雜、抽象視覺資訊的部位應該變大或增強。我們現在也知道使用地圖造成的大腦變化也能發揮在其他用途上，這也說明製圖家的工藝有可能促進各個方面的抽象思考能力。

我們為了新的智能科技調整我們的大腦和社會；我們描述、解釋大自然運作時所用的比喻不但反映這種調適過程，也同時強化它。當地圖變得普及後，人類開始以圖表形式看待各

種自然和社會關係，把這些關係看成真實或抽象空間裡固定不可變的排列模式。我們開始以「圖譜」的方式解釋我們的日常生活、社交圈，甚至想法和主意。在機械時鐘的影響下，人類開始把大腦、身體，甚至整個宇宙的運作視為「如時鐘般運行」。時鐘裡面緊緊相扣的齒輪依照物理定律運轉，形成一連串可追溯源頭的因果關係；我們也在此中找到一種機械運轉的譬喻手法，似乎可以解釋萬物運行的方式和彼此之間的關係。上帝成了全能的時鐘工匠；祂的造物不再是人類要全盤接受的神祕事蹟，而是需要解讀出來的謎團。笛卡兒在一六四六年時這樣寫：「春日燕子歸來時，牠們一定運作如時鐘。」[17]

地圖和時鐘間接改變了語言，讓語言有新的譬喻方式形容自然現象。其他智能科技改變語言的方式則更直接、更深刻，因為它們轉變了我們聽說讀寫的方式。它們可能增加或縮小我們的字彙，扭轉語法和文字順序，或是促使我們用更簡單或更複雜的句型結構。由於語言對人類而言是表達有意識思想（特別是高深的思想）最主要的媒體，會把語言重新組合的科技通常也對我們的思想生命影響更深。誠如美國古典文學學者翁格所言：「科技不只是外在的輔助，也是內在意識的變形，當它影響文字的時候最為顯著。」[18] 語言史同時也是腦內思想史。

語言本身並不算是科技，因為語言是人類的本能。我們的大腦和身體演化成可以說話和聽話；小孩子不用教就會學習說話，就像幼鳥學習如何振翅飛翔。由於讀和寫也變成我們自我

認同和文化的核心，我們很容易就以為讀寫也是與生俱來的能力，但它們不是。讀寫其實是不自然的行為，只因我們刻意發展出文字、字母等書寫系統和許多相關的科技才有可能實現。我們的頭腦必須受訓，把眼睛看到的符號解讀為我們能理解的語言。讀寫需要教學與練習，也就是需要特意塑造大腦。

　　許多神經科學研究可以看到這種塑造的過程。實驗揭露了識字的大腦與不識字的大腦之間的諸多差異：它們不僅差在理解語言的能力，連處理視覺訊號、理解、形成記憶的方式都有別。墨西哥心理學家歐絲托基索莉絲指出，已有證據顯示「學習識字會強力塑造成年人的神經心理系統。」[19] 腦部掃描也發現，使用表語文字的人（如中文母語人士，亦即書寫系統不是使用字母來拼音）和使用拼音字母書寫語言的人，發展出來的腦內迴路相當不同。如塔夫茨大學發展心理學家沃夫在《普魯斯特與烏賊》這本探討閱讀的神經科學的書中所言，「雖然所有的閱讀行為都會動用腦部額葉和顳葉來規畫和分析文字的聲音和意義，表語文字似乎會啟動這些地方的特定部位，特別是跟行動記憶相關的區域。」[20] 即使用的是拼音文字，研究也顯示使用不同語言的人會有不同的腦內活動。舉例來說，閱讀英文的人比閱讀義大利文的人更著重腦內負責解讀視覺形狀的區域。據信，這種差異主要是因為英文單字的拼法常常跟讀法大異，而義大利文則是大部分拼字與發音相同。[21]

　　現存最早的讀寫紀錄可追溯到數千年前。早在西元前八千年，人類就在使用泥土做的小型幣狀物來記錄牲口和其他物品的數量。即使是這麼原始的記號，也需要人類腦部發展出新的

神經通道，把視覺皮質和附近負責理解的區域連接在一起。現今的研究顯示我們看到有意義的符號時，這些通道上的神經活動會比看到無意義的塗鴉時增加二到三倍。沃夫形容：「我們的祖先有辦法解讀泥幣，因為他們的大腦能把處理基礎視覺的部位連結到附近的部位，處理較複雜的視覺訊號和思考概念。」[22] 這些人類在教導他們的後代時也把這些連結傳承下去，進而形成閱讀能力的基本線路。

書寫科技在西元前四千年左右向前邁進一大步。大約在此時，住在底格里斯河和幼發拉底河之間（即今日伊拉克）的蘇美人開始採用一種叫楔形文字的楔狀符號系統，而西方幾百公里的埃及人也發展出一套愈來愈抽象的象形文字，來表達物體和想法。由於楔形文字和象形文字系統都有許多意音符號，除了表達事物外也代表語言裡特定的聲音，因此遠比計量用的泥幣來得花費腦力。讀者在理解某個字母的意義之前，還需要分析這個字母的用法是什麼。蘇美人和埃及人需要發展出中庸的腦部迴路；依沃夫的說法，這些迴路真正「交錯橫越」了大腦皮質，除了連結視覺和理解的區域外，還通達聽覺、空間分析和下達決策的部位。[23] 這些意音符號系統擴展到數百個字符以後，記憶和解讀它們變得太耗費腦力，因此可能只剩下擁有充足時間和腦力的菁英知識階層才會使用。如果書寫科技要比蘇美人和埃及人的模式進步，不再只是少數人使用，而變成大多數人都會用的工具，它必須大幅簡化。

書寫系統其實到相當晚的時期才被簡化：希臘人約在西元前七五〇年發明了第一個完整的拼音字母系統。希臘字母系統

有許多前身，其中最重要的是腓尼基人在數百年前發明的一套
字母；但語言學家大多認為希臘字母是第一套記錄下母音和子
音的字母系統。希臘人分析了他們口語中所有的聲音（語言學
裡稱為「音位」），只用二十四個字母就能代表全部的音位；
這點使得他們的字母系統成為一個既全面又有效率的讀寫系
統。沃夫認為，「簡約的字母」減少了「快速辨認〔這些符
號〕所需的時間和注意力」，因此需要「較少的認知和記憶資
源」。近年的腦部研究發現，閱讀拼音字母的文字動用到的腦
部區域，遠比解讀表語文字或其他圖像符號來得少。[24]

希臘字母成為後來大多數西方字母的基礎，包括我們今日
仍在使用的羅馬字母。希臘字母的出現代表了知識歷史上影響
範圍甚大的革命：從以口語傳遞知識的口述文化，轉為以書寫
做為表達思想主要媒體的書寫文化。這個革命最終會改變幾乎
全人類的生命，和全人類的大腦；但是這種轉變不是人人都歡
迎──至少一開始的時候不是。

西元前四世紀初，當書寫這個行為在希臘仍充滿爭議
時，柏拉圖寫了談論愛、美和修辭的對話錄〈斐德若篇〉。故
事裡，亞典公民斐德若跟偉大演說家蘇格拉底一同在鄉間散
步，兩位友人坐在溪邊樹下，進行一段又長又迂迴的對話。他
們討論了演說的細節、欲望的本質、瘋癲的種類，和不死靈魂
的旅程後，把注意力轉到書寫的文字上。蘇格拉底沉思道：
「書寫的適當性與否仍是個問題。」[25]斐德若也同意，於是蘇
格拉底開始說一個故事，敘述的是埃及多才多藝的神明托特
（字母系統便是祂諸多發明之一）和埃及國王達姆斯之間的會

面。

　托特向達姆斯形容書寫這項技藝，認為埃及人應該要能享受它帶來的好處。祂說，書寫會「讓埃及的人民更有智慧，記憶力增強」，因為它「提供記憶和智慧之道」。達姆斯不同意。他提醒這位神明，發明人衡量自己的發明時不會下最公正的評斷：「滿懷絕技的人啊，一個人受命創造出技藝的產物，另一個人則負責衡量產物對使用者是利是弊。也因此，慪對慪的造物表現殷切愛慕之時，正宣示其真正效用的相反作用。」達姆斯接下來說，假如埃及人學會書寫，「這會在他們心靈裡植入健忘之惡：他們不會再使用記憶的能力，因為他們會依靠書寫下來的事物，不再憑自身內部的力量來喚起回憶，反而仰賴外在的符號。」書寫的文字「非記憶之道，而是提示之用。慪給予門徒的不是真正的智慧，只不過看似智慧而已。」仰賴閱讀來取得知識的人會「看似學識淵博，實際上大多無知。」他們「並不會滿腹經綸，僅因自認博學而驕縱。」

　蘇格拉底的看法明顯與達姆斯相同。他告訴斐德若，只有「頭腦簡單的人」才會認為文字紀錄「比起對同一件事的知識與回憶來得優越」。使用「像水一般」的筆墨寫出的文字，遠不及透過口述「刻印在學習者心靈裡的智慧言語」。蘇格拉底承認，使用書寫文字記下思想的確有好處，如同「預防年老健忘用的記憶之物」；但他認為，對字母系統這項科技產物的依賴會造成思想上的改變，而且這種改變不是有益的，由於書寫以外在符號取代內在記憶，會使我們陷入思想膚淺之威脅，阻止我們達到通往智慧與真正幸福的思想深度。

　　柏拉圖是位作家，和演說家蘇格拉底不同；雖然我們可以
推測他和蘇格拉底一樣，擔心閱讀會取代記憶而減低內心的深
度，但他也明顯認清書寫文字比口述語言優越之處。柏拉圖在
《理想國》文末一個著名又發人深省的段落裡（《理想國》這
個對話錄的寫作時間應該和〈斐德若篇〉相當），讓蘇格拉底
用盡全力來攻擊「詩詞」，宣稱他會在他的理想國度裡禁止詩
人。我們現在認為詩詞是文學的一部分，是一種寫作形式，但
柏拉圖那時並不這樣認為。詩詞需要朗誦而非鐫刻、需要聆聽
而非閱讀，因此屬於古老口述傳統的一部分；希臘的教育體制
和整體文化都十分注重口述傳統。詩詞和文學代表文人生命的
兩個極端。柏拉圖透過蘇格拉底之口表達對詩人的批判，並不
是對詩詞的批評，而是指責詩人荷馬和蘇格拉底所代表的口述
傳統，以及這個傳統既反映又促成的思想方式。依照英國學者
哈夫洛克在《柏拉圖導論》裡的說法，「口述的思維處境」是
柏拉圖「最主要的敵人」。[26]

　　哈夫洛克、翁格等古典文學學者指出，柏拉圖對詩詞的批
評裡隱含著對書寫這項新科技的辯護，同時也認同它在讀者腦
內促成的思維：注重邏輯、嚴謹、獨立自主。柏拉圖看到字母
系統能替人類文明帶來莫大的知識益處，這些益處在他自己的
作品裡就已經看得到。翁格寫道：「柏拉圖之所以能成就他的
哲學式分析思想，全因書寫開始影響了腦內思考的過程。」[27]
〈斐德若篇〉和《理想國》以細膩的文字表達相互牴觸的看
法，我們可在此中看到口述文化過渡到書寫文化時的張力。
柏拉圖和蘇格拉底雖然理解方式不同，但他們都了解字母這種

新工具發明出來之後,造成的轉變日後會對我們語言和思想造成深遠不可磨滅的影響。

在純口述的文化裡,思想受制於人腦的記憶能力。你想得起來的東西就是知識,而你想得起來的東西也受限於你的腦容量。[28] 人類在識字之前的千萬年裡,語言的演變讓它能夠輔助人類把複雜資訊留存在個人記憶裡,還能透過口語輕易把這些資訊傳給他人。翁格寫著,「認真的思想」就本質而言必須「和記憶系統交纏」。[29] 語言的用詞和句型變得節奏十足、容易聆聽,資訊也被嵌入慣用語句裡(就是現今所謂「陳腔濫調」)以幫助記憶。知識依附在柏拉圖所稱的「詩詞」裡,一個特殊的詩人學者階層成為肉身智能科技,用以儲存資訊、取回資訊與傳送資訊。今日會付諸「文獻記錄」的一切事物,像是律法、紀錄、交易、決策,和傳統,在口述文化裡必須如哈夫洛克所說,「以固定形式的詩文創作」,並「以歌聲或大聲朗誦」來傳遞。[30]

我們遙遠祖宗的口述世界可能有些我們無法領會的深度情感與直覺。麥克魯漢相信識字前的人類應該和外在世界有特別強烈的「感官投入」。他認為,我們學會識字時便「和感覺與情感投入之間出現了相當的隔閡;不識字的人或社會會感受到這些情感。」[31] 但在知識層面上,我們祖先的口述文化有許多地方缺乏我們今日文化的深度。書寫的文字把知識從個人記憶裡解放出來,也讓語言擺脫方便記憶、朗誦的節奏和形式枷鎖。文字開拓出新的疆界,引領大腦進入新的思想和表達領域。麥克魯漢這樣形容:「西方世界的成就,很明顯印證了識

字的無價貢獻。」[32]

翁格在一九八二年舉足輕重的《口述與書寫》一書裡提出類似的看法。據他的觀察,「口述文化能產生出絕美又有力的口語演示,具有崇高的藝術與人文價值;一旦書寫掌握住心靈,這些成就便完全無法再現。」不過,書寫「不只是發展科學一定需要的條件;歷史、哲學、闡釋任何文學藝術,甚至是解釋語言本身(包括口說語言)也必須靠書寫。」[33] 翁格最後下了結論:書寫能力是「實現人類完整的內在潛力的無價能力,更是必要的能力。書寫會增強意識。」[34]

在柏拉圖的年代和其後數百年間,這種增強的意識只保留給少數菁英。字母對於認知的增益要推展給廣大群眾之前,必須要發明另一套智能科技,處理文字作品的謄寫、生產和傳播工作。

第四章

逐漸加深的頁面

　　人類剛開始寫東西時，會把記號刻在任何剛好在手邊的物體上，像是平滑的石頭、木片、撕成條狀的樹皮、碎布、骨頭碎片，或是陶器碎片。這些易逝的物品是最早記錄書寫文字用的媒體。它們的好處是便宜又量多，但壞處是面積小、形狀不規則，又容易遺失、碎裂或受到破壞。它們適合用來當作題詞和標籤，簡短訊息或通知也還堪用，但除此之外沒什麼用處。沒有人會想在一顆小石頭或破陶片上寫下一段深沉的想法或是漫長的論證。

　　最早開始使用專用書寫媒體的是蘇美人。他們把楔形文字刻在細心製作的泥板上；泥土在美索不達米亞平原裡取之不盡。他們會抓一把泥土並加以清洗，塑型成一塊薄板，用削尖的蘆葦在上頭刻字，再放到太陽下曬乾或？！裡燒乾。這些耐用的泥板上除了刻有政府紀錄、公事書信、商業收據和法律合約，還有更具文學價值的長篇作品，像是歷史和宗教故事，和時事的紀錄。為了完全寫下長篇作品，蘇美人常常會用數字標示他們的泥板，組成的一序列泥板「頁面」預示了現代書本的

模樣。泥板在往後數個世紀裡仍是通用的書寫媒體，但由於準備、攜帶、儲藏泥板相當麻煩，使得泥板通常只有官方抄寫員用在正式文件上。只有少數人通曉書寫和閱讀的神祕儀式。

西元前二千五百年左右，埃及人開始使用尼羅河三角洲盛產的紙莎草製作紙卷。他們把草上的纖維撕下後交錯排列，再把它們沾濕來擠出草內的汁液。草汁把纖維黏成一片草紙，經搥打後變成一個光滑的白色書寫頁面，跟我們今天使用的紙張很像。這些草紙再黏接成串變成長卷軸，有時會用到多達二十張草紙；卷軸有時也會和早期的泥板一樣，標上數字依順序排列。卷軸的彈性較大，攜帶方便又容易儲存，比笨重的泥板多了不少好處。希臘人和羅馬人把卷軸當作主要的書寫媒體，不過製作卷軸的材料漸漸變成山羊或綿羊皮做的羊皮紙。

紙卷非常貴重。紙莎草得從埃及進口，而羊皮製成羊皮紙又是一項費時的工作，更需要一定程度的專業技能。書寫愈益普及時，開始有了便宜書寫材料的需求，讓學童可以用來做筆記和寫作。一個新的書寫媒體便因應這種需求而生：蠟板。蠟板是填上一層蠟的木製框架，使用者用一種新式的尖筆在上頭刻字；這種筆除了一頭的尖端外，另一邊的鈍頭是用來把蠟板刮乾淨。由於文字能輕易從蠟板上刮除，學生和其他從事寫作的人可以一再重複使用，遠比寫在紙卷上來得省錢。雖然蠟板不是什麼複雜的工具，它卻扮演了重要的角色，把讀寫行為從專門、正式的技能變成日常的休閒活動——至少對於識字的公民是如此。

蠟板之所以那麼重要，還有另一個原因。古人如果要以便

宜的方式儲存或傳授長文，就會把幾塊蠟板用一條牛皮或布串在一起。這種綁在一起的蠟版集興盛一時，也成為羅馬一位不知名工匠的樣本，在基督降世後不久仿照此法，把幾片羊皮紙夾在兩塊長方形的硬牛皮間，縫起來成為第一本真正的書。雖然裝訂成冊的書或抄本還要花上幾百年才會完全取代卷軸，最早使用書籍的的人一定也發現到它的好處。由於每一頁正反兩面在抄寫時都能用上，抄本書籍所需的草紙或羊皮紙遠少於只能用單面書寫的卷軸，也使得抄本書籍的製作成本大幅降低。書籍的體積也比卷軸小，因此更加方便攜帶和藏匿。早期的聖經等具爭議性的著作也很自然地以書籍的方式出版。另外，書籍也比較容易瀏覽：在長條的卷軸上要找到一段特定的文字相當不易，但在書本裡只需要前後翻動書頁即可。

　　即使書本這項科技急速向前邁進，口述語言的傳統仍然影響作家如何在書頁上書寫，以及讀者如何閱讀書中文字。古代世界裡，無聲閱讀不常見。新出現的抄本書籍跟之前的泥板和卷軸一樣，閱讀時都是用大聲朗讀的方式，單獨閱讀和群聚讀書時皆然。聖奧古斯丁在《懺悔錄》的一個著名段落裡，說明他在西元三八〇年左右看到米蘭主教安波羅修無聲閱讀時感到驚訝萬分。奧古斯丁描述如下：「他在閱讀時，眼睛掃過頁面，心裡探究其意涵，但他默不出聲，未動口舌。我們探訪他時，常常可以看到他這樣子閱讀，因為他從來不會誦讀出來。」奧古斯丁被這種奇特的行為困惑，還猜測安波羅修是不是「需要節約使用嗓音，因為他的聲音很容易沙啞。」[1]

　　我們現今很難想像，但早期書寫裡單字之間沒有空格。

抄寫員寫下的書籍裡，文字在每一頁的每一行裡從頭相連到底，毫無間斷；這種寫法現今稱為「連續書寫」。不間斷的文字反映出其口語淵源。我們說話的時候並不會在每個字中間插入間隙，而是音節不停成串從我們口中流出。最早從事書寫的人完全不會想到要在單字中間加空格：他們不過是直接寫下口說的語言，憑聽覺動筆。（即使在今日，小孩子剛開始練習寫字時，也是把所有單字連在一起。他們跟早期的抄寫員一樣，都是憑聽覺動筆。）抄寫員也不太重視單字在句子裡的順序。在口語裡，意義透過抑揚頓挫和話語中強調的音節來傳達；這種口述傳統也繼續影響書寫行為。在閱讀中世紀早期以前的書時，讀者無法從語序看出句子的意義。這些規則根本還沒發明出來。[2]

　　早期文本缺乏單字間的空隙和語序規範，依美國珍貴書籍專家桑吉爾在抄本歷史《字裡間隙》的說法，對古代讀者造成「多餘的認知負擔」。[3] 讀者的眼睛必須緩慢閱讀每一行文字，經常得停下來回到句子開頭重讀，頭腦則要很吃力地釐清每個字的頭尾，以及它們在句子所表達的意義裡發揮什麼樣的作用。閱讀形同解謎。整個大腦皮質（包括前方跟解題和決策有關的部位）一定都充滿神經活動。

　　早期閱讀文本必須逐步分析文字；這種緩慢又密集的分析過程讓閱讀是件曠日廢時的工作。這也是為什麼沒有人閱讀時會安靜不動喉舌，除了像安波羅修這種特例以外。若要解讀出文字，勢必得讀出每個音節。我們現在會無法忍受這種限制，但對深根於口述傳統的文化來說，這個限制無關緊要。桑

吉爾寫道：「因為讀者會享受朗讀文字的規律聲響和重音節奏，他們也不會認為希臘文和拉丁文單字之間沒有空隙會阻礙閱讀效率；現代讀者想要快速閱讀文字，才會覺得這是障礙。」[4] 再說，大部分識字的希臘和羅馬人也會樂於命令奴隸讀書給他們聽。

羅馬帝國滅亡後，書寫文字的形式還花了很長的時間才完全脫離口述傳統，開始顧及閱讀群眾的特殊需求。中世紀期間識字人口不斷增多，從修道院的修士修女，到學生、商人、貴族都逐漸學會讀寫文字，書籍也變得更容易取得。大部分的新書以技術內容為主，不是寫給休閒或學術閱讀的讀者，而是參考資料用的工具書。世人開始想要、也需要快速閱讀，更想隱密地閱讀。閱讀的演示性質漸漸消失，逐漸變為個人教育和進修的方式。這個變化讓書寫出現了發明拼音字母以來最重要的轉變。到了十一世紀初，作家開始在作品裡遵照語序規範，把文字放進標準化、可預測的句型結構裡。大約在此同時，抄寫員開始用空格把句子裡的單字區分開來；這個風氣先起於愛爾蘭和英國，再慢慢傳遍整個西歐。十三世紀時，連續書寫幾乎已不復見，不論是拉丁文或方言書寫的文本皆不再採用。同時，讓閱讀更容易的標點符號也開始普及。這是書寫文字在史上首次兼顧視覺效果，不再以聽覺為唯一導向。

這些改變的重要性實在無法高估。標準語序的出現引發了語言結構的革命；依桑吉爾之言，這個革命「本質上來說，和古時對流暢格律和節奏的追求完全對立。」[5] 單字之間插入空

格後，解讀文字的認知負擔減輕了，讓人能快速且安靜地閱讀，也更容易理解文字的意義。這種流暢閱讀的能力牽涉到腦內迴路的複雜改變，需仰賴後天學習；現今對年輕讀者的閱讀研究也印證這一點。沃夫解釋說，閱讀能力強的讀者會在大腦裡發展出用來快速辨識文字的特殊化區域。這些區域的迴路用來「重現重要的視覺、音韻和語義資訊，以及以閃電般的速度取回這些資訊。」舉例來說，視覺皮質會發展出「一個確確實實如拼貼般繽紛」的神經元集合，專門負責在數毫秒間辨認出「字母、字母組合和單字的視覺影像」。[6]大腦更擅長解讀文字後，把原本費力的解題工作變成一個大致上完全自動化的過程，便能把更多資源用在解讀文字的意義上；我們今日所稱的「深層閱讀」才有可能達成。單字分隔「改變了閱讀的神經生理過程」，並且「釋放了讀者的智能」；桑吉爾繼續寫道：「即使智力一般的讀者也能閱讀得更快，他們也能理解更多內容愈益艱深的文本。」[7]

　　讀者不僅在閱讀上更有效率；他們的注意力也更集中。若要無聲閱讀一本很長的書，必須要有長時間集中精神的能力，也就是我們現在所謂在書本中「迷失自我」。這種精神上的紀律發展不易。人類大腦和動物界裡大多數相似動物的大腦一樣，在自然狀態下容易受擾分心。我們本能上會不停轉移目光，也同時轉移注意力，注意愈多周遭的事情愈好。神經科學家在人類大腦裡發現了「由下而上的機制」；據二〇〇四年《當代生物學》裡一篇報告的作者所言，這些機制「採用原始的感官輸入，會讓注意力快速、不自主地轉移到重要性可能增

加的明顯視覺特徵。」[8]周圍事物只要出現任何改變的可能，我們自然會把注意力轉移過去。任職於霍華休斯醫學研究所的派尼絲說：「固定不變的物體會變成四周景物的一部分，我們大多不會看見。」不過，一旦「環境中有東西改變，我們就必須留意，因為這有可能代表危險，或是機會出現。」[9]這種快速轉移焦點的本能曾經攸關我們的存活：它減低了掠食動物出其不意攻擊，或是忽略附近食物來源的可能性。在歷史上，正常的人類思考大半時間完全不照直線軌道運行。

　　讀書要的是一種不自然的思考方式，需要對一個不動的物體保持長時間不間斷的注意力。以艾略特在詩作〈四首四重奏〉裡的描述，讀者需將自己置身於一個「旋轉世界的不動點」。他們必須訓練大腦，讓它忽略四周一切事物，抗拒在感官信號之間轉移注意力的本能。為了不要分心，他們必須打造或強化抑止本能的神經連結，「由上而下」對他們的注意力加強控制。[10]照倫敦國王學院的心理研究員佛漢·貝爾的說法，「把注意力集中在一件工作，少有間斷」代表了「我們心理發展歷史上的奇特變異。」[11]

　　當然，早在書本（甚至字母）發明以前，已經有人培養出長時間專注的能力。獵人、工匠和修行人士都需要訓練大腦來控制和集中注意力。讀書之所以特別奇妙，是因為這種高度集中還結合了極為活躍且高效率的文字解讀，以及闡釋意義的能力。閱讀一系列印刷的頁面之所以有價值，不僅因為讀者可從中學到作者透過文字傳遞的知識，還有因為這些文字在讀者腦內激起了智慧的漣漪。長時間不受擾的閱讀開啟了靜謐的空

間，讓讀者可以自行建立關聯、找出自己的推論和比喻，和醞釀自己的想法。他們閱讀有多深刻，想的就一樣深刻。

最早的安靜讀者沉浸在書頁時，也發現到他們的意識出現重大的改變。敘利亞的以撒這位中世紀主教就詳述他自己靜讀時，「有如置身夢中，我進入一個理智和思想都集中的狀態。而後，當我在長時間的寧靜裡把心裡紛擾的記憶撫平時，我內心的想法傳給我無止境的愉悅之情，出乎我預料來喜樂我心。」[12] 讀書是一種冥想，但不需要把頭腦淨空，而是一種填滿或補充頭腦的行為。讀者把注意力從外在不停變動的感官刺激移開，好讓它與內在的文字、思想、情感流動深度交流。這一直都是深層閱讀特有思想過程的精髓。書本這項科技造就了人類心理史上的「奇特變異」。讀書人的大腦不只是一個識字的大腦，它還是個文學的大腦。

書寫文字的改變不只解放了讀者，也解放了作家。連續書寫不僅閱讀起來麻煩，書寫時也費心費力。為了避免這種苦差事，作家通常會把作品口述給專業的抄寫員。字間空格發明以後，書寫變得容易，作家於是拾筆寫作，私下把文字寫在頁面上。他們的作品馬上變得更貼近個人，也更加大膽。他們開始發出不正統、懷疑，甚至異端、煽動的聲音，擴大了知識與文化的範疇。由於他獨自在房裡寫作，本篤會修士挪根的吉培爾能對書頁透露他自己對經典非正統的詮釋、生動的夢境紀錄，甚至是情色詩作；倘若他需要口述給抄寫員，他不可能寫出這些作品。當他晚年失明，必須回到口述方式寫作時，他抱怨寫作時「只能用聲音，不能用手，不能用眼。」[13]

　　作家還開始大量修正、編訂自己的作品；這是口述寫作時往往做不到的事。這也改變了書寫的形式與內容。桑吉爾解釋說，這是作家有史以來第一次「能看見完整的手稿，並透過交互參照的方式發展作品內部的關係，以及移除〔中世紀早期〕口述文獻裡既有的累贅之處。」[14] 作家有意識地修正自己的看法與思維，使得書本裡的論證變得更長、更透徹，也更為複雜、更具挑戰性。到了十四世紀末，書寫作品常常開始分出段落與章節，有時候還會有目錄以協助讀者在日益龐雜的結構裡找到方向。[15] 當然，在此之前也有功力高深的作家寫出敏銳、自我意識濃厚的散文和韻文（柏拉圖的《對話錄》便是出色的範例）；不過，新的書寫習慣使得文學作品大量增加，特別是以方言寫作的作品。

　　書本科技除了改變個人的讀寫體驗外，也對社會造成影響。外在的文化開始以各種顯著與不顯著的方式，以無聲閱讀為中心來重塑自己。大學院校在教室裡的課程以外，也開始強調必須輔以個人閱讀，因此改變了教育和學術研究的本質。圖書館開始在大學生活裡扮演更關鍵的角色，更普遍地來說，也成為城市生活裡的核心。圖書館的建築方式也進化了：適合用來朗讀的個人閱讀間被打掉，換成大型的公眾閱覽室，讓學生、教授和其他使用者坐在長桌前安靜讀書。字典、詞彙表、索引等參考書籍成為閱讀時的重要輔助工具。這些珍貴的文本常常會以鏈條鎖在圖書館桌上。出版業開始成形，以因應不斷增加的書本需求量。書籍的製作一直是教會抄寫員在修道院的抄寫間裡完成的，現在卻開始集中在坊間的工坊裡，專業

抄寫員在此領薪替工坊老闆工作。市面上開始有熱絡的二手書交易；有史以來，書籍也首次有了訂價。[16]

口述文化孕育出書寫科技；幾世紀以降，書寫科技既反映也強化了口述文化的智能規範。泥板、卷軸和早期抄本的讀寫過程強調了知識發展和傳播的群體面；個人創造力必須放到群體需求之後。書寫不算是創造的方式，而是用以記錄事物的媒體。從此以後，書寫發展出一個新的智能規範，並將其廣為散布：這是書籍的規範。知識的拓展成為愈益私人的行為，每個讀者在自己腦中綜合其他思想家透過文字傳遞的想法，形成自己的見解。獨立個體的概念變強了；美國小說家和歷史學者卡洛提到：「無聲閱讀是自覺的表徵和方式，由所知者負責其所知。」[17]安靜的個人研究成為達成學術成就的必要條件，獨到的想法和表達的創意成為模範頭腦的特徵。演說家蘇格拉底和作家柏拉圖之間的爭論總算有了結果，最後是柏拉圖勝出。

但這並不是全面的勝利。由於手工的抄本仍屬珍貴稀有之物，書籍的智能規範和深層閱讀的頭腦仍然只屬於一小群享有特權的公民。字母是語言的媒體，而書籍這個書寫的媒體也成為傳播字母的最佳媒體。不過，書籍還沒找到最佳的傳播媒體，仍舊缺乏可以用低價快速量產的製作與傳播科技。

大約在一四四五年前後，一位名字叫古騰堡的日耳曼金匠離開了已經定居數年的史特拉斯堡，沿著萊因河回到他的故鄉邁茲。他身上帶了一個祕密，一個足以改變世界的大祕密。過去至少十年間，他暗地裡進行幾項發明，相信這些發明組合

起來後會建立起一個全新的出版型態。他看到自動化生產書籍和其他文字作品的契機：以全新的印刷機取代德高望重的抄寫員。古騰堡向一位有錢的鄰居福斯特取得兩筆龐大的貸款後，便在邁茲開了一間店，買了一些工具和材料後開始工作。他運用他的金屬加工技術做成小型可調整的模型，再注入熔化的合金鑄成同高不同寬的字母。這些活字字母可以快速組成一頁文字來印刷，印完後還能拆解重組成新的頁面。[18] 古騰堡也改良了當時用來壓碎葡萄製酒的木製螺旋壓榨機，用它把文字圖像轉移到羊皮或紙上，使字母不會糊在一起。他還發明了他的印刷系統所需的第三個要件：一種會附在活字上的油底墨水。

　　發明了活字印刷機後，古騰堡立刻用它來印天主教會的贖罪券。這項工作的報酬不錯，但這不是古騰堡發明印刷機的用途；他還有野心更大的計畫。他運用福斯特的資金，開始籌畫他的第一個重要作品：一套二冊的聖經。這套宏偉鉅作後來也以他為名。古騰堡聖經厚達一千二百頁，每頁由兩欄各四十二行的文字組成。文字用的是一套厚實的歌德式字體；這套字體經過精心設計，模仿了日耳曼地區最優秀的抄寫員所寫的文字。這套聖經花了三年的時間才完成，是古騰堡最輝煌的成就，卻也是他破敗的主因。一四五五年，古騰堡只印了兩百本聖經之後便破產了。因為沒有錢還利息，他只好把印刷機、活字和墨水交給福斯特，放棄印刷事業。福斯特以經商致富，後來處理印刷生意的手腕也十分高明，一如古騰堡擅長處理印刷用的機器。他和古騰堡一位比較有才能的員工（也曾經是抄寫

員）薛佛合夥，讓這項事業踏上高獲利的道路；他組成銷售團隊，出版的書籍包羅萬象，在日耳曼地區和法國流傳甚廣。[19]

雖然古騰堡自己沒有分享到印刷機的利潤，他的機器卻成為歷史上數一數二重要的發明。培根在一六二〇年的《新機器》裡認為，神速（至少以中世紀的標準來看是如此）的活字印刷機「改變了全世界事物的面貌和狀態；沒有一個帝國、教派或星辰對人世的作用和影響比它大。」[20]（培根認為影響力能與印刷機匹敵的發明只有火藥和指南針。）古騰堡把一項手工藝變成機械工業，改變了印刷和出版事業的經濟生態。只需要少數幾個工人，就能製出大量相同的文本。書籍從貴重、稀有的逸品，變成便宜、大量的商品。

一四八三年時，若在一間由聖雅各修道院的修女在佛羅倫斯設立的印刷店印一千零二十五本柏拉圖《對話錄》的新版譯本，費用是三弗羅林。這本著作如果拿給抄寫員複製的話，價錢大約是一弗羅林，但他只能製作一個副本。[21] 造成製書成本大跌的另一個動力，是由中國傳入的紙逐漸取代昂貴的羊皮紙。書價一跌，需求便升高，又進而促成更大的產量。根據一項推估的結果，古騰堡發明印刷機後五十年內生產出來的書籍數量，跟先前一千年歐洲抄寫員製作出來的書籍數量一樣多。[22]原本稀有的書籍突然大量散播，依照美國歷史學家愛森絲坦在《促成改變的動力：印刷機》裡的說法，這讓當時的人「震驚的程度，有如超自然力量介入一般。」[23]福斯特早年有次前往巴黎促銷，帶了一大筆印刷書籍，據說就因為被認為與魔鬼掛勾而遭到軍警逐出城外。[24]

　　邪魔的恐懼很快就消失了，人人無不趕來購買印刷機製作的便宜讀物。義大利出版家曼奴修斯在一五○一年引進口袋大小的八開本，遠比傳統的對開和四開來得小，也使得書籍變得更便宜、更可攜，也更私人。一如時鐘縮小讓人人都能記錄時間，書本縮小讓閱讀融入日常生活裡。不再只有學者和修士在靜室裡閱讀文字，就連一般人也能擁有數本藏書的個人圖書室，使得讀者不但能廣泛閱讀，還能比較不同的作品。法國作家拉伯雷一五三四年的暢銷書《巨人傳》裡，巨人驚嘆道：「全世界充滿有知識的人、學識淵博的教師，和浩瀚無垠的圖書館。就我看來，不論是柏拉圖、西塞羅或帕比尼安的時代，沒有任何一段時間如今日這般容易學習知識。」[25]

　　一個良性循環就此展開。書本愈來愈普及，讓大眾愈來愈想識字；而識字的人愈多，書籍的需求也愈大。出版事業因而蓬勃發展：到了十五世紀末，歐洲將近二百五十個城鎮有印刷店，總共生產了一千二百萬本書。十六世紀時，古騰堡的發明從歐洲傳到亞洲和中東；當西班牙人於一五三九年在墨西哥市裝設第一部印刷機時，這項科技也到達美洲。到了十七世紀初，幾乎處處都有印刷機，印出的讀物除了書籍外，還有報紙、科學期刊，和其他種種不同的刊物。印刷文學初次開花結果：莎士比亞、塞萬提斯、莫里哀、彌爾頓等文豪，以及培根和笛卡兒等思想家的著作進入書商的庫房和讀者的收藏裡。

　　印刷機生產的不只有當代的作品。出版商力圖滿足大眾對便宜讀物的需求，大量印出古代經典作品的希臘文或拉丁文原文，以及它們的譯本。雖然大多數出版商的動機是以最省力的

方式賺錢，這些古代作品傳布開來後，把深度智慧和歷史連貫性帶給剛開始發展的書本文化。如愛森絲坦所言，雖然「複印看似古老的書單」的出版商可能只是想賺錢，但他帶給讀者「更豐盛多樣的饗宴，是抄寫員無法提供的。」[26]

高級讀物的出現也帶來低俗的刊物。市場上充斥著粗俗的小說、似是而非的冒牌言論、狠毒的人身攻擊，和誇大不實的宣傳，當然還有大量的色情小說，這些讀物在社會各個階層裡都有許多急欲購買的讀者。正如英國第一位書本審查官在一六六〇年所說，神職人員和政客開始在想「印刷的發明帶給基督教世界的，是否乖誕多於正直。」[27]西班牙著名劇作家羅佩‧維加表達了許多政教顯要的看法；他在一六一二年的戲劇《全民皆兵》裡寫出：

好多書——好混亂！
四周環繞著印刷海洋
但大部分都覆蓋著泡沫。[28]

不過，這些泡沫其實很關鍵。它們沒有扼殺印刷書本帶來的智慧，反而將其放大。低俗不入流的輕浮讀物把書本加速帶進大眾文化裡，讓書籍成為休閒時間的必需品，也因此傳播了書籍的智能規範，讓大多數人習慣深度精讀。愛森絲坦坦言：「早先被認為是精神信仰層次才會有的寧靜、孤獨、沉思心態，在仔細閱讀八卦文章、『色情詩歌』、『義大利的享樂書頁』，和其他『紙墨印刷的鄙俗故事』時也會用到。」[29]不

管讀者看的是描述女性衣物被掀開的色情小說或是宗教詩篇歌集，對腦內突觸造成的影響大致相同。

當然，也不是所有的人都會讀書；仍有許多人沒有參與古騰堡的革命，像是貧窮人家、不識字者、被排擠者，和沒有興趣的人——至少他們沒有直接參與革命。即使在最熱愛閱讀的群眾裡，仍然盛行以口述傳統的習慣交換資訊。人與人之間還是繼續爭吵、辯論，聽眾還是繼續參加講座、演說、辯論和講道。[30] 這些看似反潮流的例子的確值得注意，畢竟沒有任何一套說法可以全面涵蓋一項新科技的推展和使用；不過，這些反例並不會改變事實：活字印刷的到來是西方文明史的重要事蹟，也是西方思維發展的關鍵。

依楊格所見：「對中世紀的頭腦來說，陳述事實意味著把感官經驗與宗教象徵兜在一起。」活字印刷機改變了這件事。「書本普及後，人人可以互相檢視彼此的觀察，傳達的資訊更為精確，內容也更豐富。」[31] 書籍讓讀者除了使用宗教思維（不論是象徵意涵，或由神職人員發聲）類比自身想法和經驗外，還能與他人的想法和經驗做比較。[32] 書籍影響社會與文化甚鉅，影響範圍廣大；其造成的結果包括宗教和政治劇變，以及科學方法成為定義真理與理解存在的主要手段。泛稱「讀書人共和國」的時代來臨；以哈佛大學歷史學家達頓的說法來看，至少在理論上，這個時代開放給任何一位能夠「發揮閱讀與書寫這兩項公民必備的能力」的人。[33] 文學的大腦本來只屬於修道院的密室與大學的高樓，現在已變成普遍的大腦。如培根所見，世界已被重造。

　　閱讀方式分好幾種。資訊科學家李維的書《向前捲進》講述當今從紙本過渡到電子文件的過程；他在該書中提到識字的人「整天都在閱讀，大部分是不自覺的閱讀。」我們會不經意瞥見路標、菜單、購物清單、商品標誌等等。李維說：「這類閱讀通常不深刻，持續時間也短暫。」這類閱讀方法與我們老祖宗解讀刻在小石頭、陶片上的記號相似。不過李維繼續說明，有時候「我們會以更集中、更長時間的方式來閱讀，也會沉浸在書頁中許久。事實上，有些人不只以這種方式**閱讀**，還會認為自己是**閱讀人**。」[34]

　　美國現代主義詩人史帝文斯在〈屋舍無聲、世界靜謐〉裡，以讓人難忘的精煉對句描繪李維所說的深層閱讀：

　　屋舍無聲、世界靜謐。
　　讀者化為書；夏夜

　　如書本意識之化身。
　　屋舍無聲、世界靜謐。

　　字句誦讀若無書，
　　但見讀者伏於頁面上，

　　欲伏，欲成為
　　書本誠以待之的智者，而

夏夜若思想之純青。

屋舍無聲，因其必然。

靜謐見形於意義、思想之中：

至美至善達頁面。

　　史帝文斯的詩不只是在描述深層閱讀；讀者也需要以深層閱讀的方式來看待它。若要理解這首詩，需要有詩所描述的思維。深層讀者專注時的「無聲」與「靜謐」儼然「見形於」詩的「意義」之中，成為「至美至善」思想與情感傳達頁面的通道。在全神貫注的「夏夜」時間譬喻裡，作者與讀者合而為一，一同創造與分享「書本意識的存在」。

　　近年深層閱讀的神經科學研究為史帝文斯的詩文加了科學的注解。聖路易華盛頓大學動態認知實驗室曾進行過一項很有意思的研究，讓研究人員使用腦部掃描來檢視讀者在閱讀小說時的腦內反應；這個研究在二〇〇九年發表在《心理科學》期刊裡。他們發現：「讀者會在腦內模擬敘事裡遇到的每個新情境。他們會從文本裡抓出動作和感受的細節，再將之與自己過往經驗整合。」活動起來的腦部區域經常「與讀者做出、想像、觀察現實世界裡類似的動作時相當。」該項研究的首席研究員史璧爾說，深層閱讀「完全不是被動的行為。」[35] 讀者名副其實化為書。

　　書的讀者與書的作者之間一直有高度共生的關係，在知識與藝術層面上彼此灌溉施肥。作者的文字是讀者腦內的催化

劑，引發出新的見解、關聯、認知，甚至是頓悟。而願意專注
閱讀、具備批判能力的讀者也成為作者寫作的動力。由於這些
讀者存在，使得作者有自信找尋新的表現方式，開闢艱困難行
的思維路徑，冒險進入未知、時而危險的境界。艾默生說：
「所有偉人筆鋒皆孤高，也都不願多加解釋。他們知道終有一
天會有富靈性的讀者到來，而且會心存感激。」[36]

　　倘若沒有書本這個熔爐讓讀者與作者在其中密切交流，我
們豐富的文學傳統也不可能存在。古騰堡的發明問世後，語言
的疆界便迅速擴大，作家為了吸引日益精進、要求愈來愈高的
讀者，競相以更明澈、典雅、創意的筆法展現他們的點子與感
情。隨著書本逐漸普及，英語的字彙從早先的數千字增加到超
過一百萬字。[37] 這些新字有許多涵蓋了先前根本不存在的抽象
概念。作家開始嘗試新的句法和用詞，開啟新的思想與想像道
路。讀者也興致盎然地踏上這些道路，慢慢學會掌握流暢、精
緻和高度個人風格的詩詞散文。作者能夠寫出愈來愈複雜與細
膩的想法，而讀者也能解讀出來，於是時有下筆萬言橫跨數頁
的長篇論證出現。語言擴張時，思想意識也加深了。

　　這種加深作用不只出現在頁面而已。寫書與讀書使得人類
對生命與自然的體驗更深刻洗練，這種說法一點也不為過。
依愛森絲坦所言：「新出頭的文字藝匠光用字句就能仿造
味覺、觸覺、嗅覺或聽覺，這種成就須具備對感官經驗更敏
銳、細微的觀察，作者也藉由作品把這種能力傳達給讀者。」
一如畫家與作曲家，作家能「改變感官感受」；其效果「並未
阻抑對外在刺激的感官反應，反而使其更為豐富；並未縮減對

千萬種人類經驗的共鳴，反而使它更為擴大。」[38] 書本裡的文字不只強化人類的抽象思考能力，還充實了人類對書本以外現實世界的體驗。

我們從神經可塑性的研究得知一個很重要的事實：我們為了某一種用途發展出來的腦部能力，即腦內的神經迴路，也可以用在別的用途上。我們的祖先訓練頭腦，使它能跟上橫跨書頁的論證或敘事時，他們也變得更能深思、反思和想像。沃夫認為：「一個已經學會自行重組來閱讀文字的頭腦，比較容易有新的想法出現。閱讀與書寫促成愈來愈繁複的思考能力，也增廣我們的思想內涵。」[39] 就像史帝文斯所說，深層閱讀的靜謐「見形於思想之中」。

活字印刷發明之後，不只有書本改變了人類的意識；許多其他科技，以及社會、人類的潮流也扮演重要角色。但是，書本位居這個改變的中心地位。書本成為交換知識與見解的主要媒體後，它的智能規範也變成我們文化的基礎。書本使得華茲華斯的《前奏曲》和艾默生散文裡的精煉自我觀察變為可能，也讓珍‧奧斯汀、福婁拜和亨利‧詹姆士有辦法在小說裡細心刻畫社交和人際關係。如果作家並未設想會有專注、耐心的讀者，連喬埃斯與布洛斯等人在二十世紀的實驗性不連續敘事小說也無法出現。意識流放到書頁上以後，就變得直線進行、有文學價值。

文字的智能規範不只在我們公認的文學作品裡出現。它成為史學家的規範，透析了吉朋的《羅馬帝國衰亡史》等鉅著。它成為哲學家的規範，體現了笛卡兒、洛克、康德和尼采

等人的思想。更關鍵的是,它也成為科學家的規範。達爾文的《物種源始》可以說是十九世紀最重要的文學作品。二十世紀時,文字的規範貫串了許多大異其趣的書,如愛因斯坦的《相對論》、凱因斯的《就業、利息與貨幣的一般理論》、孔恩的《科學革命的結構》,和卡森的《寂靜的春天》。若是沒有讓長篇文字在頁面上快速重製的技術造成讀寫(以及理解、思想)上的改變,這些舉足輕重的思想結晶也不可能問世。

一如中世紀晚期的遙遠前輩,我們現在卡在兩種科技造成的世界之間。經過五百五十年以後,印刷機和它的成品被推到我們腦力生活的邊緣。這個轉變從二十世紀中期開始,我們自那時起便不停把時間和注意力轉到第一波電子媒體帶來的便宜、大量且永不間歇的娛樂:廣播、電影、留聲機、電視。但這些科技都受限於無法傳達書面文字。它們可以把書本趕走,但無法取代書。文化主流還是透過印刷機來傳播。

今日,主流已經快速果決地轉到新的河道裡。電子革命正要進入顛峰期,桌上型、筆記型和手持型的電腦如影隨形跟著我們,網際網路也成為儲存、處理與分享各種資訊的主要媒體,其中當然包括文字資訊。新的世界當然還會是一個文字的世界,充斥著眾人熟知的字母符號。我們不可能回到早已失傳的口述世界,也不可能把時間轉回時鐘尚未發明的時代。[40] 翁格寫道:「書寫、印刷與電腦都是使世界科技化的方式」;世界一旦被科技化,就再也無法去科技化。[41] 但是,我們已經開

始發現，電腦螢幕的世界和書頁的世界迥然不同。一個新的智能規範開始起了作用。我們腦內的通道再次重整了。

〔插敘〕
佛萊斯和他的神奇球型管

　　我們今日的媒體有個共同的淵源，這項發明今日鮮少提及，但在形塑人類社會上扮演了跟內燃機和電燈泡一樣重要的角色。這個發明稱為球型管。它是世界第一個電子聲音擴大器，發明人叫作佛萊斯。

　　即使以美國瘋狂天才型發明家的高規格來看，佛萊斯都算是一個怪人。他惹人厭，脾氣很差，也處處受人唾棄；他在中學時還被選為班上最「樣貌平常」的人。不過，他卻有個龐大的自尊心和相匹配的自卑感，在背後驅使著他。[1] 他在跟多位女士結婚、離婚、排擠同事、弄垮事業之餘，通常會在法庭上為自己的詐欺或侵犯專利訴訟辯護，或是控告他眾多敵人之一。

　　佛萊斯在阿拉巴馬州長大，是小學教師之子。一八九六年從耶魯大學獲得工程博士學位後，他花了十年的時間把玩各種最新的無線電和電報科技，拚命尋找讓他功成名就的突破性發明。這一刻在一九〇六年時出現了。他在不太清楚自己在做什麼的狀況下，拿了一個二極真空管（這是一種具有兩個電

極的裝置，電流僅能單向流動，即從燈絲端流動到屏極端），在上頭再加一條電線，把二極管變成三極管。他發現，當他從第三條電線（柵極）傳送電流時，燈絲到屏極之間的電流會增強。他在專利申請書上，說明這項裝置可以用來「放大微弱電流」。[2]

佛萊斯這項看似不起眼的發明，終究改變了全世界。由於它能放大電子訊號，它也能被用來擴大透過無線電波傳送的聲音。在此之前，無線電波用處不大，這是因為發出的訊號太快就會衰弱。有了球型管來強化訊號後，長距離無線傳輸便有辦法達成，讓處在國土，甚至世界兩端的人聽到彼此說話。

佛萊斯在當下不可能知道，但他開啟了電子時代。簡單來說，電流就是電子的流動，而球型管是第一個讓人能精確控制流動強度的器具。二十世紀向前推進時，三極管成為現代通訊、娛樂和傳媒事業的科技核心。無線電發送器和接收器、高傳真音響、公眾廣播系統、吉他擴大器裡都看得到它的蹤影。真空管組成的陣列也是早期電腦的處理和資料儲存單元；最早的大型主機常常有數以萬計的真空管。到了一九五〇年前後，真空管被體積小、便宜、更可靠的電晶體取代以後，電子產品便大肆流行。佛萊斯的發明縮小成為三極電晶體，成為資訊時代的主力。

佛萊斯到最後並不知道到底該為他協助成形的新世界感到高興或失望。他在一九五二年登在《大眾機械雜誌》的〈電子世代黎明〉一文中得意地提到他發明的球型管，稱之為「這顆小橡子，自其中蹦發出今日籠罩全世界的巨大橡樹。」同時，

他也感嘆大眾傳媒的「道德淪喪」。他寫道：「今日絕大多數的廣播節目品質低落，由此來看我們國民的心智層級會有相當悲觀的前景。」

他對於未來電子產品應用的想像更加黑暗。他相信，「電子生理學家」終有一天可以監控和分析「思想腦波」，讓「喜怒哀樂可以用規制化的單位來計量。」到了最後，他認為「二十二世紀的教授可以直接在不甘願受教的學生腦內植入知識。這會是何等可怕的政治操作手法啊！我們應該感到慶幸，這些東西只留給未來，不是給我們。」[3]

第五章

就本質而言
最為通用的媒體

一九五四年春天，正當最早的數位電腦進入量產階段時，英國數學天才圖靈吃了一顆摻了氰化物的蘋果自殺；此一行為似乎在說，這顆水果從智慧之樹上摘下來，卻造成了無法衡量的慘痛代價。圖靈的一位傳記作者曾形容他在短短的一生中展現出一種「脫俗的純真」[1]；二次大戰時，納粹軍隊使用極複雜的謎語密碼機來加密與解密軍事命令和其他敏感文件，而圖靈在破譯謎語密碼機上有著極大的貢獻。謎語密碼機的破解是二次大戰時的重要成就，促使盟軍扭轉戰爭情勢，確立了最後的勝利。不過，圖靈在幾年後因為與其他男人性交入獄時，這項成就並沒有讓他免於受辱。

圖靈在今天最為人所知的就是他構思出的抽象計算機，不但是今日電腦的先驅，也成為當今所有電腦的藍本。當時他年僅二十四歲，剛在劍橋大學獲得研究獎學金，便在一篇於一九三六年發表、名為〈論可計算數及其在判定問題上的應用〉的

學術論文裡提出日後被人稱為「圖靈機」的裝置。圖靈這篇論文的用意，是說明不可能有完全無缺陷的邏輯或數學思考系統：一定會有無法被證實是真是假的陳述，亦即「無法計算」。為了證明這一點，他構思出一個可以遵照既定指示讀、寫與消除符號的簡單數位計算機。他證實了這種計算機可以被程式化，達到任何其他資訊處理機器的功能。簡言之，這是一部「通用機器」。[2]

圖靈在日後發表的〈電腦化機械與智能〉一文中，說明可程式化的電腦「有一個重要的結果：在不論速度的情形下，不需要為不同計算程序設計專用的計算機器。它們都能用一部數位電腦來處理，電腦則能針對每個情形加以程式化。」他認為，這代表了「所有的數位電腦在某個程度上都是相同的。」[3] 圖靈並不是最早構想出可程式化計算機運作方法的人：早在一百多年以前，另一位英國數學家巴貝奇就草擬出一部「分析機」，並宣稱這會是一部「就本質而言最為通用的機器」[4]；但圖靈似乎是第一個認清數位電腦幾乎可以適用在所有事情上的人。

不過，他無法預見他的通用機器在他死後僅僅數十年，就成為我們的通用媒體。由於傳統媒體能傳達的各種資訊（像是文字、數字、聲音、圖片、影片）都能轉譯為數位密碼，也都能「被計算」。所有的東西，不論是貝多芬的第九號交響曲或是色情電影，都能變成一長串的〇與一，再經過處理、傳送，最後在另一部電腦上播放。今日有了網際網路，我們正第一手看到圖靈的發現所帶來的驚人後果。網際網路由數百萬

部相連的電腦和資料庫組成，正是一部威力無可比擬的圖靈機，而且也無疑含括了其他大多數的智能科技。它成為我們的打字機、印刷機、地圖、時鐘、計算機、電話、郵局、圖書館、收音機和電視。它甚至還取代了別種電腦的功能：有愈來愈多的軟體是透過網際網路運作（照矽谷科技菁英的說法，是「雲端運算」），而非在我們自家的電腦上執行。

　　正如圖靈所指出，他的通用機器唯一一項限制就是速度。就理論上來說，即使是最早的數位電腦都能肩負任何資料處理的工作，但是複雜的工作（比方說，顯示一張照片）會耗費太多時間與金錢，也因此不切實際。一個在暗房使用一盤盤化學物質沖洗相片的人還能以更快、更便宜的方式完成相同的事。不過，電腦運算的速度限制最終只是暫時性的障礙。自從一九四〇年代組成第一部大型主機後，電腦和資料網路以驚人的速度不斷加快，處理與傳輸資料的成本也同樣快速下降。過去三十年來，一個電腦晶片每秒能處理的指令大約每三年倍增，而處理這些指令的成本大約每年減半。整體而言，一項例行的電腦計算工作的成本，自一九六〇年代以來下降了百分之九十九點九。[5]網路頻寬也以同樣的速度增長；自從網際網路發明以來，網路傳輸量平均而言每年都增加一倍。[6]圖靈當時無法想像的電腦應用方式，在今日都是家常便飯。

　　網際網路身為媒體的進展就像是一部延時攝影的影片，以飛快的速度呈現整個現代媒體演進史。數百年的進展現在只花了數十年。網際網路取代的第一項資訊處理機器就是古騰堡的印刷機。由於文字轉譯為軟體程式碼並透過網路傳送是件相對

簡單的事（它不需要太多的記憶體來儲存，不需要太大的頻寬來傳送，也不需要太高的處理能力來顯示在螢幕上），早期的網頁多半以文字符號來建置。我們使用「**網頁**」一詞來稱呼我們在線上看到的內容，正呼應了與印刷文字的連結。雜誌和報紙出版社發現，它們能用廣播和電視節目慣用的傳播方式來散布大量文字，因此成了早期開啟線上網站的先驅，在它們的網站上面發表文章、摘要與其他文件。文字傳輸的便利性也連帶造成電子郵件的驚人普及速度，讓傳統個人書信顯得過時。

記憶體和頻寬的成本下降後，網頁上就能放置照片與圖像。剛開始時，這些圖片就跟伴隨的文字一樣以黑白為主，而且也因為解析度低而模糊不清，看起來就像是百年前最早登在報紙上的照片。不過，網際網路的容量發展到能處理彩色圖片的地步，圖片的大小與畫質也大幅增長。過了不久，網路上就有了簡單的動畫，正好與十九世紀末盛行的手翻書（或稱翻書動畫）裡一瘸一跛的動作相當。

而後，網際網路開始取代了傳統聲音處理工具（如收音機、留聲機、錄音帶播放機）的工作。最早可在線上收聽的是口說的文字，但不久之後音樂片段也在線上流傳；最後，完整歌曲，甚至是整首長篇交響曲都透過網站串流，保真度也愈來愈高。網路處理串流聲音的能力也受惠於軟體運算的發展，像是製作 MP3 檔案的運算程式。這些程式能過濾掉音樂與其他錄音資料裡人耳不易聽到的部分，使得聲音檔案能被壓縮成更小的大小，只犧牲了一小部分的音質。電話交談也開始透過網際網路的光纖線路傳遞，不再使用傳統的電話線路。

最後，影片也到了線上，網路含括了電影和電視的技術。由於傳輸與顯示動態圖片對於電腦和網路的需求頗大，最早的線上影片只能在瀏覽器裡的小視窗裡播放；這些影片常常會中斷或累格，而且經常與聲音不同步。不過這方面的進展也一樣神速，不消幾年的時間，複雜的 3D 線上遊戲就蔚為風潮，而 Netflix 與蘋果等公司也透過網路把高畫質電影和電視節目傳送到客戶家裡的螢幕上。就連長久以來預言會在未來實現的「影像電話」也成真了：網路攝影機成為電腦的常規配備，具備連線能力的電視與 Skype 等流行的網路電話服務也整合了視訊傳輸。

網際網路與其取代的多數大眾傳媒有一項明顯與重要的區別：它是雙向的。我們除了可以從網路上接收訊息，也能傳送訊息。在線上交換訊息、同時上傳與下載的能力讓網路成為經商貿易的通道。點幾下滑鼠，就能瀏覽線上目錄、下訂單、追蹤運送路程，以及在公司資料庫裡更新資訊。不過，網際網路不僅連結了我們個人與公司企業；它還讓我們彼此之間連結起來。它不僅是個商用媒體，更是個個人廣播的媒體。數百萬人使用網路以部落格、影片、照片、歌曲與播客等形式來發布自己的數位創作，還會評論、編輯或用其他方式修改別人的創作。由使用者自行創作、幾乎無所不包的維基百科，以非專業人士創作為主的 YouTube 網站，包山包海的 Flickr 圖片收藏，以及四處蔓延的《赫芬頓郵報》部落格總集：這些廣為使用的媒體服務在網際網路到來之前根本無法想像。這個媒體的互動

性也讓它成為全世界見面的場所：大家群聚在臉書、推特、MySpace 等社群（有時也是反社群）網路上聊天、散播八卦消息、辯論、自我展現和調情。

　　網際網路的功用不斷擴散之際，我們花在其上的時間也隨之增加；即使愈益快速的連線速度讓我們在線上每分每秒能做更多事情，我們還是花愈來愈多的時間在線上。二〇〇九年時，北美成年人平均每周花十二小時在線上，上線的時間是二〇〇五年平均的兩倍。[7] 如果只看有網路連線能力的成年人，上線的時間大幅增加到每周超過十七小時。對年紀輕一些的成年人來說，這個數值還更高：二十至三十歲的成年人平均每周花超過十九個小時在線上。[8] 美國兩歲與十一歲之間的兒童每周大約使用網路十一個小時，比二〇〇四年的時間多了超過百分之六十。[9] 二十來歲的歐洲人平均每周花十二個小時在線上。[10] 二〇〇八年的一項研究調查了兩萬七千五百位各國介於十八歲與五十五歲的成年人士，結果發現世界上的人花了百分之三十的休閒時間在網路上；其中中國人是最愛用網路的人，工作以外花百分之四十四的時間瀏覽網路。[11]

　　這些數據還不包括使用手機和其他掌上電腦發送文字訊息的時間，這方面的時間也在快速成長中。文字訊息目前是相當常用的電腦功能，特別是對年輕人來說。二〇〇九年初，美國的手機使用者每人每月平均會發送或接收四百則簡訊，比二〇〇六年成長超過四倍。美國青少年每月平均收發簡訊的數量則更誇張，達到兩千兩百七十二則。[12] 每年全球的手機之間會傳送超過兩兆則簡訊，遠多於語音通話的數量。[13] 拜時刻伴隨

我們的即時通訊系統和設備所賜，依微軟的社會科學家鮑依德所言，我們「從來都不需要真正離線」。[14]

　　很多人認為我們花在網路上的時間是從我們看電視的時間分出來的，但數據顯示並非如此。大部分關於媒體使用的研究發現，網路使用時間上升的同時，看電視的時間不是持平就是一併上升。尼爾森市場調查公司長期追蹤媒體使用情形，發現網路時代裡美國人看電視的時間不停上升。二〇〇八到二〇〇九年中，美國人坐在電視機前的小時數持續增加百分之二，到達每月一百五十三小時；這也是尼爾森公司自一九五〇年代開始追蹤美國人的電視使用時數以來最高的數字（而且還不包括使用電腦看電視節目的時間）。[15]歐洲的情形亦是如此，收看電視節目的時數從未減少過。平均而言，歐洲人在二〇〇九年裡每周看超過十二個小時的電視，比二〇〇四年多了將近一個小時。[16]

　　美國木星研究公司於二〇〇六年進行的一項調查發現看電視與瀏覽網路「高度重疊」：極愛看電視（每周收看電視三十五小時以上）的人中，有百分之四十二也屬於最高度使用網路的族群（每周上線時間在三十小時以上）。[17]換句話說，我們上線的時間愈來愈多時，我們處在螢幕前面的總時數也一併增加了。波爾州立大學媒體設計中心於二〇〇九年進行一項範圍廣大的研究，發現大多數美國人不論年紀，每天會花八小時半的時間盯著電視、電腦螢幕，或手機螢幕，而且還經常同時使用兩個或三個機器。[18]

　　網路使用時間日益增加時，真正縮減的是花在閱讀印刷

出版品的時間,特別是報章雜誌;但閱讀書籍的時間也在減少。四大主要個人媒體種類裡,印刷文字是目前最少使用的一種,遠遠落在電視、電腦和廣播之後。根據美國勞工統計局的資料,二〇〇八年一般十四歲以上的美國人花在閱讀印刷文字上的時間降到每周一百四十三分鐘,自二〇〇四年以來下降百分之十一。二十五歲到三十四歲之間的青年人(屬於最常上網的族群)在二〇〇八年裡每周只花四十九分鐘閱讀印刷文字,較二〇〇四年大幅下降百分之二十九。[19] 美國《廣告周刊》於二〇〇八年委託進行一項小而精闢的研究,跟隨四位一般美國人(理髮師、藥劑師、小學校長、不動產經紀人)一整天,記錄其媒體使用情形。四個人的使用習慣大異,但根據雜誌的說法,他們有一個共同點:「在觀察時間內,四個人裡沒有任何一位打開印刷媒體資料來閱讀。」[20] 由於今日網路和手機普及,我們每天閱讀的文字量一定比二十年前來得多,但花在閱讀紙本文字的時間卻相對減少了。

網際網路的用處甚廣,一如更早發明的個人電腦,每當它的影響力擴展到新的領域時,我們都會全心歡迎。我們很少會停下來思考媒體革命在我們家裡、工作上、學校裡等等生活周遭的意義,更別說提出質疑了。在網際網路到來以前,媒體史是由斷簡殘篇拼湊成的。不同的科技以不同的方式發展,產生了諸多單一功能的工具。書籍和報紙可以顯示文字和圖像,但是無法處理聲音或動畫。電影和電視等視覺媒體只適合顯示極少量的文字,不適合顯示長篇文章。廣播、電話、留聲機和錄放音機只能傳遞聲音。如果你想要把一串數字加起來,你會用

計算機來算。如果你想要找一筆資料，你會去翻閱一套百科全書或是《世界年鑑》。各個相關行業的生產端也一如消費端一樣龐雜。一個公司如果想要賣文字，它會把文字印在紙張上。如果它想要賣電影，它會把電影捲在膠卷上。如果它想要賣歌曲，它會把歌曲刻在黑膠唱片或是錄在磁帶上。如果它想要傳送電視節目和廣告，它會把這些內容透過大天線送到天空中，或是使用粗重的同軸纜線傳送。

　　一旦資訊被數位化，媒體之間的界線便消失了。我們用一個全功能的工具取代眾多單一功能的工具。數位製作和發行的經濟效益幾乎一定比先前來得高：製造電子化產品並透過網路來傳送，消耗的成本遠少於生產實際物品並將之運送到倉庫和商店裡的開銷；正因如此，依照資本主義無法扼止的邏輯來看，這個轉變會以飛快的速度發生。現在幾乎所有的媒體公司都會透過網路發行產品的數位版本，消費的成長也幾乎全都在網路領域上。

　　這並不代表傳統媒體就此消失。我們還是會買書和訂閱雜誌。我們還是會上電影院，也會聽廣播。有些人買音樂時還是會挑 CD，找電影時還是會買 DVD。少數人甚至還會偶爾買一份報紙。當舊科技被新科技取代時，舊科技往往還是會使用很久，甚至有時還會一直使用下去。至今仍有不少人照樣聽黑膠唱片，拿使用底片的相機來拍照，也會在紙本電話簿裡找電話。但是，這些舊科技會失去它們在經濟和文化上的影響力：它們成為進步下的死胡同。新科技主導生產與消費、帶動世人舉止行為，也形塑世人觀點。也因此，知識與文化的未來

不再掌握在書籍、報紙、電視節目、廣播節目、唱片或 CD 裡
了：未來在以光速透過萬用媒體傳播的數位檔案裡。

麥克魯漢在《認識媒體》裡寫道：「新媒體永遠不會只是
舊媒體的擴充，也不會放著舊媒體不管。它會不停壓迫舊媒
體，直到它為舊媒體找到新的形態和定位。」[21] 這項觀察今日
看來特別明顯。傳統媒體（甚至包括電子傳統媒體）在轉換到
線上發行時，正經歷再塑造、再定位的過程。網路吸收一項媒
體時，會依照網路自身的形象重新創造該媒體。它不僅讓媒體
的物體形態消失，還會在其內容裡置入超連結，把內容切割成
可搜尋的區塊，更會用它吸收進來的其他媒體內容來包圍住新
的內容。內容的形式改變後，也會改變我們使用、體驗，甚至
理解內容的方式。

透過電腦螢幕顯示的線上文字表面上看來可能與一頁紙本
文字相去不遠；但是在網路文件裡捲動和點擊滑鼠牽涉到的身
體動作和感官刺激，和拿起書本或雜誌來翻閱相差甚多。研究
顯示，閱讀這項認知行為不只仰賴視覺，還包括觸覺。挪威文
學教授曼根認為，「所有的閱讀行為」都是「多重感官的」。
文字作品「物質感的感官動作經驗」與「文字內容的認知處
理」有著「極關鍵的連結」。[22] 從紙本搬到螢幕，改變的不只
是我們操縱文章的方式，還會改變我們對它的注意力和沉浸其
中的深度。

超連結也會改變我們對媒體的體驗。就某種程度而言，文
本裡的暗示、引述、注解等存在已久的常見用法，只是換一種

方式變成以超連結呈現。不過這些東西對我們閱讀時的影響並不一樣，超連結不只是一種「指」向，而是把我們「推」向相關或補充文件，它會慫恿我們像蜻蜓點水般快速掃過一系列的文本，而非長時集中精神在任何一個文本上。超連結的設計就是要抓住我們的注意力，它們對於瀏覽文件的幫助跟它們造成的干擾是無法分開的。

線上作品的可搜尋特性，也可以說是從目錄和索引等早期輔助瀏覽的工具變化而來。不過，這方面也對我們有不同的影響。簡易且隨時可用的搜尋正如超連結一般，讓我們在數位文本之間輕易地跳來跳去，便利性遠勝過紙本文件。我們對任何一個單一文本的注意力變得更弱、持續時間更短。搜尋工具也讓線上作品變得支離破碎。搜尋引擎往往讓我們只注意跟我們當下搜尋強烈相關的幾個字或幾句話等等小段文字，反而不會促使我們看整份文件。我們在網路上搜尋時見不到森林，甚至連樹木都看不到：我們只看到樹枝和樹葉。Google 和微軟等公司開發可搜尋影音內容的搜尋引擎時，也使得更多的媒體內容經歷文字作品般的破碎化。

多媒體的網際網路把多樣的資訊集中在一個螢幕上，分散了作品的內容和我們的注意力。一個網頁可能會有幾大塊的文字、一個影音串流、一套瀏覽工具、幾個廣告，以及幾個小程式（或稱小工具），分別在各自的視窗裡運作。我們都知道，這樣多方吵雜的感官刺激有多麼容易讓人分心；我們也常拿這個開玩笑。我們在報紙網站上看最新的新聞標題時，突然收到新的電子郵件。沒幾秒後，RSS 閱讀器又來告知有位我們喜

愛的部落客發表了新的文章。又沒多久，我們的手機發出鈴聲，通知我們收到新的簡訊，同時螢幕上又有新的臉書或推特通知。除了透過網路傳送的資訊外，我們還能隨時使用我們電腦裡面的各種軟體；它們也會搶占我們的注意力。每當我們打開電腦，我們就會陷入部落客和科幻作家多克托所形容的「分心科技生態」裡。[23]

互動性、超連結、可尋性、多媒體：這些網路的特性都有相當吸引人的好處。另外，當前線上資訊之豐富可說史無前例；這些都是促使我們大量使用網路的誘因。我們喜歡在閱讀、聆聽與觀賞之間切換自如，不必起身再打開另一項電器，或在一堆雜誌、磁片或唱片裡找來找去。我們喜歡即時搜尋、前往相關資料，不想要經歷一大堆繁瑣無關的事情。我們喜歡與朋友、家人和同事保持聯繫。我們喜歡隨時保持連線，也厭惡斷線。網際網路並不會強迫我們變更思考習慣，不過確確實實造成變化。

我們使用網路的程度只會愈來愈大，它對我們的影響也只會隨著它日益深植於日常生活中不斷增強。一如更早的書籍和時鐘，科技的進步使得電腦不斷縮小，也變得愈來愈便宜。便宜的筆記型電腦讓我們離開辦公室或家裡時還能帶著網際網路走。不過，筆記型電腦本身體積不小，連上網路也不一定是件容易的事。更輕更薄的筆電和更小的智慧型手機問世以後，這些問題便迎刃而解。蘋果 iPhone、摩托羅拉 Droid 和 Google Nexus One 等手機有如功能強大的口袋大小電腦，發售時都有網路連線功能。除此之外，網路連線服務還深入生活各個層

面，從汽車儀表板到電視和飛機機艙內，這些小型裝置會讓網際網路與日常生活更加密切整合在一起，使得這項通用媒體更加通用萬能。

在網路擴張的同時，其他的媒體卻萎縮了。網路改變了製作與傳播的經濟效益，使得許多新聞、資訊和娛樂公司的利潤減少，當中又屬傳統上販售實體物品的行業受到最大的打擊。過去十年來，音樂 CD 的銷售量不斷減少，光在二〇〇八年就下降百分之二十之多。[24] 電影 DVD 本來是好萊塢製片廠商近年的重要利潤來源，現在也開始下滑：二〇〇八年的銷售量便減少百分之六，二〇〇九年前半年又大跌百分之十四。[25] 賀卡和明信片的單位銷售額也在下降。[26] 二〇〇九年美國郵政處理的信件總數為史上跌幅最大的一年。[27] 大學不再出版紙本的專題論文和期刊，只以電子版本發行。[28] 公立學校也督促學生使用線上參考資料，以取代加州州長史瓦辛格所謂「過時、厚重、昂貴的課本。」[29] 放眼所及，網路對於資訊包裝和流通的霸權處處可見。

網路影響最顯著的地方莫過於報業：當讀者和廣告買主紛紛擁抱網路、選擇使用網路媒體時，傳統報紙受到特別嚴峻的挑戰。早在數十年前，美國人閱報習慣就開始萎縮，把休閒時間轉移到廣播與電視上；但是網路使得這個潮流加速。二〇〇八到二〇〇九年間，報紙發行量下降了超過百分之七，而報紙網站的點閱率反而增加超過百分之十。[30]《基督教科學箴言報》是美國歷史數一數二悠久的日報，卻在二〇〇九年初宣布不再發行歷史長達一百年的紙本報紙；網路會成為發布新聞的

主要管道。該報的出版者強納生‧威爾斯說，這個決定預先宣告了其他報紙的命運。他解釋如下：「這項產業的改變，包括對於新聞這個概念的改變和其中經濟效益的變化，最先衝擊到了《箴言報》。」[31]

他的觀察不久之後便獲得印證。短短幾個月間，科羅拉多州最老的報紙《洛磯山新聞》歇業了；《西雅圖郵訊報》不再發行紙本，也開除了大部分的員工；《華盛頓郵報》關閉了所有美國境內的辦公室，也辭退了超過一百名記者；還有超過三十個美國報紙（包括《洛杉磯時報》、《芝加哥論壇報》、《費城詢問報》和《明尼亞波里斯明星論壇報》）的所有人宣告破產。出版英國《衛報》和《獨立報》的衛報新聞媒體公司，其常務董事布魯克斯也宣布該公司未來所有的投資都會在多媒體數位產品上，大部分都會透過公司的各個網站發行。他在一個產業會議上說：「光靠文字維生的時代已經過了。」[32]

在大家頭腦逐漸適應內容交錯雜織的網際網路時，傳媒公司也要因應閱聽大眾的期望。許多媒體製作人把他們的產品切成小塊，不僅為了迎合網路顧客縮減的注意力，還為了讓產品在搜尋引擎上的排名提高。電視節目和電影片段透過YouTube、Hulu 等影片分享服務散布。廣播節目選段以播客或串流的方式傳送。報章雜誌上的文章會被單獨抽出來傳閱。亞馬遜網站和 Google 圖書會單獨顯示書本的頁面。音樂專輯被拆散開來，每首單曲在 iTunes 上販賣，或用 Spotify 服務串流。單曲本身甚至都被解體了，其中的樂句片段和熱門旋律變

成手機鈴聲或電玩配樂。從經濟學的角度來看，這可以說是對內容「分別計價」；贊同這種變革的看法，便是認為這樣讓人有更多選擇，也可以避免買到不需要的產品。但這也印證並強化網際網路促成的媒體消費方式變革。正如經濟學家泰勒・科文所說：「〔資訊〕容易取得時，我們通常會偏好簡短、有甜頭、輕薄的資訊。」[33]

　　網際網路的影響範圍不只在電腦螢幕上。傳媒公司也在重塑它們的傳統產品（甚至包括實體產品），以貼近大家在網路上的體驗。假如網際網路早年的線上出版品形式仿照紙本出版品（一如古騰堡聖經的形式仿照手抄書籍），今日的模仿方式反而是反向進行。許多雜誌的版面經過調整，以模仿（或至少呼應）網站的觀感。雜誌上的文章篇幅縮減，並且加入精簡摘要；頁面上也充滿方便瀏覽的短句和標題。曾經以刊登杭特・湯普森等作家的大膽長篇著作聞名的《滾石雜誌》，現在反而排斥這樣的作品，改為大量短篇文章和評論。依雜誌的出版者買・溫納所說：「《滾石》出版這種七千多字長篇故事的時候還沒有網際網路。」薛爾在《哥倫比亞新聞評論》裡認為，大部分休閒期刊早就「充斥著色彩、斗大標題、圖像、照片，和醒目引文。整頁灰色純文字曾經是雜誌的主要成分，現今幾乎已經全被摒棄了。」[34]

　　報紙的形式也在改變。包括產業龍頭《華爾街日報》和《洛杉磯時報》在內的眾多報紙，近年來紛紛縮短文章的長度，並加入更多的摘要和輔助指示，讓瀏覽內容更加容易。倫敦《泰晤士報》的一位編輯認為這種改變導因於產業因應

「網路、標題時代」。[35] 二〇〇八年三月，《紐約時報》宣布各地所有的版本會有三個頁面只刊登一段長的摘要和其他簡短文章。依照版面設計主任鮑德金解釋，這些「捷徑」可以讓經常分心受擾的讀者快速「品嘗」當天的新聞，省得實際打開頁面閱讀文章這種「效率較低」的閱讀方式。[36]

這類模仿網路的策略通常沒辦法抵擋讀者從紙本轉至線上的潮流。在發行量仍然持續減少之際，《紐約時報》調整版面一年之後便捨棄大部分的改變，大多數的版本只會有一頁放文章摘要。有些雜誌發現擅自與網路競爭是失策，也回到較早的版面設計方式，再次採用比較單純、不雜亂的版面和長篇文章。《新聞周刊》在二〇〇九年做了大幅的更動，強調評論文章和專業攝影照片，也採用較高磅數、較為昂貴的紙張。出版品不與網路習慣同流所付出的代價，便是閱讀量一再削減。《新聞周刊》發表新的版面設計時，同時也宣布對廣告買主承諾的發行量從兩百六十萬份減為一百五十萬份。[37]

一如紙本出版品，電視節目和電影也試圖變得更像網路內容。電台在畫面上加上文字跑馬燈和快訊，也會固定在節目裡安排說明圖片和彈跳出來的廣告。有些比較新的節目，像是美國國家廣播公司的熱門深夜談話節目《吉米夜間脫口秀》，在節目設計上明顯兼顧網路族群和電視觀眾，把重心放在容易以 YouTube 短片流傳的簡短段落。有線電視和衛星電視公司提供主題頻道服務，讓觀眾可以同時收看好幾個節目，並使用電視遙控器以類似滑鼠的方式切換音軌。網路內容也開始直接透過電視傳送，新力和三星等電視製造公司紛紛重新設計旗下

機種，讓它們在網路節目和傳統電視訊號間切換自如。製片公司開始在它們的光碟裡放進社群網路功能。迪士尼《白雪公主》的藍光光碟版本裡，觀眾可以一邊看七個小矮人踏出家門上工，一邊透過網路跟他人聊天。電影《守護者》的碟片會自動跟臉書帳號同步，讓觀眾與「朋友」互相交換關於電影的「即時評論」。[38] 環球影業家庭娛樂公司總裁柯布勞說，環球影業打算增加更多類似的功能，好讓看電影成為「互動體驗」。[39]

　　網路不只改變我們體驗表演錄音或錄影的方式，甚至連經歷表演本身的方式也改變了。我們把強大的行動電腦帶到劇院或其他表演場所時，同時也帶著網路上所有的溝通和社群網路工具。親臨表演現場的觀眾透過手機內建的相機錄下表演片段並傳送給朋友，早在多年前就普及了；而行動電腦現在則刻意融入表演裡，以迎合新一個網路世代的觀眾胃口。美國國家交響樂團於二〇〇九年在維吉尼亞州狼陷阱表演藝術國家公園的一場音樂會裡，演奏貝多芬的《田園》交響曲，表演中樂團透過推特發布一連串由指揮家德庫撰寫的訊息，解釋貝多芬在曲中的一些音樂意涵。[40] 紐約愛樂和印第安維波利斯交響樂團開始鼓勵聽眾透過手機簡訊投票，選出表演的安可曲目。「這比光坐在那裡聽音樂參與度更高。」一位聽眾在聽完紐約愛樂最近的一場表演後這樣認為。[41] 美國有愈來愈多的教會鼓勵信徒在崇拜中攜帶筆記型電腦和智慧型手機，以便透過推特等微網誌服務交換心靈感召的訊息。[42] Google 執行長施密特認為，劇場表演等活動融入社群網路服務，讓網路公司有許多精采的

機會可以發揮。他說：「推特最明顯的用處，是大家可以在觀賞戲劇表演的同時忙著討論這齣戲，而此時戲劇也正在進行中。」[43] 就連我們現實生活中的經歷也開始有網路連線的電腦介入。

網路重塑我們對媒體的期望，這點在所有的圖書館裡都有很深刻的印證。雖然我們不太會這樣認為，但圖書館實際上是一項媒體科技。事實上，公共圖書館是人類史上極為重要、影響力甚鉅的資訊科技，不過是在有了無聲閱讀和活字印刷之後才普及的資訊科技。一個社群對資訊的態度和偏好會具體反映在他們圖書館的設計，以及其所提供的服務上。直到近年，公共圖書館是寧靜綠洲裡的書林，讀者可在排列整齊的書冊裡瀏覽，或是在隔間裡安靜閱讀。今天的圖書館則大為不同，網路連線快速成為最熱門的服務項目。根據美國圖書館協會最近的調查，美國公共圖書館各個分館大約百分之九十九提供上網服務，平均而言每個分館有十一部公用電腦；另外，有四分之三的分館提供無線網路供讀者使用。[44] 今日圖書館裡最常聽見的聲音是鍵盤敲擊聲，而不是翻書聲。

布朗克斯圖書中心是地位崇高的紐約公共圖書館近年新增的新分館，其建築就能看出圖書館角色的轉變。三名管理顧問在《策略與經營雜誌》上這樣描述圖書館的空間配置：「圖書館的四個主要樓層裡，書架被放在兩端，中間留下充足的空間給擺放電腦的桌面，許多電腦都有寬頻網路連線。使用電腦的人多半是年輕人，而且不一定用它們來做研究：也許這裡會有人在用 Google 找少女歌手孟漢娜的照片，那邊有另一個人在

更新他的臉書頁面，再過去一點又有幾個小孩子在打電動，像是「瘋狂小人戰鬥」等小遊戲。館員會回答問題，也會發起線上遊戲競賽，沒有任何一位會請讀者安靜。」[45] 這些顧問認為布朗克斯分館是前瞻楷模，藉由「推出新的數位方案以迎合使用者需求」來保有其「適切度」。圖書館的空間配置同時也強烈象徵我們的新媒體景觀：置中的是有網路連線的電腦，印刷文字被擠到邊緣。

第六章

書籍本身的形象

　　那麼，書籍本身又怎麼了？在所有廣為流通的媒體裡，書本大概最能抗拒網路影響。閱讀行為從書頁逐漸轉移到螢幕後，書籍出版社蒙受了一些損失，但是書籍本身的形式卻沒什麼變化。兩個硬封皮間夾一長串印刷頁面，這顯然是種出奇頑強的科技產品，超過五百年後仍然相當有用，也相當通行。

　　從這裡也不難看出書籍為何遲遲不進入數位時代。電腦螢幕和電視螢幕看起來差別不大，喇叭播送的聲音不論透過電腦或收音機傳送皆大同小異。不過，就閱讀工具而言，紙本書籍仍然有勝過電腦的優點。你可以把書本帶到海灘上，不用擔心沙子破壞機器；你可以帶它躲進被窩，萬一睡著把它掉到地上也不用緊張；你還能不小心倒咖啡在上面、坐在上面，也能打開到最後閱讀的頁面，放在桌面上，過幾天再回來時依然原封不動。你不用為它找電源插座，也不用擔心它的電池耗盡。

　　書籍帶來的閱讀經驗通常也比較好。用黑墨印在頁面上的文字比起在有背光的螢幕上以像素組成的文字容易閱讀。你能一次閱讀數十頁，甚至上百頁，眼睛也不會像閱讀線上文本

那樣（即使閱讀時間不長）感到疲勞。在書裡找方向比較容易，套用軟體工程師的說法，也比較符合直覺。跟虛擬頁面比起來，實際頁面翻閱的速度比較快，也比較有彈性；另外，你也能在頁緣裡寫筆記，或是把特別動人或激勵人心的句子用螢光筆標示起來，甚至還能請書的作者在封面上簽名。閱讀完後，你可以用它來填補書架上的空間，或是把它借給朋友。

即使電子書已喧騰多年，大多數人並未感到興趣。花幾百美金買一個專用的「數位閱讀器」看起來是件蠢事，畢竟老式紙本書籍容易取得、容易閱讀，並且容易讓人沉醉其中。雖然如此，書籍不會落在數位革命之外。一如其他媒體種類，數位製作與傳送的優點，如不需大宗採購紙墨、沒有印刷費用、不用搬沉重的箱子到卡車上、不需回收處理未售出的書本等等，對書籍的製造商和發行商極具吸引力。成本更低，表示價錢也更低：電子書的售價經常只有紙本售價的一半，有一部分是閱讀機器製造商補貼所致。高折扣是個強烈的誘因，讓人願意從紙本文字轉移到像素文字。

近年來，數位閱讀器的技術也突飛猛進，使得傳統書籍的優點不再像以前那麼明顯。數位文字的清晰度現在幾乎能與紙本文字匹敵，這得歸功於使用像 Vizplex 等材料製作的高解析度螢幕；Vizplex 是一種由麻薩諸塞州電子墨水公司研發出來的帶電粒子薄膜。最新的閱讀器不需要背光，因此可以在日照下使用，也大幅降低眼睛疲勞。閱讀器的功能也有進步，使得翻閱頁面、增加書籤、標示文字，甚至在頁緣寫筆記都容易許多。視力不好的人可以增大電子書的字體，紙本書籍就做

不到。而隨著電腦記憶體的價格下降，閱讀器的容量隨之上升，現在可以在機器裡裝上數百本書。正如一台 iPod 可以裝下一般人全部的音樂收藏，電子書閱讀器現在也能裝下整個個人書庫。

雖然電子書籍的銷售量仍然只占書籍整體銷售量的一小部分，電子書籍銷售量的成長速度遠比實體書籍來得快。根據亞馬遜網站在二〇〇九年初公布的數據，該網站有二十七萬五千筆書目同時以傳統和電子形式販賣，其中電子版本占全部銷售量的百分之三十五，遠遠超過前一年的百分之十。長久以來，電子書閱讀器的銷售量沒有起色，現在卻水漲船高，從二〇〇八的一百萬台增加到二〇一〇年推估的一千兩百萬台。[1]如紐約時報記者石東和李奇最近的報導所述：「電子書已經開始站穩位置了。」[2]

新一代電子書閱讀器裡相當受到歡迎的機種之一是亞馬遜自家的 Kindle。這個機器在二〇〇七年炫麗上市，備有各種最新的顯示科技和閱讀功能，還有完整的鍵盤。不過，它還有另一個功能使其魅力大增：Kindle 內建隨時都能使用的無線網路連線功能。連線的費用包含在機器本身的售價裡，所以沒有任何的月租費用。網路連線的功能讓人在亞馬遜網站上買書並立即下載，這點不足為奇，但是它能辦到的不只如此，它還可以用來閱讀電子報紙和雜誌、瀏覽部落格、在 Google 上搜尋、聽 MP3 音樂，還能透過一個特製的瀏覽器來瀏覽其他網站。就書籍未來的層面來看，Kindle 最顛覆傳統的一個功能是在文

本裡顯示連結。Kindle 會把書的文字變成超連結，讓你在單字或句子上點一下，就進入相關的字典條目、維基百科條目，或 Google 搜尋結果。

　　Kindle 指出電子書閱讀器的未來方向。它的功能（甚至軟體本身）被放到 iPhone 和電腦裡，把電子書從價格昂貴的專用機器變成圖靈通用機器裡的另一項廉價元件。除此之外，Kindle 也指出書籍的未來方向，這點可能令人擔憂。原本對電子書抱持懷疑的記者和雜誌編輯懷斯伯格，在一篇二○○九年的《新聞周刊》文章裡高頌 Kindle 是「一個宣示文化革命的機器」，在此革命裡「閱讀和印刷被分開來了」。懷斯伯格繼續說明，Kindle 告訴我們「紙本書籍，亦即**人類文明最重要的文物**，會步上報紙和雜誌的後塵，最終消失殆盡。」[3] 曾任《紐約時報書評》編輯的麥克拉瑟也成為 Kindle 的信徒，認為這個「誘人的白色小玩意」會是書籍和閱讀的「先驅」。他說：「這麼容易就臣服在方便性下，真是讓人訝異；以前那麼讓人在意的印刷和版面設計細節全部不見後，竟然也不讓人留念。」雖然他認為紙本書籍在短期內不會消失，他仍然覺得「未來我們只會把書本留著當懷舊古董，提醒我們以前的閱讀方式是這樣子。」[4]

　　在這種情形下，我們又會用什麼樣的閱讀方式來讀老舊書本裡的東西？華爾街日報的柯洛維茲提出一種看法，認為 Kindle 這種容易上手、有連線功能的閱讀器「可以幫助我們找回精神專注的能力，並且延伸書本真正偉大之處：文字和它們的意義。」[5] 大多數重視文字與閱讀的人應該也會感同身受；

不過這種看法沒有實質根據。柯洛維茲正好落入麥克魯漢警示的盲點裡：他看不出來媒體改變形式時，內容也同時變了樣。美國出版集團 HarperCollins 旗下 HarperStudio 的一位資深副總裁說：「電子書不應該只是以電子方式發行的紙本書籍。我們需要善用這個媒體的優點，做出動態的產品來增強這個閱讀經驗。我要有連結、幕後花絮、朗讀、影片和對話。」[6]一旦在書裡放進連結，把書連到網路（換句話說，一旦「延伸」、「增強」書本，讓它變成「動態」），書籍的性質就改變了，閱讀的體驗也起了變化。電子書不是真正的書籍，就像線上報紙不是真正的報紙。

　　美國科普作家史蒂芬・強森開始用他新買的 Kindle 閱讀電子書，不久便發覺「書籍移植到數位世界裡不只是單純把墨水換成像素而已，更有可能對我們閱讀、寫作與販賣書籍的方式有深遠的影響。」Kindle 可以延伸「指尖可及的浩瀚書海」，也能讓書籍變得跟網頁一樣容易搜尋，這些都是讓他興奮期待的潛力。不過，這個數位裝置也使他憂心：「全然沉浸在另一個世界，或是作者想法建構的新世界裡，本是閱讀書籍的一大樂事；但我深怕以後這種樂趣不再。我們現在愈來愈會以這裡讀一點、那裡讀一點的方式閱讀報章雜誌，以後可能也會這樣讀書。」[7]

　　美國首府華盛頓倫理與公共政策中心的研究員蘿森最近寫下她在 Kindle 上閱讀狄更斯小說《尼古拉斯尼克貝》的經驗。她的描述印證了強森的擔憂：「雖然一開始覺得有點找不到方向，我很快就適應 Kindle 的螢幕，也熟悉捲動和翻頁按

鈕的用法。雖然如此,我的眼睛無法停下來,我的視線就像我用電腦時一樣會到處跳來跳去。處處都有讓人分心的事。我在維基百科上查閱狄更斯的條目,之後又直接跳進網路的無底洞裡,點了一個關於狄更斯短篇小說〈馬格比車站〉的連結。二十分鐘後,我在 Kindle 上面還是沒有回去閱讀《尼古拉斯尼克貝》。」[8]

蘿森的掙扎很像歷史學家大衛・貝爾於二〇〇五年在網路上閱讀新發行的電子書《拿破崙政治宣傳緣起》的經驗。他在《新共和雜誌》裡的一篇文章裡描述這個經驗如下:「滑鼠點幾下後,文本就出現在電腦螢幕上。我開始閱讀,但是即使這本書寫得很好,也相當有內容,我仍然覺得很難集中精神。我開始前前後後捲動,找尋關鍵字,比平時更常打斷自己去倒杯咖啡、收電子郵件、看新聞,和整理我書桌抽屜的文件。最後我總算讀完整本書,也很慶幸自己有讀完。但是一周以後我發覺我很難回想我到底讀了什麼。」[9]

不論是最近出版的史學專論,或是兩百年前的維多利亞時期小說,當紙本書籍轉移到有網路連線功能的電子裝置時,它就會變成很像網站的東西。它的文字會身處在網路連線電腦的種種擾人事物中,它的連結和其他數位增強功能讓讀者到處漂流。它喪失了已故美國作家厄普代克所謂的「邊稜」,消失在網路的無邊汪洋中。[10] 紙本書籍的直線特徵變得支離破碎,同時這種特徵在讀者心裡喚起的寧靜感也被打破了。Kindle 和蘋果電腦的 iPad 等高科技裝置的強大功能可能會使得我們閱讀電子書的機會大增,但我們讀電子書的方式會跟閱讀紙本書籍

的方式大異其趣。

　　閱讀方式的改變也會帶來寫作風格的改變，因為作家和出版社會想辦法迎合讀者新的閱讀習慣和期望。目前在日本就可以清楚看到這個過程。二〇〇一年，年輕的日本女性開始在手機上以一連串簡訊的方式撰寫短篇故事，並上傳到「魔法園地」網站讓其他人閱讀和評論。這些故事擴展成為連載的「手機小說」，人氣也不斷升高。有些小說的線上讀者甚至達到上百萬人；出版社也注意到這個風氣，開始把這些小說以紙本形式出版。不到十年期間，手機小說就成為日本暢銷書排行榜的霸主：二〇〇七年日本最暢銷的三本小說，最初都是在手機上寫的。

　　這些小說的形式反映了它們的源頭。根據記者大西哲光的看法，這些小說「多半是愛情故事，以手機簡訊常見的簡短句子寫成，但是鮮少有傳統小說裡的故事情節或角色成長。」一位二十一歲、名為 Rin 的當紅小說作家跟大西哲光說明為什麼年輕讀者紛紛拋下傳統小說不讀：「他們不會閱讀專業作家寫的作品，因為這些作家的句子太難理解，描述刻意寫得很冗長，故事也不是他們熟悉的情節。」[11] 手機小說也許只會在日本這個常常追求奇特流行的國家裡造成轟動，但是這些小說仍然顯示閱讀方式的改變一定會帶動寫作變革。

　　另一個網路影響書籍寫作的徵兆，是二〇〇九年美國科技叢書出版社歐萊禮媒體一本關於推特的書；該書是以微軟的 Powerpoint 簡報軟體寫成的。這本書同時以紙本和電子版

本發行；出版社的執行長歐萊禮在書的前言裡說：「我們長久以來對線上媒體如何改變書本的呈現方式、敘事和架構感到興趣。大多數書籍仍然使用古老的模式，以一貫的敘事為組織原則。在這本書裡，我們使用網路般的獨立頁面，每個頁面都可以獨立閱讀（或是最多兩三個頁面一組）。」歐萊禮說明，這種「模組化的架構」反映讀者適應網路文本後的閱讀習性。網路「給我們上了無數堂課，教我們書本轉移到線上時要怎麼改變。」[12]

有些書籍寫作和呈現的方式會有劇烈的變化。目前為止，出版界的要角裡已經有賽門舒斯特出版社發行內嵌影片的電子小說，稱為「影音小說」。其他出版社也正在進行類似的多媒體試驗。賽門舒斯特主管柯爾說：「大家都在想二十一世紀裡，書籍和資訊要如何合併在一起。文本不能只是直線進行了。」[13]

其他的形式與內容改變不會這麼明顯，也會慢慢發展出來。舉例來說，當讀者日漸透過線上文字搜尋發現新書時，作家就會有為搜尋引擎量身訂作文本的壓力，這種事情對當今部落客和其他網路作家而言是家常便飯。強森大略猜測了可能的後果：「作家和出版社會開始考慮每個頁面或章節在 Google 搜尋裡的排名，大段的文章會刻意設計成能夠不停吸引搜尋引擎訪客的注意。各個段落會加上說明標籤以指引可能來訪的搜尋過客；章節標題會經過測試，看出它們的搜尋排名有多高。」[14]

許多觀察此一趨勢的人都相信，數位閱讀器加入社群網路

功能只是早晚的事，這樣會把閱讀變得有如團隊賽事。我們的目光掃過電子文本時會聊天、傳送虛擬的筆記資料。我們會訂閱網路服務，讓我們的電子書自動接收其他讀者加上的評論和修改。南加州大學安納堡傳播中心書本未來研究中心的研究員維希伯認為：「不久後，書本裡面確實會有各種討論在進行，除了即時聊天外也會有評論和社群注解等非即時的交換。你可以看到還有誰在閱讀這本書，並且可以跟他們對話。」[15] 科學議題作家凱文‧凱利在一篇廣受討論的文章裡，甚至推測我們會在線上舉行公開的剪貼派對：我們會從舊書裡剪出片段，重新組成新的書。他寫道：「一旦數位化後，書本就能解體為單獨的頁面，或是進一步縮減為頁面的選段。這些選段會再排列成為重組後的新書，」而這些書會「在公有領域裡出版、交換。」[16]

　　這個情境是否會成真仍屬未知，不過網路將所有媒體變為社群媒體的特性，勢必對閱讀與寫作的方式造成深遠的影響，也因此會在語言本身留下難以抹滅的痕跡。書本為了因應無聲閱讀而改變形式，其重大影響之一便是促成私人寫作。作家可以假定一個知識與心靈層面能與之交流的用心讀者「終有一天會到來，並且會感謝他們」，於是迅速跳脫社交語言的窠臼，探索多元面貌的文本形式，其中許多也只能以書頁的形式存在。如前文所述，私人作家享有前所未有的自由，多方的實驗手法增加了字彙規模、延展了語法極限，也使得語言整體來說變得更有彈性、更有表達力。今日閱讀的脈絡又從私人的書頁轉變為公眾的螢幕，作家也會再次改變寫法以因應趨勢。他

們會逐漸調整作品的風格，以符合散文作家克雷恩所謂「群眾感」的周遭環境；在這種環境下大家閱讀的目的主要是「為了有參與感」，而非個人啟發或娛樂。[17] 當社交因素凌駕於文學因素之上時，作家似乎一定會揚棄寫作技巧與實驗性，轉而使用乏味但容易被人接受的寫作風格。寫作未來僅存記錄七嘴八舌言談之用。

數位文本易逝的特性也一定會影響寫作風格。一本付梓出版的書就是一件成品，其文字一旦以油墨印上頁面就變得無法抹滅。出版這個行為有如到達終點無法回頭，長久以來讓最認真細心的作家和編輯有一股欲望（甚至是焦慮），必須讓他們的作品盡善盡美──寫作時耳目面對的是永恆。電子文本不是永久不變的：在數位市場裡，出版變成一個持續進行的過程，而非明確的單一事件，版本修改也可以一直持續下去。即使下載到網路裝置後，電子書還能輕而易舉自動接收更新，就像現今例行的軟體更新。[18] 書籍寫作如果不再有終點，長久下來可能會讓作家對他們的作品有不同的態度。達到完美的壓力會消失，其所需的洗練文筆也會顯得不重要。作家的預設立場和心態只要有些微改變就能造成巨大影響，這點可從書信的歷史裡看出。十九世紀（或其他古老年代）的私人書信和今日的私人電子郵件或簡訊簡直毫不相似。我們過度享受不拘形式、即時效能之便，卻削弱了我們的表達能力，也讓我們不再能言善道。[19]

電子書的連線能力和其他功能無疑會帶來更多的樂趣，以及讓人分心的消遣與岔路；我們甚至也有可能如凱文．凱利所

說，視數位化為一種解放，讓文字得以擺脫頁面。但我們必須
付出的代價是作家個人與讀者個人間，心智親切度的持續衰
落，甚至是完全切斷。古騰堡的發明帶來的深層閱讀讓「靜謐
見形於意義、思想之中」，未來卻會不斷消失，最後很可能變
成只有少數菁英才具備的能力，而且人數仍然會不停減少。換
句話說，我們有朝一日會回歸到古代歷史上的常態。正如西
北大學一群教授在二〇〇五年《社會學年度評論》的一篇文
章裡所言，我們近年來閱讀習慣的改變似乎透露，「大眾閱
讀〔書籍〕的年代是人類智能史上的短暫「反常現象」。他
們寫道：「我們現在看到這種閱讀方式回到早期的社會階層
裡：一個自行維持傳承的少數族群，姑且稱之為閱讀階級。」
他們接著說，目前仍待解答的問題，是閱讀階級是否會保有
「日漸稀少的文化資本附帶的權威形象」，或者是被他人視為
一群古怪的小團體，從事著「愈益晦澀的休閒活動」。[20]

　　亞馬遜網站執行長貝索斯發表 Kindle 的時候給了自己一
段賀詞：「讓書本這種已經高度演化的東西再有所進步是件野
心十足的嘗試，甚至還有可能改變大家的閱讀方式。」[21] 這件
事不只是「有可能」而已。網路已經改變了人類閱讀和寫作的
方式，而當書籍的文字逐漸從紙本頁面抽出來，不斷嵌入電腦
的「分心科技生態」裡，這種改變也會一直維持下去。

　　長久以來，專家學者都試圖把書本送進墳墓裡。十九世
紀初期，報業的盛況（光倫敦一個城市就有上百種不同的報
紙）讓許多觀察者認為書本即將作古：書本怎麼能和每天全版

大報的時效性相匹敵呢？「在這個世紀結束以前，新聞將成為
出版業，甚至是人類思想的全部，」法國詩人和政治家拉馬丁
在一八三一年如是說，「思想將如光速傳播到全世界，即時形
成、即時寫下、即時理解。它會把地球在兩極之間以立即、乍
現的方式完全覆蓋住，燃燒著始創性靈迸發出的熱忱。這會是
人類文字完全凌駕一切的時刻。但它不會有足夠的時間生長成
熟，匯集成書本的形式，因為當書本成形時就已經太遲了。今
日的書只有可能以報紙的方式存在。」[22]

　　拉馬丁錯了：十九世紀結束時，書本依然與報紙並存。但
此時又有另一個新發明出現威脅它們的生存：愛迪生的留聲
機。顯然（至少知識份子如此認為），過不久後大家就不會再
閱讀文學作品，而改用聆聽的方式欣賞。一八八九年時，有一
位名叫休伯特的人在《大西洋月刊》的一篇文章裡預言「許多
書甚至完全不會付梓出版；它們會直接以『聲像』的方式到
達閱讀者（或應稱為聆聽者）的手中。」當時的留聲機除了
播放聲音之外也可以錄音，因此「一定會大幅超越打字機」，
成為撰寫散文的主要工具。[23] 同一年，未來學家貝拉米在《哈
潑雜誌》裡猜測人類未來會「閉上眼睛」來閱讀。他們會隨身
攜帶稱為「必備器」的小型聲音播放機，裡面會裝有他們所有
的書、報紙和雜誌。貝拉米還認為，天下的母親未來不再需要
「在下雨天時為了防止小孩子鬧事，說故事說到喉嚨沙啞。」
小孩子都會有自己的「必備器」。[24]

　　五年後，《斯克里布納雜誌》刊登一篇法國著名作家和出
版商烏贊的文章，標題為〈書本的盡頭〉，似乎為紙本書籍送

上致命的一擊。他寫道：「我的朋友，我對於書本的命運有什麼看法？我不相信（電力和現代機械的發展也使得我沒辦法相信）古騰堡的發明還能免於頹敗的命運，繼續闡釋當代的思想結晶。」印刷是「有些過時」的生產過程，數個世紀以來「如暴君般主宰人類的思想」，但是有一天會被「聲像」取代，而圖書館也都會變成「聲像館」。我們會看到「口傳藝術」的復興，因為朗誦家會取代作家的地位。烏贊最後下了總結：「女士不會再對成功的創作者驚嘆：『好迷人的作家啊！』她們會情不自禁地顫抖，嘆息著：『啊！這位「口說者」的聲音會讓你驚嘆、著迷、感動。』」[25]

　　書籍並未因留聲機而作古，正如報紙未將書籍送入墳墓一般。聆聽最終未能取代閱讀。愛迪生的發明大多被用來播放音樂，而非朗誦詩歌散文。二十世紀時，閱讀書籍的行為更禁得起一波又一波、看似致命的考驗，包括上電影院、收聽廣播，和觀賞電視。今天書本仍然一樣常見，而且也沒有理由不相信未來很長一段時間內，書本還是持續以相當可觀的數量被生產和閱讀。雖然實體書籍可能已踏上黃泉之路，這條路鐵定會蜿蜒曲折。不過，雖然紙本書籍繼續存在會讓書本愛好者感到欣慰，但是並不改變書本和閱讀行為（至少從我們過往對此的定義來看）在文化裡已步入夕陽時分的事實。從社會整體來看，我們花在閱讀印刷文字的時間愈來愈少，而且就算我們繼續閱讀，也是在網際網路的繁忙陰影下。文學評論家史坦納在一九九七年寫道：「即使是現在，『深度閱讀』所需的安靜、集中與記憶的技能，以及對時間的享受，大部分已經被棄

置了。」不過,他認為「這些侵蝕相較於電子新世界,顯得微不足道。」[26] 五十年前,我們還能宣稱我們活在印刷的時代,但現在不行了。

有些思想家樂於迎接書籍的衰落,以及其所帶來的文思消逝。最近在一場對教師的演說裡,多倫多大學教育研究員費德曼認為我們傳統上認定的閱讀能力「至今只不過是古風而已,跟朗讀詩詞一樣,都是與今日教育真正的問題和議題無關的美學形式;當然,這些形式並非毫無價值,但是也不再是架構社會的動力。」他說,是教師和學生揚棄書本「直線、階級」的世界,進入網際網路「無所不在的連線能力和隨處可及的世界」的時候了;在這個世界裡,「最強大的技能」需要「在不停變動的脈絡裡發現從中冒出的意義。」[27]

在一篇二〇〇八年發表的部落格文章裡,紐約大學數位媒體學者薛基認為我們不該花那麼多的時間哀悼深度閱讀之死;事實上,這個東西的價值一直都被高估了。他把托爾斯泰的經典鉅著視為文學最崇高的成就,認為「沒有人會讀《戰爭與和平》。它太長了,而且也沒那麼有趣。」世人「已逐漸認為托爾斯泰這部史詩般的作品並不值得花那樣的時間去閱讀。」相同情形的還有普魯斯特的《追憶似水年華》等小說;薛基以犀利的筆鋒,點出這些小說直到最近都被認為是「因為某種不明白的原因顯得非常重要。」事實上,我們「這麼多年來」都在「用空洞的讚美」來稱讚托爾斯泰、普魯斯特等作家。我們先前的閱讀習慣「只是我們身處存取能力貧乏的環境裡的副作用。」[28] 由於網路現在給我們充足的「存取能力」,

薛基下了結論，認為我們總算能擺脫這些無聊的習慣。

　　這類的宣示似乎太做作了，不值得真的當一回事。學術界裡的反知識論者向來立場特異，這只不過是他們最新的表現而已。不過，也許還真的有辦法認同他們的看法。費德曼和薛基等人可能是後閱讀時代的先驅，對這些知識份子來說，書頁向來不是傳遞知識的主要方式，而是電腦螢幕。正如阿根廷裔加拿大作家曼古埃爾所言：「傳統上被視為經典的書籍，與透過直覺、情感和認知變成屬於自己的書籍（而且是同一本書）之間有一道無法跨越的鴻溝：我們從中經歷痛苦、歡笑，將其轉譯到自己的生命經驗裡，而且實際上變成第一個閱讀這本書的讀者，不論書在到達我們手中之前已有前人讀出多少層意義。」[29] 若是沒有時間、興致，或是進入一個文學作品的能力（換句話說，就是以曼古埃爾的說法，把該作品變成自己的），你當然會認為托爾斯泰的鉅著「太長，而且也沒那麼有趣」。

　　那些認為閱讀者頭腦的價值過於浮誇的人，我們也許很想要忽視，但這樣做是個錯誤。他們的論點印證了當今社會對於知識成就的看法發生了直達根本的變化。他們的言論也讓人可以合理看待這種變化，說服自己瀏覽網路足以替代深度閱讀和其他靜謐沉思的方法，甚至還比這些方法更優越。當他們視書籍為過時、可拋棄的產品時，費德曼和薛基給了眾人一個有學理基礎的理由，讓人可以安心墜入線上生活的無止境分心狀態之中。

我們對於萬花筒式快速變幻的渴求並不是隨著網際網路的發明才出現的。這種渴望已經存在好幾十年，而且隨著工作及家庭生活步調加速，以及廣播和電視等傳播媒體送上一波波的節目、訊息和廣告，我們對於這類紛擾的渴求還不停增強。雖然網際網路和傳統媒體大相逕庭，它也延續了人類二十世紀擁抱電子媒體後產生的知識與社會潮流，這些潮流也一直不停地形塑我們的生命與思想。讓我們分心的事物滲進我們生命裡的時間已久，但從來沒有像網路這樣的媒體，設計起來就是要分散我們的注意力，而且還用這麼堅決的方式來影響我們。

李維在《向前捲進》裡描述他在一九七○年代中期，在全錄公司著名的帕羅奧圖研究中心裡參加的一次會議；該實驗室裡的工程師和程式設計師就是在那個時候發展出今日個人電腦裡我們習以為常的功能。有一群著名的資訊工程專家受邀到研究中心參觀一個新作業系統的展示，這個作業系統讓「多工處理」易如反掌。新的作業系統和傳統作業系統不同，不再只能一次顯示一項工作，而是把螢幕畫面分成許多「視窗」，每個視窗裡可以執行不同的程式或顯示不同的文件。全錄的解說人展示作業系統的高度彈性，從一個他正在撰寫程式碼的視窗點到另一個顯示新進電子郵件的視窗。他快速讀過並回覆那封電子郵件，之後馬上跳回撰寫程式的視窗，繼續寫程式碼。觀眾席裡有些人為新作業系統掌聲叫好：他們認為這個功能可以讓人更有效率地使用電腦。不過也有人覺得反感，「在寫程式的時候，怎麼可能會有人想被電子郵件打擾分心？」在場有一位資訊工程師很生氣地問。

　　這個問題今天看起來既過時又怪異。視窗介面已經成為所有個人電腦和大多數數位工具的標準介面。網路上更是在視窗內有視窗，其中又有視窗，更別提許多長串的標籤，用以打開更多的視窗。多工處理已經是家常便飯，如果要回去使用只能一次執行一個程式或打開一個文件的電腦，大多數人會覺得無法忍受。不過，雖然這個問題至今已不值得繼續爭論，它在今天跟在三十五年前一樣重要。如李維所說，這個問題「點出一個衝突，是由兩種不同工作方式，以及兩種對於科技如何輔助工作的看法造成的。」全祿的研究人員「很樂意在多項同時進行的工作裡換來換去」，而提出質疑的人則是視他自己的工作「為一個人全神貫注、集中精神的課題。」[30] 我們在使用電腦時，不論是有意或是無意的抉擇，都與書籍賦予我們的知識傳統相違，不再要求全神貫注、集中精神。我們已經把賭注押在雜耍人的身上了。

第七章

雜耍的大腦

　　這本書已經有很長一段時間沒出現第一人稱單數的說法了，看樣子也該是我這位使用文書處理軟體的抄寫員再次出場的時候。我知道，前面幾章裡我把你們在一大段時空裡拖來拖去，我也很讚賞你們有勇氣還願意跟著我。你們經歷的這段旅程，跟我為了釐清我大腦裡究竟發生些什麼事而走的路一樣。我愈是往神經可塑性的科學和智能科技的演進裡鑽，愈是發覺網際網路的重要性和影響力必須放在人類思想史的大脈絡裡才能檢視。雖然網際網路確實是項革命性的發明，但若要理解它，最好還是把它視為一系列形塑人類思想的工具裡最新的一種。

　　關鍵的問題來了：科學能如何解釋網路影響我們大腦運作的方式？毫無疑問，未來許多研究都會專注在這個議題上；不過，我們現在已經知道不少了，或至少可以臆測不少。這方面的消息比我原先預想的還糟糕。幾十項由心理學家、神經科學家、教育家和網路設計師主導的研究都指向同一個結論：我們上線的時候，進入的環境會促使我們閱讀變得草率、思考變得

急迫不專注、學習變得膚淺不深入。雖然在網上遨遊時還是可以思考得深入，一如讀書時也可以思考得漫不經心，但這種科技並不會促成我們用這種方式來思考，也不會給我們任何的回饋。

有件事情非常明白：如果你具備現今所有關於大腦可塑性的知識，要發明一項以最快、最全面的方式改變人類大腦迴路的媒體，你最後發明出來的東西看起來和運作起來一定會很像網際網路。這不只是因為我們使用網路有如例行公事，甚至接近入迷的地步；網路造成的感官和認知刺激（諸如高重複性、密集、互動性高、成癮性高），已證實會使大腦迴路和功能出現強烈而迅速的變化。撇開字母和數字系統不論，被世人廣泛使用的科技裡，網路很可能是最能改變思想方式的一種，至少是自書本問世以來改變力量最強的一種。

在一天的生活裡，大多數可以連線上網的人至少都會花上幾個小時在線上，有時甚至更多。在此期間，我們通常會一再重複相同或相似的動作；這些動作重複的速度通常很快，而且經常是接收到螢幕或喇叭傳送的提示後所做出的回應。我們會在電腦鍵盤上打字、拖動滑鼠、按下滑鼠左右鍵或捲動滾輪、用指尖在觸控板上滑動、在手機或黑莓機上的實體或虛擬鍵盤上用大拇指輸入簡訊，也會旋轉我們的 iPhone、iPod 和 iPad 來切換直立和橫擺模式，同時操作觸控螢幕上的圖示。

我們做這些動作時，網路會傳送一連串的刺激到我們大腦的視覺、體感和聽覺皮質裡。這些包括我們按滑鼠按鍵、捲動滾輪、打字、觸控時從手和指尖傳來的觸感，收到新電子郵件

或即時訊息的提示聲、手機對各種事件的提示鈴聲等等由雙耳傳送的聽覺提示，當然還有在線上世界遨遊時閃過視網膜的各種視覺提示：除了不停變換的文字、圖片和影片外，還有以底線或顏色區隔出來的超連結、隨著功能改變形狀的滑鼠游標、以粗體字顯得更醒目的電子郵件主旨、呼喚我們去點擊的虛擬按鍵、懇求我們在螢幕上到處拖放的圖示和其他元件、需要我們填寫的表單，以及需要我們閱讀或關閉的彈跳廣告和視窗。網路會要我們投入幾乎所有的感官（目前只差嗅覺和味覺），而且要全部同時投入。

回應和獎勵（即心理學所稱「正增強」）也可以透過網路以高速傳送，這也連帶促使我們一再重複同樣的生理和心理行為。我們每點一個連結，就會得到一個新的東西來觀看或檢視。我們每用 Google 查一個關鍵字，就會在轉眼間得到一長串有趣的資料來讓我們評判。我們每發送一則簡訊、即時訊息或電子郵件，經常在幾秒或幾分鐘內就得到回應。我們使用臉書時，會找到新的朋友，或是與老朋友的關係更密切。我們每用推特發布新的消息，就會得到新的追蹤者。我們每在部落格發表新文章，就會從其他部落客得到回應或是連結。網路的互動性讓我們得到強而有力的新工具，用來找資料、表現自我，以及和他人交談；但這也把我們變成實驗室的白老鼠，必須不停地按下開關來獲取一塊又一塊的社交或知識養分。

跟電視、廣播或早上的報紙比起來，網路比這些媒體形式更能抓住我們的注意力。若要印證這點，只需要看一個小孩子發送簡訊給朋友、一位大學生檢查她在臉書上的新訊息或交友

請求、一位商務人士在黑莓機上翻閱他的電子郵件，甚至是你自己在 Google 的搜尋列打關鍵字後跟著連結一路點下去：此間一再看到的是被一種媒體全然掌控的腦袋。我們上線的時候，經常會完全忽略周遭的其他事物。我們處理由各種裝置傳來的符號和刺激時，現實世界會漸漸退縮消失。

網路的互動性也會增強這種效果。由於我們經常為了社交而使用電腦（像是與朋友或同事交談、建立自己的「個人檔案」，或是透過部落格文章或臉書動態向大家播送自己的想法），我們的社交地位就某種程度而言永遠不會靜止不動，也永遠處在危機邊緣。由此而生的自我意識（有時甚至是恐懼）會更增強我們使用這個媒體的密集度。這點對世人皆然，但對年輕人最為嚴重，因為他們使用手機發送簡訊、電腦傳送即時訊息的強迫傾向通常最強烈。今日的青少年在每天清醒的時間裡，常常每幾分鐘就會收到或傳送一則訊息。如心理治療師豪瑟爾所說，青少年和青壯人士「對於同儕的生活十分關注，同時也極端恐懼自己落在社交圈外。」[1]他們一旦不再發布訊息，就有變成隱形人的危險。

我們使用網路的行為本身充滿各種矛盾，不過對我們思考方式改變最大的一個可能是這個：網路抓住我們的注意力，卻又將其打散。我們聚精會神在媒體本身（即不停閃爍的螢幕）上面，但是這個媒體帶來快速連發的訊息和感官刺激，又使我們分心。不論我們在何時何地上線，網路都呈現一副誘人的混沌景象。瑞典神經科學家柯林伯格寫道，人類「想要更多的資訊、更多的印象、更高的複雜性」，我們習慣「找出需

要同時進行多種事情，或是被資訊淹沒的情境。」[2] 假如紙本頁面上緩慢行進的文字降低了我們大腦被各種刺激淹沒的渴望，網路反而讓我們沉迷其中。網路讓我們回到由下而上分心的原始狀態，同時也提供了更多讓我們分心的事物，數量之多遠高過我們老祖宗需要應付的紛擾。

這些紛擾也並非全是壞事。大多數人從經驗上會知道，如果太過專注在一個困難的問題上，我們的思緒會陷入坑洞裡無法自拔。我們的思考會漸趨狹隘，也不易出現新的想法。不過，如果把問題放下來一段時間，「睡一覺再說」的話，常常會有全新的觀點和突發的創造力。荷蘭奈美恩大學潛意識實驗室的首席研究員狄克思特修斯從研究中發現，這樣讓專注力暫時休息可以讓大腦的潛意識有時間處理問題，帶來有意識思考無法得到的資訊和認知過程。他的實驗發現，我們如果把注意力從難題上移開一段時間，通常會做出更明智的抉擇。不過，狄克思特修斯的研究也顯示，在有意識地辨識出問題以前，我們的潛意識思考不會介入。[3] 根據他的說法，如果我們沒有一個明確的思考目標，「潛意識思考就不會發生。」[4]

網路助長的持續分心狀態，若再借用艾略特〈四首四重奏〉的詩句，可謂「以分心自分心裡分心」，這和我們在衡量抉擇時刻意、有功能地轉移注意力大大不同。網路各種感官刺激的喧囂讓有意識和潛意識思考都短路，使我們的大腦無法進行深入或有創造性的思考。我們的大腦變成只能簡單處理訊號的工具，把資訊匆匆帶進有意識思考裡再匆匆帶出。

莫山尼克於二〇〇五年受訪時，討論到網路不只會讓大

腦組成有微幅改變,甚至還會使其出現根本變化。他指出,「每當我們習得一項新技能或發展出一套新能力時,我們的大腦在生理上和功能上都會被大幅修改」,並且形容網路為「近代文明特化」裡最新的一項發明:「現代人類可在其中經歷數百萬次的『練習』事件,一千年前的一般人完全不可能暴露於這種狀態中。」他最後下了結論,認為「我們的大腦在這種暴露下會大幅重整。」[5]二〇〇八年,他在自己的部落格上發文再次討論這個主題,使用了大寫字母來強調他的重點。他說,「當文化讓我們使用大腦的方式改變時,它會產生出**不同的大腦**」,更指出我們的頭腦會「強化重度使用的特定思考過程。」他雖然承認現今很難想像沒有網際網路和線上工具(如Google 搜尋引擎)的生活,卻也強調「**過度使用它們會對神經系統造成影響。**」[6]

我們上線時**沒有**在做的事,也會對神經系統造成影響。一起發動的神經元會連結在一起;同理,沒有一起發動的神經元就不會連結在一起。如果我們瀏覽網頁的時間多過閱讀書籍的時間、互相傳遞簡短文字訊息的時間多過寫出完整章句的時間、在網路超連結裡跳來跳去的時間多過寧靜沉思的時間,這些舊有的心智功能和思想追求就會變得脆弱,並且開始瓦解。大腦會回收無用的神經元和突觸,用在更迫切的工作上。我們會得到新的技能和觀點,但會喪失舊的。

加州大學洛杉磯分校心理學教授兼記憶與老化中心主任史莫,研究了數位媒體對心理和神經造成的影響,他的發現證實

了莫山尼克的看法：網際網路確實會讓大腦產生劇烈變化。他說：「當今的數位科技大爆炸不僅改變了我們生活和溝通的方式，更在我們的大腦裡造成驟然劇變。」每天使用電腦、智慧型手機、搜尋引擎和其他工具「會促使腦細胞變化和神經遞質的釋放，並且會在強化新的神經通道時逐漸削弱舊的通道。」[7]

　　二○○八年時，史莫和兩位同僚進行了一項實驗，首度證實人類大腦會因為使用網路而出現變化。[8]研究人員找來了二十四位受試者，十二位有豐富的網路瀏覽經驗，另外十二位則是網路初學者；受試者使用 Google 搜尋時，由研究人員掃描他們的大腦。（因為電腦擺不進磁振造影機器裡，實驗過程是由受試者戴上可以顯示網頁的眼鏡，並且用一個小型手持的觸控板來瀏覽網頁。）掃描結果可以看出經常使用 Google 的人，腦內活動的範圍遠比新手來得廣大。更具體來說，「受試者裡的電腦高手使用了左腦前方的特定網路，即背外側前額葉皮質，而網路新手在此區的腦內活動甚少，甚至完全沒有活動。」研究人員也請受試者閱讀單純的文字，以模擬閱讀書籍的方式來做對照；在這一方面，兩組受試者的腦部活動沒有明顯的差異。顯然，網路高手特有的神經道路是因為他們使用網路而形成的。

　　這項實驗最驚人之處，是六日之後重複相同實驗流程的結果。在這六天期間，研究人員要求網路新手每天在線上待一個小時，到處在網路上搜尋。新的掃描結果顯示他們背外側前額葉皮質原本沒有什麼活動的地方現在有了大量的活動，就跟長期瀏覽網路的人一樣。史莫在實驗結果中說明：「在短短五天

的練習之後，不熟悉網路的受試者在大腦前方的同一個神經迴路也變得活躍。這些受試者只在網際網路上待了五個小時而已，大腦卻已經重新布局了。」他接著提出問題：「如果我們的大腦真的這麼敏感，只要每天一小時就有反應，我們花更多時間〔在線上〕又會發生什麼事？」[9]

這項研究的另一個發現，揭露了閱讀網頁和書本之間的差異。研究人員發現，我們在網路上搜索的時候，腦部活動的模式與閱讀書本樣式的文字時非常不同。讀書本的人在大腦處理語言、記憶和視覺的區域有大量活動，但在與做出決定、解決問題相關的前額葉區域動態甚少。相反的，上網經驗豐富的人在瀏覽、搜尋網路頁面時，前額葉區有大量的反應。好消息是，由於瀏覽網路會動用腦部許多功能，因此有可能幫助老人維持頭腦的靈活度。史莫說，網路搜尋與瀏覽似乎和填字遊戲一樣會「運動」腦部。

但是網路使用者廣布大腦的腦內活動也說明為何在線上時，閱讀和其他需要保持注意力集中的行為顯得那麼難。瀏覽網路時需要衡量眾多連結、做出瀏覽相關網頁的決定，同時又要處理無數稍縱即逝的感官刺激；這需要腦部各區不斷互相協調、下決定，同時讓大腦沒有辦法全力解讀文字和其他資訊。我們身為閱讀網頁的人，在看到連結時必須稍稍暫停（哪怕不到一秒的時間），讓前額葉皮質衡量到底要不要去點。我們把閱讀文字的腦部資源改分配到下判斷與決定上；也許我們並沒有發現這件事，畢竟大腦的速度很快，但是已有人證實這樣會干擾認知與記憶能力，若是經常重複則干擾更

深。當前額葉皮質的管理功能開始作用時，我們的大腦不只在
運作，甚至會被操勞過度。網路以非常真實的方式讓我們回到
連續書寫的時代，當時閱讀是一件認知上的大工程。沃夫認
為，我們在線上閱讀時，犧牲了讓我們有辦法進行深度閱讀的
能力，退化成為「單純的資訊解讀者」。[10]我們進行深度、不
受干擾的閱讀時可以在思考上創造出豐富的連結，但這項能力
大多被我們棄而不用。

　　《開機：電視，電腦，電玩占據生命，怎麼辦？》一書
中，史蒂芬·強森拿電腦使用者滿布大腦的神經活動，與書籍
讀者較為平靜的腦內活動做對照。這樣的比較使得他認為使用
電腦對大腦的刺激比閱讀書籍來得強烈。強森認為，從神經科
學來看，甚至可以讓人得出「閱讀書籍對感官的刺激嚴重不
足」的結論。[11]但是，雖然強森的分析是對的，他對不同腦內
活動模式的解讀是錯的。正因為閱讀書本「對感官的刺激嚴重
不足」，從事這個行為的知識收穫才會這麼豐富。深度閱讀可
以讓我們除去紛擾，讓額葉的解題功能休息，也使得深度閱讀
成一種深度思考。經常讀書的人的大腦是平靜的，不是一直吱
吱作響的。就啟動神經元來說，並不是數量愈多就愈好。

　　澳洲教育心理學家史威勒花了三十年的時間研究我們的頭
腦如何處理資訊，研究內容特別針對學習的過程。他的研究像
是一盞明燈，讓我們看到網路和其他媒體如何影響我們思考的
風格和深度。他解釋道，我們的大腦有兩種不同的記憶，分別
是短期記憶和長期記憶。我們把即時的印象、感受和想法存在
短期記憶裡，這些記憶通常只會保留數秒。我們在世界上有意

識和無意識學習到的各種事情則會存在長期記憶裡，這樣的記憶可能會保留數天、數年，甚至是一輩子。短期記憶有一種稱為工作記憶，在把資訊轉移到長期記憶的過程裡扮演相當重要的角色，可以說時時刻刻讓我們意識的內容成形。史威勒說：「我們只對工作記憶裡的東西有意識，對其他的東西毫無知覺。」[12]

如果工作記憶是大腦的塗鴉板，長期記憶便是檔案收納系統。長期記憶的內容大部分存在我們的意識之外，如果我們需要回想以前曾學習或經歷過的事，大腦必須把這項回憶從長期記憶移回工作記憶裡。據史威勒的解釋：「只有在記憶被搬回工作記憶時，我們才會知道這項記憶其實保存在長期記憶中。」[13] 長期記憶曾被人認為只是一個大型倉庫，儲存各種常識、印象和事件，「幾乎沒有參與思考和解題等複雜認知過程。」[14] 但研究大腦的科學家已發現，對所有事物的理解其實就存在長期記憶裡。長期記憶儲存的不只有常識，還有複雜的概念，或稱「基模」。基模會把各種分散的資訊片段組織成有脈絡的知識，使我們的思想有深度、有內容。依史威勒所言：「我們的心智能力大部分是從日積月累的基模得來的。我們比較容易理解自己所屬專業領域裡的概念，因為我們有與這些概念相關的基模。」[15]

智力的深度有賴我們把工作記憶裡的資訊轉移到長期記憶裡，並將其織成各種基模概念的能力。但這個從工作記憶到長期記憶的通道也是大腦裡最大的瓶頸。工作記憶與長期記憶不同：長期記憶的容量幾乎廣無邊際，但工作記憶只能存放非常

少量的資訊。普林斯頓大學心理學家米勒於一九五六年發表了一篇名為〈神奇數字七加減二〉的著名論文，在文中提出觀察，認為工作記憶通常只能存放七項資訊（或稱「元件」）。現在，連這樣的說法都被認為是太誇大了。根據史威勒的看法，當今的資料顯示「我們同時最多只能處理二到四個元件，實際上可能還是較低的數量，而非較高的。」再者，我們有辦法存放在工作記憶裡的元件也會很快就消失，除非「我們能藉由反覆練習來將它們翻新。」[16]

想像一下用裁縫用的頂針裝水灌滿浴缸，這個挑戰就跟把資訊從工作記憶轉移到長期記憶裡一樣。傳播媒體會操縱資訊流動的速度和強度，因此對這個過程影響甚大。我們在閱讀書籍時，資訊的水龍頭會緩慢持續流出水滴，我們也能藉由閱讀速度控制滴落的速度。由於我們完全專注在文字上，我們可以把資訊用頂針般的小容量慢慢舀起，把全部（或至少大部分）的資訊放進長期記憶裡，並鑄造出豐富的交互關聯，這是形成基模的必要條件。但在網路上，我們面對的是許多資訊水龍頭，每個都開到最大的流量。我們只能把一小部分的資訊轉移到長期記憶裡，而且是來自許多水龍頭的點點滴滴，不是由單一源頭來的持續一致水流。

時時刻刻流進我們工作記憶的資訊稱為「認知負荷」。當這個負荷超出頭腦儲存和處理資訊的能力時（換句話說，就像是水滿出頂針來），我們就沒辦法保存這些資訊，或是讓它與長期記憶裡的資訊產生連結，亦即我們無法把新的資訊轉譯為基模。我們的學習能力大減，對事物的理解也無法深入。由於

工作記憶也跟我們保持注意力的能力相關，一如柯林伯格所述，「我們必須記得自己要專注在什麼上面」；過高的認知負荷會加強我們感受到的紛擾。大腦負載過量時，我們便覺得「讓人分心的事物更會讓人分心」。[17]（有些研究認為注意力缺失症與工作記憶過載有關。）實驗證實我們在到達工作記憶上限時，更難分辨要緊與不要緊的資訊，容易把真正的訊號和雜音搞混。我們於是成為無腦的資料使用者。

依史威勒的看法，對某個主題或概念如果理解有困難，可能「與工作記憶的負荷高度相關」，而且我們想學的東西愈複雜，頭腦過載造成的傷害愈大。[18]認知負荷過載的原因很多，但史威勒認為最重要的兩個是「額外的解題工作」與「注意力分散」；這正好是網路這個資訊媒體的兩個主要特徵。使用網路也許會和填字遊戲一樣運動腦部，一如史莫的見解，但是當如此激烈的運動變成我們主要的思考模式時，會干擾深度學習和思考。試試看一邊讀書一邊玩填字遊戲：這就是網際網路的心智環境。

一九八〇年代時，各個學校開始投資大量經費在電腦設備上，數位文件看似比紙本文件優越，也因此有不少人強力鼓吹其優點。許多教育家堅信，在電腦螢幕上面的文本加上超連結是對學習的一大幫助。他們宣稱學生可以藉由超文本快速在不同觀點之間切換，因此可以加強學生的批判思考能力。讀者不再受制於書頁一步步地行進，也因此可以在各種相異文本間創造出新的思想連結。學術界更相信超文本會推翻作者的父權式

權威，把權力移到讀者身上；這個信念與正當道的後現代理論吻合，也更加強他們對超連結的期望。文學理論家藍道和德拉尼在文中認為超連結可以把讀者從印刷文本的「頑固物質性」解脫出來，因此「帶來啟示」。超連結「遠離了書籍技術上的限制」，因而「讓大腦重組生命經驗中的各個元件，使其有更好的運行模式，因為它改變了這些元件之間的相關性或決定性連結。」[19]

但是到了一九八〇年代末期，這種熱忱開始消退了。學術研究描繪出更全面的樣貌，讓人看到超文本對認知上的影響其實與原先想像的不同。事實上，在眾多超連結裡下評斷、找出路需要相當高度的解題能力，而且不是閱讀本身所需要的能力。解讀超文本的過程會大幅增加讀者的認知負荷，使得理解、記憶閱讀內容的能力衰弱。一項一九八九年的研究發現超文本的讀者常常會不用心地「在頁面間點來點去，不會去認真閱讀」。另一項一九九〇年的研究顯示超文本的讀者常常「記不起來他們到底讀過哪些東西」。同年又有一項實驗，是研究人員要兩組受試者從一疊文件裡找出一系列問題的答案；其中一組受試者搜尋的是電子超文本文件，另一組則搜尋傳統紙本文件。使用紙本文件的那一組表現比使用超文本文件的表現更為優越。在一本一九九六年出版、探討超連結與認知的書裡，書籍的編訂者回顧了這幾項實驗和其他相關的研究，認為正是因為超文本「會加重讀者的認知負荷」，也難怪「在比較紙本呈現（一種熟悉的情境）和超文本呈現（一種對認知能力要求頗高的新情境）的經驗時，結果不一定都認為超文本較為

優越。」不過,他們預言讀者在習得「超文本閱讀能力」後,認知的問題就會消失。[20]

這件事情並沒有發生。雖然網際網路讓超文本變得普遍,甚至到了無所不在的地步,仍然有研究顯示閱讀直線進行文本的讀者比閱讀文本裡滿是超連結的讀者理解更多的內容、記得更多,學到的也更多。在一項二〇〇一年的研究裡,兩位加拿大的學者請七十位受試者閱讀現代主義作家鮑恩的短篇小說〈魔鬼戀人〉。其中一組閱讀的是傳統直線進行的文本,另一組則閱讀有超連結的版本,就跟網頁一樣。超文本版本的讀者比另一組花更多時間才將故事讀完,但是後續的訪談發現他們對於閱讀的內容感到更困惑、不確定。該組有四分之三的人說他們很難跟上故事內容,但直線文本的讀者只有十分之一的人有這個問題。有一位超文本版本的讀者抱怨:「故事一直跳來跳去。我不知道這是不是因為超文本的關係,但是我做出一些選擇後,故事的進行變得很不順,好像突然跳到一個我沒辦法跟上的新的情節。」

這個研究團隊還進行另一項實驗,這次拿的是一篇比較短、比較易讀的故事,歐法藍的〈鱒魚〉,實驗結果也如出一轍。超文本版本的讀者仍然比較容易感到困惑,他們對於故事情節和意象的描述也比直線文本的讀者不詳細、不精確。研究人員歸納出結果,認為超文本「似乎會抑制全神貫注、貼近個人的閱讀模式。」讀者的注意力「移到超文本的機制和功用上,而非故事本身的經驗。」[21] 呈現文本的媒體此時掩蓋過文本本身。

　　在另一項實驗裡，研究人員要求受試者坐在電腦前，檢視兩篇論點相反的學習理論線上文章。其中一篇認為「知識是客觀的」，另一篇則主張「知識是相對的」。兩篇文章的版面布局方式相同，各段的標題也相似，並且以超連結交相連接，讓讀者可以在二者間快速切換來比較不同的論點。研究人員原本假設使用超連結的人會對兩種理論和其之間的異同有更深入的認知，這是必須循序漸進將二者分別讀完的直線讀者所做不到的。但這個假設錯了：事實上，直線閱讀的受試者在後續的閱讀測驗裡獲得的分數，遠比使用連結跳來跳去的讀者高。研究人員於是推論超連結會妨礙學習。[22]

　　另外，研究人員朱爾萍以另外一種實驗方式，試圖理解超文本如何影響人的理解。她要不同組的受試者閱讀同一篇線上文章，但是文章裡的超連結數量各有不同。之後，她要受試者寫下閱讀摘要和填寫選擇題，以測試他們對文章的理解。她發現超連結數量愈多時，對文章的理解也愈差。讀者必須轉移更多的注意力和腦力，以評斷連結是否該點進去；這使得他們用在理解文本的注意力和腦內用在認知的資源減少。朱爾萍在報告中指出，該項實驗似乎顯示「連結的數量，與迷失方向或認知負荷過載」高度相關，「閱讀與理解需要讀者在觀念之間建立關係、推出結論、動用既有知識，以及融匯出主要論點。因此，迷失或認知負荷過載可能會干擾閱讀和理解等認知行為。」[23]

　　二〇〇五年時，加拿大卡爾登大學應用認知研究中心的心理學家德史芬諾和勒菲佛進行一項範圍廣大的回顧研究，總共

檢視三十八個與閱讀超文本有關的實驗。雖然不是所有的實驗
都得到超文本會讓理解能力衰退的結論，但就「超文本會讓對
文字的體驗更豐富」這個一度盛行的說法而言，她們「幾乎找
不到證據」來印證。絕大多數的事證反而指出「閱讀超文本所
需要的抉擇和視覺處理能力會傷及閱讀表現」，特別是與「傳
統直線的呈現方式」比較起來時。她們歸納出如下的結論：
「超文本的諸多特質會使認知負荷增加，並因此使得所需的工
作記憶容量超出讀者的能力範圍。」[24]

　　網際網路將超文本和多媒體科技結合起來，形成所謂的
「超媒體」。這種電子連結和呈現的方式不僅包括文字，還有
影像、聲音和動畫。一如超文本先驅曾堅信超連結會讓讀者
的學習經驗更豐富，許多教育家也認為多媒體（有時亦稱為
「豐富式媒體」）會加強理解與學習能力：輸入的東西應該是
愈多愈好。長久以來，這個假設未經足夠的證實便被信以為
真，但現在也已經被研究推翻了。多媒體勢必分散我們的注意
力，因此加重我們的認知重擔，進而削弱我們的學習能力與理
解程度。就提供思想的養分給大腦而言，有時供給愈少反而會
得到愈多。

　　在一項於二〇〇七年刊登於《媒體心理學》期刊的研究
裡，研究人員請超過一百位的受試者觀看西非馬里共和國的簡
介，這個簡介是在電腦裡透過網路瀏覽器播放的。有些人看的
版本只有一連串文字頁面，而另一組看的版本除了相同的文字
外，還有另一個視窗，裡面串流著與文字相關的影音介紹。受

試者可以隨時暫停和播放這個串流。

　　在看完簡介後，受試者再回答一份共有十個問題的測驗。文字版的受試者答對的題數平均為七點〇四，而多媒體版的受試者卻只有五點九八；據研究人員的說法，這個差別相當重大。另外，受試者也要回答一系列問題，提出他們對簡介本身的看法。跟多媒體版的受試者比起來，文字版的受試者認為簡介的內容更為吸引人、有教育價值、容易理解，和觀感愉快；相較於文字版的受試者，多媒體版的受試者認為「我沒有從這個簡介裡學到任何東西」的比例高出許多。研究人員據此推出結論，認為網路上普遍存在的多媒體科技「似乎會讓資訊取得的能力受限，而非加強此能力。」[25]

　　另一項由兩位康乃爾大學研究員進行的實驗則把一班學生分為兩組。其中一組學生可以在聆聽講座時一邊上網，從他們上網的紀錄來看，他們會看與講座主題相關的網站，但也會造訪其他不相關的網站、收信、購物、看影片等，就跟一般人上線時做的事情一樣。另一組學生也聆聽同一場講座，但是必須把筆記型電腦關起來。講座結束後，兩組學生馬上接受測驗，檢查他們還記得多少的講座內容。研究人員的報告指出，瀏覽網路的學生「在即時接受記憶評量時，就記憶需要學習的內容而言表現明顯比較糟。」更甚者，不管他們看的網站內容是否與講座有關皆是如此：他們的表現一樣糟糕。研究人員拿另一班學生重複這個實驗也得到一樣的結果。[26]

　　堪薩斯州立大學的學者也進行過一項類似的研究。他們要一群大學生觀看一段日常的 CNN 新聞，在主播報導四則新聞

故事外，螢幕會不時出現相關的圖像資料，畫面下方又有一個文字跑馬燈。另一組學生看的是相同的新聞節目，但是圖像資料和文字跑馬燈都被剪掉了。在後續的測驗裡，觀看多媒體版的學生比觀看簡化版的學生記得的資料少了很多。研究人員說：「看來這種多訊息的形式超出了閱聽人的注意力能力。」[27]

　　資訊以超過一種形式播送時，不一定會對理解能力造成負面影響。從閱讀附有圖片解說的教科書和說明手冊來看，就能知道圖片可以讓文字說明更清楚，強化文字的功用。研究教育的學生也發現，在教學呈現裡細心安排影音說明或解釋可以加強學生的學習能力。依照當前的理論來看，我們的大腦在處理視覺和聽覺資訊時分別使用不同的通道。史威勒說明如下：「聽覺與視覺的工作記憶就某種程度而言是分開的，也正因為它們是分開的，可用的工作記憶能藉由使用二者一起處理來增加，而非只使用其中之一。」因此，有時候「注意力分散的負面效果可以藉由聽覺與視覺模組雙管齊下的方式加以改善」；換句話說，就是使用聲音與圖像來輔助。[28] 不過，網際網路當初不是教育家發明出來加強學習效果用的；它並不會以經過縝密規畫的方式呈現資訊，而是將資訊混成一個分裂注意力的大雜燴。

　　網際網路本來就是設計成一個中斷系統，一種刻意用來分散注意力的機械。這不只是因為它能同時顯示多種媒體資訊，也是因為在網路上寫出可以收發訊息的程式很容易。拿個顯而易見的例子來說，大部分的電子郵件程式會預設每五或十分鐘自動檢查新進信件，而且有些人按「檢查信件」按鈕的頻

率比這個還高。許多針對辦公室電腦使用者的研究都發現他們會一直中斷他們手邊的事情，只為了閱讀和回覆新進的電子郵件。對他們來說，一小時內檢查三、四十次並不稀奇（不過如果問起他們自認的檢查頻率，他們給的數字往往比這個低了很多）。[29] 因為每看一次信件就代表思緒短暫中斷和腦內資源暫時重新分配，整體算起來會付出很高的認知代價。很久以前的心理學研究已經證實大部分人從經驗早就學到的事：中斷的頻率很高時，我們的思緒會分散、記憶會衰弱，而且還會變得緊張不安。我們的思緒愈複雜，擾人事物造成的傷害就愈大。[30]

　　除了讓個人訊息（包括電子郵件、即時訊息和手機簡訊）大量湧入外，網路也不停帶來日漸增多的自動化通知。每當我們喜愛的出版品或部落格出現了新文章時，RSS 閱讀器和彙集軟體就會自動通知我們。社群網路會讓我們知道我們的朋友在做什麼，而且常常是每分每秒都在通知。每當我們「追蹤」的人發布一條新訊息時，推特和其他微網誌服務就會告訴我們。我們還可以設定通知來告知投資資產的價值波動、特定人物或事情的新聞通知、軟體更新表，和上傳到 YouTube 的新影片等。依照我們訂閱的資訊聯播頻道數量和它們發現更新的頻率來看，我們也許每小時就會接收十來個通知，而且對於上線時間更長的人來說，這個數字可能還會高出許多。每一個通知都是讓人分心的事物，侵犯我們的思緒，也是占據我們寶貴的工作記憶的一小塊資訊。

　　瀏覽網路需要格外密集的腦內多工處理。這樣雜耍般的功夫除了讓我們的工作記憶被資訊淹沒外，還會對我們的認知造

成科學家所謂的「轉換成本」。只要我們轉移注意力，我們的大腦就得重新找到方向，徒增腦部的勞碌。瑪姬・傑克森在《分心的美國人》一書裡談論多工處理，當中提到「大腦需要花時間才能改變目標、記下新任務所需的規則，並且擋掉前一項工作殘留下來、仍然鮮明的認知干擾。」[31] 許多研究已經發現，光是在兩個任務間切換就會大幅增加我們的認知負荷、阻礙我們的思緒，並增加我們忽略或誤判重要資訊的危險。在一項簡單的實驗裡，一群成年受試者在看了一系列各種顏色的圖形後，必須依照他們看到的順序來預測接下來的情形；在此同時，他們頭上戴著耳機，聽著一連串的嗶聲。其中一次試驗中，研究人員要求受試者忽略嗶聲，只要注意他們看到的形狀就好；在另一次試驗裡，他們看到不一樣的提示，要求則是要記錄嗶聲的次數。每個試驗結束後，受試者要完成一個測驗，說明他們剛剛所做的事。兩次試驗裡，受試者預測成功的機率一樣高。但是在多工處理的試驗後，他們就很難從先前的經驗推出結論。在兩件工作中往返切換使得認知短路了：受試者是有把事情做完，但是不知道意義為何。領導這項實驗的加州大學洛杉磯分校心理學家波德瑞克說：「我們從實驗結果推測，在分心的時候學習知識和概念會讓學習效果打折扣。」[32] 一般而言，我們在網路上同時處理的不只有兩件事，而是在大腦裡把好幾件事情丟來丟去，使得轉換成本更高。

在此必須強調，網路可以讓人隨時監控事情，並自動送出訊息和通知，這是它身為通訊科技的一大優勢。我們使用了網路在這方面的能力，把這個系統的運行個人化了，把這個遼

闊無邊的資料庫設計成可以反映我們各自的需求、興趣和渴望。我們**想要**被打擾，因為每一次被打擾就會有寶貴的資訊。若把這些告示和通知關掉，就是冒著失聯（甚至是在社交圈裡被排擠）的險。新資訊幾乎時時刻刻透過網路送來，正好也符合我們某種自然傾向，依照紐約聯合學院心理學家夏布利斯的解釋，可以說是「過度高估**當下**發生在我們身上的事」。就算是知道「新的東西常常無關緊要」[33]，我們還是渴求新事物的到來。

於是，我們不停請求網際網路來打擾我們，打擾的手法一直在增加，也不停在變化。我們喪失精神集中和注意的能力，接受讓注意力分散、思緒破碎的狀態，而且完全不抗拒這些改變；反之，我們獲得的是吸引人注意（或者，至少可說是讓人分心）的資訊。不會有多少人願意選擇把網路的訊息關掉。

一八七九年時，法國眼科醫生賈瓦發現我們在閱讀時，眼睛並不會以直線平順掃過頁面。視覺焦點會以跳躍的方式一步步向前進，在每一行幾個特定位置上暫留；這種跳動稱為「掃視」。不久後，賈瓦在巴黎大學的一位同僚又有了新發現：凝視（即眼睛在每個定點暫留）的模式，會因為閱讀內容和讀者本身而有差異。在這些發現後，研究大腦的學者開始以追蹤眼睛動作的方式來觀察我們的閱讀方式和大腦運作。這類研究也讓我們窺見網路對於注意力和認知的影響。

二〇〇六年時，長期擔任網頁設計顧問、同時自一九九〇

年代便開始研究線上閱讀行為的尼爾森進行了一項研究，追蹤網路使用者的眼睛運動。他請了二百三十二位受試者配戴小型攝影機，攝影機會在他們閱讀網頁文字和瀏覽其他內容時追蹤眼球的運動。尼爾森發現，幾乎沒有人在閱讀線上文字時會像閱讀書本裡的文字一樣有系統地逐行讀下去。絕大多數的人會快速掃過整面的文字，眼睛會以像是字母 F 的形狀往下跳進。他們會先把最先的兩三行文字快速看過一遍，之後眼睛會稍稍往下掉，接下來幾行會大約看完一半。最後，他們會讓眼睛在頁面左邊隨便掃過去一點。後來，美國威奇塔州立大學軟體易用性研究室的一項眼睛追蹤實驗，也證實了這種閱讀模式。[34]

尼爾森為他的客戶總結這些研究結果如下：「F 代表的是『快速（fast）』。網站的使用者就是用這種方式來閱讀你的寶貴內容。幾秒鐘的時間內，他們的眼睛會以不可思議的速度掃過網站上面的文字，閱讀的模式跟以前在學校裡學習到的方式大大不同。」[35] 為了佐證他的眼睛追蹤研究，尼爾森還分析了一個德國研究團隊建立的龐大網路使用習慣資料庫。這個團隊監視了二十五個人的電腦，平均每人長達約一百天，並且記錄他們在大約五萬個網頁上的停留時間。抽絲剝繭之後，尼爾森發現網頁上的文字愈多，造訪者停留的時候也會增加，但只有增加一點點。一般來說，網頁每增加一百個字，使用者只會在這個頁面上多停留四點四秒。由於閱讀能力最強的人也只能在四點四秒裡閱讀大約十八個字，尼爾森告訴客戶：「當你在網頁上放上文字時，你可以假設你的客戶只會閱讀百分之十八而已」；而且，他還警告說這幾乎一定是高估了。研究裡的受

試者不太可能把時間都花在閱讀上；他們八成還同時在看圖片、影片、廣告等等其他內容。[36]

尼爾森的輔助分析正好證實了德國研究團隊的發現；根據這個團隊的報告，大部分人只會花十秒鐘看每個網頁。只有不到十分之一的網頁閱覽會超過兩分鐘，而且有很大一部分是「無人觀看的視窗……留在電腦桌面的背景裡。」研究人員觀察到「即使充滿豐富資訊和連結的新頁面，也只會被人快速掃過一下子」；他們認為，結果顯示「瀏覽網路是一項高速的互動行為。」[37] 這也證實尼爾森於一九九七年首次研究線上閱讀後所言。當時他提出問題：「網路使用者在網路上如何閱讀？」只得到一個簡短的答案：「他們根本不讀。」[38]

網站經常會記下詳細的訪客資料，這些數據正好印證我們在線上時，在頁面之間跳來跳去的速度到底有多快。以色列的 ClickTale 公司專門研發用來分析訪客如何使用企業網頁的軟體；該公司在二〇〇八年的兩個月期間收集了世界各地客戶的網站使用數據，總共記錄了一百萬人次的造訪資料。他們發現，大多數國家的網路使用者平均只會花十九到二十七秒觀看一個頁面（這還包括了瀏覽器載入網頁的時間），隨即前往下一個頁面。德國人和加拿大人會在每個頁面上花大約二十秒，美國人和英國人會花大約二十一秒，印度人和澳洲人會花大約二十四秒，法國人則會花大約二十五秒。[39] 網路上可沒有從容瀏覽這回事：我們想要採集資訊的速度只受限於眼睛和手指移動的速度。

就算是學術研究也逃不出這個事實。在一項於二〇〇八年

初結束的五年研究計畫裡,一個倫敦大學學院的團隊分析了兩個熱門研究網站的訪客使用記錄檔案;其中一個網站是大英圖書館架設的,另一個是英國一個學術研究集團的網站。使用者在兩個網站上都可以存取期刊文章、電子書,和其他文字資料。研究人員發現這兩個網站的訪客都使用一種「獨特的略讀方式」,會從一個資料來源快速跳到另一個,很少會再次造訪先前已經看過的資料。通常,他們最多只會讀完文章或書本的一、二頁,就會「彈跳出來」到另一個網站去。研究人員在報告裡歸納如下:「顯然,使用者不是以傳統的閱讀方式在線上閱讀;事實上,新的『閱讀』模式似乎正在成形,使用者會以『強力瀏覽』的方式橫掃標題、內容頁面和摘要,只求快速占領所需。他們上線似乎只為了避免傳統的閱讀方式。」[40]

莫山尼克認為,這種閱讀與研究方式的改變是我們對網路科技的依賴造成的必然後果,也透露了更深層的思考改變。他說:「無庸置疑,現代搜尋引擎和交互連結的網站加強了研究和通訊的效能。無庸置疑,我們在使用『高效率』、『二次(而且斷章取義的)資料』,和『一次輕輕掃過』的搜尋策略時,大腦對於資訊的整合也會更不用心、更加膚淺。」[41]

閱讀行為已經很快轉變為強力瀏覽了。美國聖荷西州立大學圖書資訊教授劉子明已經指出:「數位媒體的到來,和數位文件的不斷增加,都對閱讀行為造成莫大的影響。」劉子明在二〇〇三年時訪問了一百一十三位大約三十歲到四十五歲、受過高等教育的人,包括工程師、科學家、會計師、教師、公司主管和研究生,看他們過去十年來閱讀習慣的改變。將近百分

之八十五的人說他們花在閱讀電子文件的時候變得更多了。當受試者被問到閱讀方式改變的詳細情形時，百分之八十一的人說他們花更多的時候「瀏覽和快速掃讀」，百分之八十二的人說他們「非直線閱讀」的時間更多。只有百分之二十七的人說他們「深度閱讀」的時間變多了，百分之四十五的人則是變少。只有百分之十六的人說他們對閱讀投注更多的「持續注意力」，而百分之五十的人認為自己沒有那麼專注。

劉子明認為，這些結果顯示「數位環境容易讓人廣泛涉獵各種主題，但涉獵得不深」，而且「超連結會使人分心，讓人無法深度閱讀和思考。」有一位受試者告訴劉子明：「我發現我對長篇文件愈來愈沒耐心。我會想直接跳到長文的最後面。」另一位受試者則說：「比起閱讀印刷文件，我在閱讀網頁時更會只把內容快速掃過去。」劉子明於是下了結論，認為由於當今數位文件在電腦和手機上氾濫，跟以前比起來，顯然「現代人花更多時間在閱讀上。」但同樣顯然易見的是，這種閱讀方式跟以前也大為不同。他說，一種「以螢幕為主的閱讀行為正在興起」，其特點為「瀏覽與掃讀、找尋關鍵字、只讀一遍，〔以及〕非直線閱讀。」相較之下，「花在深度閱讀、專注閱讀」的時間不斷在縮減。[42]

瀏覽和掃讀本身並沒有什麼不對，就算是以極高速進行也一樣。我們閱讀報紙時，向來是掃過去的內容比精讀的多；我們也經常快速瀏覽書籍或雜誌，試圖了解文本的大意是什麼，再決定是否值得花費心思細讀。掃視速讀的能力跟深度閱讀的能力一樣重要。但現在的情形不同，因為掃讀反而變成我

們的主要閱讀模式，這點令人擔憂。掃讀本來只是達到目的的一個過程，讓我們辨識繼續深入研究的資料；但現在掃讀反而成為目的本身，變成我們收集和理解資訊最常用的方法。就連像佛羅里達州立大學羅德獎學金得主歐席這種出色的學生，現在也可以大方承認他不再閱讀書籍了，甚至還覺得閱讀書籍已經沒有必要了（更何況，他還是主修哲學的學生）。既然現在可以在不到一秒的時間內用 Google 找到真正所需的文字片段，又何必花費時間心力去讀書呢？我們現在經歷的，就像是文明早期演進顛倒過來一樣：我們從個人知識的栽種者，演化成為資料森林的狩獵與採集者。

我們是有得到補償。研究顯示，我們使用電腦和網路會加強某些認知能力，有時候還會是大幅長進。這些能力通常是比較低階、原始的大腦工具，像是手眼協調、反射作用的反應，和視覺提示的處理。一篇於二〇〇三年刊登於《自然》期刊、經常被人引述的電玩研究報告指出，一群年輕人在電腦上只花十天的時間在電腦上玩動作遊戲，就能大幅增加在不同畫面和工作間切換視覺焦點的能力。電玩高手更能在視線範圍之中，比新手辨認出更多的物件。該研究的作者最後認為「雖然打電玩看似無腦行為，卻能讓視覺注意的處理產生驚人的改變。」[43]

雖然相關的實驗數據不多，但我們也可以合理推測網路搜尋與瀏覽會增強腦內與快速解題相關的能力，特別是在龐雜資料裡辨認出特定模式的能力。在反覆評估各種連結、標題、文

字片段和圖片之後，我們應該更能在交相競爭的提示資訊裡辨別孰輕孰重、分析其重要特徵，並評斷是否對當下進行的工作或追求的目標有所幫助。一項英國的研究觀察了女性在線上搜尋醫藥資訊的方式，發現她們熟悉網路之後，評估網頁是否有價值的速度會加快。[44] 對有經驗的上網族來說，只要花幾秒的時間，就能準確判斷某個頁面是否有值得相信的資訊。

　　另外，有些研究也認為我們在線上進行的腦內體操可能會微幅擴充工作記憶[45]，這也會讓我們的資料雜耍能力增強。依史莫所言，這些研究「指出我們的大腦會學習快速集中注意力、分析資訊，並且幾乎立即決定是否繼續進行。」他認為，我們花在航行線上資訊大海的時間日益增多時，「許多人會發展出神經迴路，專門以明快的步調處理集中的注意力。」[46] 我們不停練習瀏覽、掃讀和多工處理時，高度可塑的大腦對這些工作更能駕輕就熟。

　　這些技能的重要性不可忽視。當我們的工作和社交生活愈來愈以電子媒體為中心，我們航行其中的速度愈快、在線上工作之間切換焦點的能力愈熟練，我們身為員工（甚至是朋友或同事）的價值也會愈高。在一篇於二○○九年刊登於《紐約雜誌》，標題為〈替分心辯護〉的文章裡，作者安德生認為「我們的工作仰賴連線能力」，而且「我們的享樂循環也愈來愈和它脫不了關係；這可不是什麼不重要的事。」使用網路的實際好處實在太多了，這也是我們花那麼多時間在線上的一大主因。安德生更提出以下的看法：「現在已經太晚，無法退回比較安寧的時分了。」[47]

他說的沒有錯，但如果只看網路的好處便認為這項科技讓我們更聰明，就犯了很嚴重的錯誤。根據美國國家神經疾病及中風協會認知神經科學部門的首席研究員葛拉夫曼的說明，我們在線上不停轉移注意力會讓大腦更善於多工處理，但在增強這項能力時，我們反而會犧牲有深度、有創意的思考能力。他說：「針對多工處理最佳化後，會使大腦的功能更好嗎？意思是，創意、創造性、生產力會增加嗎？大多數情形下，這個問題的答案為非。多工處理的時間愈多就會愈不容易細心，也會愈難思考、釐清問題。」他認為，這樣會使人更加依賴既有的想法和解決之道，而非以創新的思考來挑戰傳統。[48] 密西根大學神經科學家麥爾是研究多工處理的權威；他也提出類似的觀點。他說，我們快速轉移注意力的經驗愈多，我們可能會「克服」多工處理本身「一些無效率之處；但除了少數例外的情形，你可以一直練到臉色發青，還不如一次只專注做一件事情來得好。」[49] 我們進行多工處理時，「是學會在表面上看起來靈巧。」[50] 兩千年前的羅馬哲學家塞內卡可能說得最好：「身處遍處即身處無處。」[51]

任教於加州大學洛杉磯分校的知名發展心理學家葛琳菲德，在一篇於二〇〇九年初發表在《科學》期刊的文章裡回顧了超過五十篇研究，檢視媒體對人類心智和學習能力的影響。她得到的結論如下：「每一種媒體都會發展某些認知能力，同時會犧牲其他的能力。」我們廣泛使用網路和其他螢幕為主的科技，使得「視覺─空間能力得到普遍且高度的發展。」舉例來說，我們在大腦裡旋轉物體的能力就比以前更

強。但在得到「視覺─空間智能的新優點」同時，我們「深度處理」的能力也減弱了，而這種能力正是「有意識地吸收知識、歸納分析、批判思考、想像和反思」所必需的。[52] 換句話說，網路的確讓我們變聰明了，但必須是以網路對智能的定義來看。如果我們用更廣義的傳統定義來看智能，亦即用思想深度而非速度來評斷，我們會得到不一樣的結論，而且是相當負面的結論。

　　由於大腦具有可塑性，我們知道即使不在線上的時候，我們在線上的習慣也會迴盪在大腦的神經突觸裡。我們可以推斷腦裡負責掃視、略讀和多工處理的神經迴路會擴張、增強，而處理聚精會神深度閱讀、思考的迴路正被削弱或侵蝕掉。二〇〇九年，史丹佛大學的研究員就發現這種轉變已經在進行的證據。他們分別對經常和較少進行多工處理的受試者施以認知測驗，發現重度多工處理的受試者很容易因為「環境裡不相關的刺激」而分心、難以控制工作記憶裡的內容，而且整體來說很難針對單一事件專注精神。不常同時處理多件事的人，其「由上而下的注意力控制」比較強，但習慣多工處理的人「注意力控制比較傾向由下而上」，因此很可能「會為了吸收其他的訊息來源而犧牲主要工作的效率。」領導這項研究的史丹佛大學教授納斯認為，經常同時處理多件事的人「會對無關緊要的事入迷」；他說：「任何事情都會讓他們分心。」[53] 莫山尼克的看法則更嚴峻：我們在線上同時處理多件事情時，會「訓練腦袋去注意屎尿般的東西」，這對我們的心智生活可能會造成「致命」的後果。[54]

在「忙碌者生存」的腦細胞爭戰裡，敗北的是讓大腦可以維持寧靜、直線思考的功能：有了這些功能，我們才有辦法理解長篇的敘事、釐清激烈的論證、反思自身經驗，或是思索外在或內在的現象。勝出的是讓我們快速找到、分類和評估各式各樣資訊的功能，在各種外在刺激連番轟炸下還能讓大腦繼續維持運作。無獨有偶，這些功能很像電腦把資料高速從記憶體讀出和寫入的過程。看樣子，一個新流行智能科技的特點再次傳到我們身上來了。

一七七五年四月十八日傍晚時分，英國文豪塞繆·詹森和兩位友人，作家寶士維爾和畫家雷諾茲，前往詩人坎伯吉位於倫敦外圍泰晤士河畔的豪華別墅。他們被帶進書房裡，坎伯吉在那裡等著他們；在稍稍寒暄後，詹森便跑到書架前，默讀書脊上的書名。「詹森博士，」坎伯吉說：「會有人那麼想看書脊，實在是件很奇怪的事。」寶士維爾後來回憶說，詹森「立刻回過神來，轉身回答：『先生，這個道理很平常。知識有兩種：我們不是自己知道一件事情，就是知道哪裡可以找到相關的資訊。』」[55]

網際網路讓我們可以立即存取史無前例龐大的書庫，也讓我們可以輕易在這個書庫自由尋找；如果沒辦法直接找到本來想找的東西，至少可以找到滿足當下需要的內容。網路會讓詹森所說的第一種知識衰退，亦即讓自己喪失深入了解一個主題的能力，讓我們不再有辦法在自己腦內建立一套豐富又專屬自己的連結，從中建立獨有的智慧。

〔插敘〕

智力測驗分數的浮動性

　　三十年前，當時的紐西蘭奧塔哥大學政治系主任弗林開始研究過往的智力測驗紀錄。他研究數據，分析歷年來幾經變動的智力測驗分數，得出驚人的結果：過去一世紀以來，智力測驗分數一直在穩定成長，而且幾乎四處皆然。這個現象後來稱為弗林效應，剛提出時有諸多紛議，但後來的研究證實確實有這個現象。弗林所言為真。

　　自從弗林發現這個現象，它便成為一塊現成的磚頭，只要有人質疑人類智能可能在退化，就能用來朝他砸過去：**如果我們真的那麼笨，又怎麼可能愈來愈聰明？**弗林效應已用於捍衛電視節目、電玩和個人電腦，近來更用在替網路辯護。泰普史考特在《N 世代衝撞》這本暢談第一代「數位原住民」的書中，反駁廣泛使用數位媒體會使小孩變遲鈍一說，他呼應弗林的看法，指出：「自二次大戰後，原始智商分數在十年內已成長三分。」[1]

　　泰普史考特說的沒錯，智商增加是應該讓人感到興奮，特別是因為分數增加最多的是以往智力測驗較低的族群。但

是，對於弗林效應證明人類現在比以前「聰明」，或是網路讓人類智力普遍上升的看法，我們仍然需要抱持懷疑的態度，而且也有充分的理由讓我們存疑。首先，泰普史考特自己便指出智商分數增加的情況已有好長一段時間，甚至可追溯至世界二次大戰以前，而增加幅度很穩定，約十年才會有一次微幅變化。從這模式看來，智力測驗分數增加也許只是反映社會某個面向深層持續的變化，而非近代特定事件或科技所致。由於網路近十年來才開始普及，不太可能是提升智商分數的主要推手。

其他評量智力的方式裡，也未出現像智商分數整體上升的事情。事實上，從智力測驗推得的結果也並不完全一致。智力測驗由不同題型組成，各題型分別測試不同的智力面向，測驗表現也大不相同。智力測驗分數普遍增加，主要是因為某些題型的得分升高所致，像是在心裡旋轉幾何圖案、類同測驗、圖形邏輯排列等題組。有關於記憶、字彙量、常識，甚至是基本算術等測驗分數並無明顯增加，甚至完全沒進步。

其他常見的智能評量分數也沒有提升，甚至還變低。一九九九年到二〇〇八年網路大量普及於家庭及學校，但當時美國用來測驗高中生的預備學術評估測驗的分數卻沒有增加。事實上，數理測驗平均分數在該期間大致持平，只有從四十九點二分微減至四十八點八分，但語文測驗分數卻大跌：批判性閱讀測驗平均分數掉了百分之三點三，從四十八點三分降為四十六點七分，寫作測驗分數甚至銳減百分之六點九，從四十九點二分掉到四十五點八分。[2] 學術水平測驗考試的施測對象為升大

學的考生，其中語文測驗的分數也逐年下降。美國教育部二
〇〇七年的報告顯示，十二年級生在三種不同項目的閱讀測驗
中（為完成任務而閱讀、為獲取資訊而閱讀、為閱讀經驗而閱
讀），分數在一九九二年到二〇〇五年之間不斷下降。其中為
閱讀經驗而閱讀的測驗受創最重，分數減少百分之十二。[3]

　　同時，另有跡象顯示網路興起時，弗林效應反而開始減
弱。挪威和丹麥的研究報告指出，智力測驗分數提升幅度在一
九七〇至八〇年代減緩，一九九〇年代的分數則是持平或稍微
下降。[4] 英國一份二〇〇九年的研究透露，青少年的智商分數
十年來不斷增加，直到一九八〇到二〇〇八年間才減少兩分。[5]
北歐人和英國人一直是全球應用高速網路服務及多功能手機的
先驅，如果數位媒體能刺激智商分數，其影響理論上會強烈反
映在該國分數。

　　所以弗林效應究竟成因為何？家庭縮小、營養攝取充
足、正式教育普及等原因都有人提，但最可信的理論應該是弗
林本人的說法。他在研究初期便已發覺自己的發現有矛盾之
處。首先，二十世紀人類的智力測驗分數急遽增加，表示我們
的祖先一定都是笨蛋，雖然我們明明知道並沒有這回事。正如
弗林在自己的書《什麼是智力？》所說：「如果人類的智商真
的是持續增加，便會導向一個怪異的結論，那就是祖先大部分
都是智障。」[6] 另一個矛盾之處，是智力測驗各題型的分數改
變範圍不盡相同：「人類的智力增加了，但字彙量、資訊儲存
量及算術能力為什麼沒有提升？」[7]

　　思索這矛盾的問題數年後，弗林有了結論：智商分數增加

並不是意味著人類智力普遍增加，反而代表的是人類對智力的認知發生了改變。直到十九世紀末，從科學的角度來看智力（特別重視分類、因果關係和抽象思考能力）仍不常見，只有在大學院校學習或授課的人才會採取這種觀點。對大多數人而言，智力的用處只是要掌握自然界的運作法則，以及解決農場、工廠或家中實際發生的問題。大多數人居住在由物質而非符號所建構的世界，因此少有機會去細思抽象形體和理論分類架構。

然而，弗林發覺這一切在過去一個世紀期間全改變了：在各種經濟、科技和教育因素作用之下，抽象推理能力成為主流。套用弗林的有趣說法，大家開始戴上了智力測驗最早發明者的「科學眼鏡」。[8]弗林在二〇〇七年的一場訪問裡回憶道，自他有這個認知起，「我開始認為自己在縮小祖先和我們心智上的鴻溝。我們並不比祖先聰明，卻學會使用智力去解決新的問題。我們把邏輯思考從具象事物中抽離出來，願意處理假設猜想，認為世界不該被我們玩弄於股掌間，而應該要以科學方法加以分類、理解。」[9]

在一篇刊登於《科學》期刊，內容在探討媒體和智力的文章裡，加州大學洛杉磯分校心理學教授葛琳菲德也提出相似的結論。她發現智商分數增加，「主要集中在視覺測驗所測試的非語文智商。」她認為，造成弗林效應的因素相當廣泛，從都市化到「社會複雜度」增加都有，這些原因都是「世界脈動的一部分，從規模較小、科技不發達的自給自足經濟至大規模、科技化的商業經濟。」[10]

我們並不比父母或祖父母輩的人聰明，只是展現聰明的地方不同，這種轉變不只影響我們看世界的角度，還影響養育、教育下一代的方針。這波省思人類思考方式的社會革命，正好可以解釋人類為何更能在智力測驗中解決抽象、視覺問題，卻無法提升個人知識、穩固基本學術技能，或將複雜想法表達清楚的能力。我們自嬰兒期便學會將事物分門別類、解謎、使用空間中的符號來思考。使用個人電腦和網際網路讓我們的視覺更加敏銳（特別是快速辨識透過抽象的電腦螢幕空間來顯示的物體和視覺提示），也很有可能因此強化了一些相關的大腦能力，加強了這些能力所需的神經迴路。但正如弗林所強調，這並不表示我們「頭腦變好」，只是頭腦變得不同罷了。[11]

第八章

Google教會

就在尼采買了機械書寫球不久後，一位叫泰勒的年輕人拿著碼表到密德瓦鋼鐵公司位於費城的工廠，開始一系列畫時代的實驗，用以提升廠內技工的效率。在密德瓦公司的老闆不情願的同意之下，泰勒找來一群工人，叫他們在各種不同的煉鐵機器上工作，並記錄下他們一舉一動的時間。他把每件工作細分為一串小動作，再嘗試各種不同的操作方法，建立了一套詳細的指示（今天我們也許會稱為「演算法」），明訂每項工作的正確流程。密德瓦公司的員工宣稱這種作法把他們貶為自動化機器，對這種新的管理方式怨聲載道，但是工廠的生產力卻突飛猛進。[1]

在蒸氣機發明超過一百年後，工業革命總算有了專屬的哲學思維，以及為其發聲的哲學家。泰勒將工業生產的身體動作嚴密編訂，成為他自稱的「系統」；這種作法被全國的生產工廠採用，後來也遍及全世界。工廠老闆為了追求最高的速度、效率和產量，使用時間與動作分析的研究來組織工作流程、決定工人的職務。泰勒在他一九一一年出版的名著《科學

管理原理》中，指出這種作法的目標是為每項工作找出「最佳的一種」工作方式並加以應用，藉此「在所有機械技能裡逐漸以科學替代常識規範。」[2] 泰勒向跟隨他的人保證，一旦他的系統套用到所有的勞力生產上面，不只工業生產會重組，就連整個社會都會被重塑，成為一個完美效能的烏托邦。他宣稱：「以前是人為首要；以後會是系統為首要。」[3]

泰勒的測量和最佳化系統至今仍然存在，它仍舊是工業生產的重要根基。由於電腦和軟體工程師掌控人類心智和社交生活的能力愈來愈強，泰勒的這套道理現今也開始規範我們的腦內世界了。網際網路是一個設計成可以自動以高效率收集、傳播、操弄資訊的機器，而網路旗下的程式設計師大軍也莫不全心全意找出「最佳的一種」腦部運作方式（也就是最完美的演算法）；此即我們所謂的「知識工作」。

Google 位於加州矽谷的總部是網際網路的最高教會，其信奉的宗教就是泰勒主義。根據 Google 執行長施密特的說法，該公司「創立時便以科學測量為中心」，並企圖對公司所有的任務加以「系統化」。[4] Google 的另一位主管梅爾補充如下：「我們試著以資料為導向，嘗試量化一切事物。我們活在由數字構成的世界裡。」[5] Google 透過搜尋引擎和其他網站收集到龐大的行為資料，每天用這些資料進行數千次的測試，再用測試結果修正我們日益賴以尋找資料、從中尋找意義的演算法。[6] 泰勒為徒手勞動做的事情，Google 現在正為腦內工作做同樣的事。

這個公司對測試的高度仰賴可說讓人嘖嘖稱奇。雖然該公

司的網頁設計看似簡單，有時甚至簡陋到冷峻的地步，但網頁上的每一個元件都是經過廣泛的統計和心理研究後才放上去的。Google 使用一種稱為「分徑測試」的方式，不停在公司旗下的網站中引進微幅的視覺和功能變化，讓不同的使用者族群看到不同的變化，再比較這些變異如何影響使用者的行為，包括他們在頁面上停留多久、在螢幕上操弄游標的方式、接下來會點或不會點什麼，和之後會往哪裡去。除了這種自動化的線上測試，Google 也會請受試者到公司內部的「使用性實驗室」進行眼球追蹤和其他心理測試。在一篇二〇〇九年描述該實驗室的部落格文章裡，Google 的兩位研究員指出，網路使用者評估網頁內容的速度「快到幾乎是無意識便做出大部分的決定」，因此追蹤眼球運動「是在無法讀出腦中想法的情形下最好的研究方法。」[7] 該公司的使用者經驗總監歐艾琳說明，Google 仰賴「認知心理學研究」，以達成「讓使用者更有效地用電腦」的目標。[8]

　　Google 的想法裡並不會考慮主觀因素，諸如審美觀等等。梅爾說：「在網路上，設計與其說是一門藝術，不如說是一門科學。因為可以快速發布新的版本，可以精確測量各種物件，所以設計者其實可以發現各種不同的微幅變異，從數字上得知哪一種才是對的。」[9] 在一項著名的實驗裡，Google 在工具列上測試了四十一種不同色調的藍色，來看哪一個色調造成的訪客點擊次數最多；公司對放在網頁上的文字也會做一樣嚴謹的測試。梅爾說：「你必須讓文字的人性減低，將之視為機械整體的一部分。」[10]

在一九九三年出版的《科技奴隸》一書中，作者波斯曼過濾出泰勒科學管理系統的主要成分。他認為，泰勒主義建構在六個假設上：「人類勞動和思想的唯一目標（或至少是主要目標）是效率；使用科技規畫的東西在各個層面都比人類判斷來得優越；人類判斷事實上不可靠，因為處處不縝密、不確實，又過度冗雜；主觀判斷會阻撓思緒，使其沒辦法透徹；無法測量的東西要不是不存在，就是沒有價值；與一般人相關的種種事情最好由專家來引導和進行。」[11] 最讓人驚訝的是，波斯曼歸納出來的重點和 Google 自身的智能規範有多相似。這裡面只有一點需要稍微更新：Google 並不認為最適合引導一般人種種事情的是專家，而是軟體演算法則。假如泰勒當時有同樣強悍的數位電腦，他也一定會有相同的想法。

Google 跟泰勒還有另一點很相似，那就是對於自身工作的正義感。公司對自己的使命感甚高，甚至到了自認為是救世主的地步。根據其執行長的說法，Google 不只是一個營利機構而已；它更是一個「道德力量」。[12] 公司廣為宣傳其「使命」：「組織全世界的資訊，使其處處可存取、處處有用。」[13] 施密特於二〇〇五年接受《華爾街日報》訪問時，認為若要達成這項使命，「照目前的估算需要三百年。」[14] 比較短期的目標是製造出「完美的搜尋引擎」，依照公司的定義來看，是「一個完全了解你指的是什麼，而且回應的內容完全是你想要的東西。」[15] 在 Google 的觀念裡，資訊是一種商品、一種有用的資源，可以用工業化的高效率流程來採集和處理。我們能夠「存取」的資訊片段愈多、過濾其重要內容的速度愈快，思

想生產力就愈高。任何阻撓資訊快速收集、切割和傳播的事物不只會威脅到 Google 的生意，更會侵犯到 Google 急欲建構在網際網路上的高效率認知烏托邦。

　　Google 的誕生來自創辦人佩吉從別處類推而來的點子。佩吉的父親是人工智慧的先驅人物；他自幼就處在四周都是電腦的環境。他還記得他是「小學裡第一個繳交在電腦上用文字處理軟體完成作業的人」[16]，後來到密西根大學攻讀工程學士學位。他的朋友記得他很好強、聰明，而且「對效率幾乎到了著迷的地步。」[17] 他擔任密西根大學工程榮譽學會會長時，魯莽地發起一個無疾而終的連署計畫，意圖說服校方在校園裡蓋一條單軌鐵路。一九九五年秋天時，佩吉前往加州，就讀人人稱羨的史丹佛大學電腦科技博士班。他從小就夢想著創造一個「足以改變全世界」[18] 的歷史性發明；史丹佛大學的位置有如身處矽谷的腦前葉，他知道世界上沒有比這裡更適合讓夢想成真的地方了。

　　佩吉只花了幾個月的時間就決定論文的題目：人稱「全球資訊網」的創新廣域電腦網路。此時，全球資訊網在網際網路上發起的時間不過短短四年而已，卻已經有爆炸性的成長，已經有五十萬個網站，而且每個月還增加超過十萬個新網站；數學家和資訊工程師無不著迷於這個網路不停變幻的複雜節點和連結組合。佩吉想到一個點子，可能可以用來解開全球資訊網的謎底。他發現網頁上的連結有如學術文章裡的引述文獻：兩者都可以用來評斷價值。一位學者在撰寫文章時引述另一位學

者發表的文章時，便是證明那篇文章的重要性；一篇文章被引述的次數愈多，在該領域的重要性也愈高。同理，當一個人在自己的網頁放了其他網頁的連結時，就是認為那個網頁有重要性。佩吉於是發現，任何一個網頁的價值可以由連到這個網頁的連結數量來衡量。

佩吉還有另一個點子，也是從引述文獻的作法類推而來：連結並非生而平等。任何一個網頁是否具有權威性，可以從連到這個網頁的連結數量來評估：如果有很多連結都連到同一個網頁，這個網頁的權威性比一個只有一、兩個連結進來的網頁來得高。當一個網頁自身的權威性愈高，從這個網頁連出去的連結價值也愈高。這件事在學術界也如出一轍：如果有篇經常被人引述的文章引述了你的作品，這個引述的價值就會比較高。佩吉這樣子類推，讓他發現若要評估任何一個網頁的相對價值，只需要分析兩個數值：連進該頁面的連結數量，和這些連結的來源頁面本身的權威性。只要建立一個全球資訊網裡所有連結的資料庫，就有原始資料可以導入一個軟體算式裡，藉此估算網路上所有頁面的價值，並且得出排序的高低。當然，這也會是全世界最強的搜尋引擎。

不過，他始終沒有動筆寫這篇論文。佩吉找了另一位史丹佛大學研究生布林來協助他建構他的搜尋引擎；布林除了是位數學天才外，更對資料探勘有濃厚的興趣。一九九六年夏天，一個名為 BackRub 的搜尋引擎在史丹佛大學的網站上首度上線，這個搜尋引擎是日後 Google 的雛型。不到一年的時間，BackRub 的流量就超出史丹佛大學網路的負荷量。佩吉和

布林意識到，如果他們打算把搜尋引擎發展成真正的事業，必須有大量的資金來採購電腦和網路頻寬。救星在一九九八年夏天時降臨：一位有錢的矽谷投資客開了一張十萬美元的支票給他們。他們把剛起步的公司從宿舍裡搬出來，移到附近門洛公園一位朋友的朋友家中的空房間，九月正式成立 Google 公司。公司的名字源自數字 googol，亦即十的一百次方，用以凸顯他們將「網路上幾近無限的資訊」組織起來的目標。該年十二月號的《個人電腦雜誌》在一篇文章裡讚揚了這個名字怪異的新搜尋引擎，認為它的「能力強得有點可怕，總是可以找到高度相關的搜尋結果。」[19]

正因為這個高強的能力，網路上每天數百萬，甚至上億次的搜尋很快就由 Google 包辦絕大多數。如果單單從網站的流量來看，這個公司可說是大放異彩，但他們也碰到讓當時許多新興網路公司面臨倒閉的困境：公司並沒有找到從網路流量獲利的方法。沒有人願意在網路搜尋上面花錢，佩吉和布林也不願意在搜尋結果裡插入廣告，因為他們認為這會玷污 Google 完全客觀的運算方式。他們在一篇一九九八年初的學術文章裡曾經闡釋他們的立場如下：「我們認為，以廣告為資金來源的搜尋引擎就本質來說會偏好廣告買主，與使用者的需求脫節。」[20]

但這兩位年輕的創業家知道他們不可能一直靠投資客的善心挹注。二〇〇〇年末，他們有了一個很聰明的想法，在搜尋結果旁邊放上些許的文字廣告，而且只會稍稍犧牲他們原本的理想。他們不以固定價格出售廣告空間，反而改採拍賣的方

式。這種方法並不是他們新創的,另一個名為 GoTo 的搜尋引擎也是用競標的方式出售廣告,不過 Google 卻在這個上面加了一點新意。GoTo 是以廣告買主的出價來決定廣告搜尋的排名,出價愈高則廣告愈顯眼。Google 則是在二〇〇二年的時候加了一條新規則:廣告的排名不只取決於得標價錢,還與使用者點擊該廣告的頻率有關。這項創新讓 Google 確保廣告會如同公司所說,與使用者的搜尋「相關」。垃圾廣告會自動被搜尋系統過濾掉:如果使用者不覺得廣告和搜尋有關,他們就不會點擊,廣告也遲早會從 Google 的網站上消失。

這個稱為 AdWords 的廣告拍賣系統還造成另一個重要的後果:由於廣告被點擊的次數會影響廣告的排名,這個系統也使得廣告的點擊率大幅上升。一旦愈多人點擊某個廣告,這個廣告就會在搜尋頁面上出現得愈頻繁、愈顯眼,因而吸引更多人點擊。由於廣告買主是依照點擊次數付錢,Google 的獲利便因而高漲。AdWords 系統帶來的利潤實在很可觀,許多網站設計公司甚至和 Google 簽約,在它們設計的網頁裡放上 Google 的「內容式廣告」,讓廣告依照頁面內容而調整。不到十年之間,Google 不僅成為世界上最大的網路公司,還是世界排名前幾名的媒體公司,每年的銷售所得超過二百二十億美元,幾乎全來自廣告買賣,而獲利也有大約八十億美元之譜。從帳面上來看,佩吉和布林各有超過一百億美元的身價。

Google 的創新替公司的創始人和投資客戶賺來大筆財富,但真正受益最大的卻是網路使用者。Google 成功地讓網際網路變成一個高效率的資訊媒體。網路日漸擴大時,早期

的搜尋引擎常常會被資料堵住，因為它們無法替新內容建立
索引，更遑論做到去蕪存菁之事。反之，Google 的搜尋引擎
技術則會在網路愈益擴大時搜得更加精確的結果，因為經過
Google 評斷的網站和連結愈多，搜尋引擎就愈能精確分類網
頁內容、判別內容的品質。另外，網路流量愈高，Google 收
集的使用者習慣資料也愈多，於是更能精準針對使用者所需和
所欲送上搜尋結果和廣告。公司也斥資數十億美元，在世界各
地興建擺滿電腦的資料中心，以確保搜尋結果回傳給使用者只
需要數毫秒的時間。Google 廣受歡迎的程度絕非浪得虛名，
獲利之高也是應得的：它協助網民航行在億萬個網頁的網路大
海上，實在功不可沒。若非 Google 的搜尋引擎，以及使用相
同模式建立的其他搜尋引擎，網際網路早就變成一個數位巴別
塔，讓大家都不知道其他人在說什麼。

　　不過，Google 身為網路主要巡航工具的供應者，把網路
內容用大量又有效的方式呈現給使用者，卻同時也形塑了我們
與這些內容的關係。Google 引介給世人的智能科技促使我們
用只顧表面的方式快速掃讀資訊，讓我們不再願意與任何一個
單一論點、想法或論述進行深度又持久的交流。歐艾琳說：
「我們的目標就是讓使用者可以快速進出。所有與設計有關的
決定都是以這個策略為基礎。」[21] Google 獲利的多寡與使用者
吸收資訊的速度直接相關。我們遨遊網路的速度愈快、點擊的
連結和瀏覽的頁面愈多，Google 收集我們使用習慣和送上廣
告的機會也愈多。再者，它的廣告系統就是設計成可以找出哪
些訊息最能吸引我們的注意力，再把這些訊息放進我們的視野

裡。我們在網路上每點擊一次滑鼠，就是讓我們的專注力中斷一下，也是由下而上打斷我們的注意力。我們點擊的次數愈頻繁，Google 的收益就愈高。這個公司最不想要的，就是鼓勵慢速閱讀，和集中、緩慢進行的沉思。無庸置疑，Google 從事的就是讓人分心的事業。

Google 還是有可能只是曇花一現的現象。網路公司的生命通常都很燦爛，但其壽命卻往往很短。正因為這類浮雲般的事業建構在無形的程式碼上，它們的自我防衛也很脆弱：只要一個聰明的程式設計師有個新穎的點子，一個成功的線上公司就有可能因此垮台。如果有人發明一個更精確的搜尋引擎，或是更好的方法讓廣告在線上流傳，Google 就有可能陷入絕境。但是，不論這個公司支配資訊流通的能力還能維持多久，它的智能規範仍會是網際網路這個媒體的規範。網站設計者和網路工具公司會繼續慫恿我們吸收零碎、快速散播的資訊，不斷地吸引民眾造訪，賺取更多的利潤。

從網路的歷史演進來看，資料傳播的速度只會不停加快。一九九○年代時，大多數的資訊存放在所謂的「靜態頁面」上。這些頁面跟雜誌的頁面沒什麼不同，內容也相對靜止不動。從那個時期以後，網頁一直變得愈來愈「動態」，內容會定時（而且經常全自動）更新。專門撰寫部落格的軟體於一九九九年問世，讓人人都能輕易在網路上迅速發表文章，熱門的部落客也發現他們必須每天發表好幾篇文章才能滿足善變的讀者群。新聞網站也趕上這波潮流，一天二十四小時不停發布

新的新聞報導。二〇〇五年前後，RSS 閱讀器開始風行，這種
軟體可以讓網站自動把標題和其他零星資訊「推播」給網路使
用者，使得資訊傳播的頻率更加重要。

　　近年來如 MySpace、臉書和推特等社群網路的興起，讓
資訊傳播的速度更加快速。這些公司的目標就是讓使用者收
到「即時狀態更新」的無止境「訊息流」。套用推特的一個
標語，就是讓人無時無刻收到「**現在**正在發生什麼」的簡短
訊息。社群網路把原先藉由書信、電話和輕聲細語傳遞的私
密、個人訊息轉變為孕育新種大眾媒體的肥料，讓人用全新又
容易入迷的方式與他人社交、保持聯繫。這些社群網路公司同
時也讓即時的時效變得更加重要。一個朋友、同事或喜愛明星
的「狀態更新」在發布之後，過沒多久就不新鮮，不需要再流
傳了；若要知道最新消息，必須要不停注意新的訊息提示。社
群網路之間的競爭相當激烈，莫不力求傳送更即時、更多樣的
訊息。二〇〇九年初，臉書為了因應推特快速增長，宣布網站
介面更新，好讓「訊息流動的速度加快」；公司的創辦人和
執行長札克柏格向網站的兩億五千萬名使用者保證，公司會
「持續讓資訊流動更快速。」[22] 在線上發布資訊的公司和早期
的書籍出版商不同：書籍出版商除了銷售新作品外，也有十足
的動機去推銷舊作，但線上發布的公司卻搶著只散播最新的資
訊。

　　Google 也沒有靜止不動，為了應付這些新興大軍，它也
調校了搜尋引擎以加快速度。網頁的品質（取決於導入該網頁
的連結質量）不再是 Google 排序搜尋結果的主要條件了：事

實上，根據 Google 一位主要工程師辛格的說法，這個條件現在只是該公司檢視與衡量的兩百種「信號」之一。[23] 公司近年來推動的一項重要變革，是對於推薦頁面的所謂「新鮮度」更加重視。Google 不僅更快辨認全新或是更新後的頁面（現在每幾秒鐘就會檢查熱門網站是否有更新，而不是每幾天檢查一次），現在的許多搜尋結果還會偏重新網頁，把比較舊的網頁排到後面去。二○○九年五月，搜尋服務甚至加入新的選項，讓使用者可以完全忽略網頁品質，單純依照資訊放上網路的時間來排序搜尋結果。過了幾個月後，公司宣布了搜尋引擎的「新世代架構」，這個架構的代號為「咖啡因」，含意昭然若揭。[24] 佩吉指出推特在加速資訊流動的成果，並聲稱 Google 一直到了「每秒為網路建立索引，以達成即時搜尋」時才會善罷甘休。[25]

　　Google 更企圖加強對網路使用者和其資料的掌控。有了 AdWords 帶來的數十億美元利潤，公司拓展了業務範圍，不再以網頁搜尋為重心。搜尋引擎現在還特別針對影像、影片、新聞、地圖、部落格、學術文章等等內容提供搜尋服務，這些服務都會把資料送回公司的主要搜尋引擎裡。Google 更推出了電腦和手機作業系統，如智慧型手機使用的 Android 系統，和個人電腦使用的 Chrome 作業系統；另外，還有許多線上軟體（或稱 App），包辦電子郵件、文字處理、部落格編輯、影像儲存、RSS 閱讀器、試算表、行事曆，和網頁寄存服務。Google Wave 是二○○九年末發表的社群網路（註）；這個頗具野心的新服務讓人可以在一個密密麻麻的頁面裡查看和

更新數個多媒體訊息串，頁面會自動更新，幾乎到了即時更新的地步。一位評論此服務的記者說，Wave「把對話變成快速變動的群體意識流。」[26]

Google 公司幾乎無所不涉獵，使得它成為眾人討論的焦點，特別是管理學者和商業新聞記者。不少人看到這個公司的影響力和事業的廣度，因而認為 Google 代表的是全新型態的公司，既超越又重新定義了所有傳統的分類方式。不過，雖然 Google 在許多層面上的確是個獨一無二的公司，它的商業策略並沒有想像中的那麼神祕。公司變化多端的形象並非反映其出售和散播線上廣告的主要事業；相反地，這種多樣風貌來自與主要事業「互補」的種種周邊活動。在經濟學裡，「互補品」指的是經常同時購買或使用的商品，像是熱狗與黃芥末醬，或是電燈與電燈泡。對 Google 來說，一切在網路上發生的事情都與其主要事業互補。當大眾花更多時間在網路上做更多事情，他們就會看到更多的廣告，透露更多的個人資訊，於是 Google 就撈進更多的錢。由於有愈來愈多的產品和服務改以數位型式透過電腦網路傳送，像是影視娛樂、新聞、軟體、金錢交易和電話，Google 的互補品種類就延伸到更多的產業裡。

互補品的銷售量會跟著主要商品一起增長，因此對任何廠商來說，減少互補品的成本、讓互補品更容易取得都是相當重要的商業策略。如果說廠商寧願免費送上互補品也不為過：假

註：現在已經中止，二〇一一年被 Google Plus 取代。

如熱狗免費，黃芥末的銷售量就會衝上天。所有的公司都會很自然地企圖降低互補品的成本，這種思維正好可以充分解釋 Google 的商業策略。公司所做的一切都以減低網路使用成本、增加網路使用範圍為目標。Google 想要讓資訊變成免費的，因為當資訊的價錢跌落時，我們都會花更多的時間盯著電腦螢幕看，公司的利潤也會隨之升高。

　　Google 大部分的服務本身是無利可圖的。舉例來說，產業分析師認為 Google 於二○○六年購買 YouTube 之後，這個服務光是二○○九年就虧損兩億到五億美元。[27] 但是，因為 YouTube 這種熱門服務可以讓 Google 收集到更多資訊，導引更多使用者到它的搜尋引擎上，並且阻止意圖與其競爭的公司在相關市場裡站穩腳步，公司也能替這種虧錢事業找到合理的理由。Google 已經讓世人知道，公司非要等到儲存了「百分之百的使用者資料」後才會滿足。[28] 不過，公司擴張的強烈企圖心不完全是為了金錢：Google 不斷殖民到更多元的內容裡，也讓公司想要「組織全世界的資訊，使其處處可存取、處處有用」的使命得以延續。公司的理想和商業利益合而為一，成為一個兼容二者的目標：不停把更多種類的資訊數位化、移到網際網路上、輸入它的資料庫裡、使用它的分類方式和排名演算法整理過，再將其轉為公司所稱的資料「碎片」發送給瀏覽網路的人，而且最好還摻雜廣告。每當 Google 擴展它的疆土，它的泰勒式規範就會更加緊緊掌握我們的心智生命。

　　Google 最具野心的計畫，亦即梅爾所謂有如「登月」[29] 般的計畫，就是把史上所有印刷出版的書籍數位化，讓內文可以「在線上發掘與搜尋」。[30] 這個計畫於二○○六年祕密開始，當時佩吉在他 Google 總部內的辦公室裡放了一台數位掃描器，以節拍器般的規律速度花了半小時掃描了一本三百頁的書。他的目的是想大略知道「掃描世界上所有的書」大概會花多久。第二年時，一位 Google 員工奉命到亞利桑納州鳳凰城的一場義賣活動裡採購一大堆的舊書。這些書運回 Google 總部之後，就變成一系列實驗的受試對象，最後發展出一套「高速」又「非破壞性」的新掃描手法。這套絕妙的掃描系統使用了具備體視鏡功能的紅外線攝影機，可以自動校正書本打開時頁面彎曲的現象，讓掃描影像裡的文字不會變形。[31] 同時，一個 Google 軟體工程師團隊也調校了一套複雜的文字辨識軟體，使其能夠辨認「不正常的文字大小、怪異的字型或是其他料想不到的奇異之處，而且還廣及四百三十種不同的語言」。另一票 Google 員工四處前往重要的圖書館和書籍出版商，試探它們對於 Google 把它們書籍數位化這件事有多熱中。[32]

　　二○○四年秋天，佩吉和布林在法蘭克福書展上正式向世人宣布 Google Print（後來改稱 Google 圖書）；法蘭克福書展自古騰堡的時代，便是出版業最重要的年度集會。十多間商業和學術出版社與 Google 簽約成為正式夥伴，其中包括許多知名出版社，如霍頓・米夫林、麥格羅・希爾，和牛津、劍橋和普林斯頓等大學的出版社；另外，五間世界最具聲望的圖書館，包括哈佛大學的韋德納圖書館、牛津大學的博德利圖書

館,和紐約市立圖書館,也同意參與這個計畫。這些圖書館授權 Google 開始掃描館藏架上的書籍;到了年底,Google 的資料庫裡已經儲存了大約十萬本書的全文。

掃描圖書館的計畫並非人人都歡迎。Google 掃描的不只是已經不受著作權保護的古老書籍,還會掃描比較新的書;這些書雖然可能已經不再版了,版權卻仍掌握在其作者或出版商手中。Google 從一開始就清楚說明,公司並不打算事先追查版權所有人並取得他們的同意;相反地,公司會直接把所有的書籍掃描到資料庫裡,除非版權所有人提出書面的正式要求將某本書排除在外。二〇〇五年九月二十日,美國作家協會連同三名以獨立身分行動的知名作家對 Google 提出告訴,認為這個掃描計畫會造成「大量的侵犯著作權行為」。[33] 過了幾周以後,美國出版商協會也告了 Google,要求公司停止掃描圖書館館藏。十月時,施密特在《華爾街日報》上發表一篇評論,把書籍數位化的計畫描述得既振奮人心又極盡自誇:「想像一下,把上千萬本原本無法取代的書籍放到一個廣闊的書籍索引後會造成何等的文化衝擊;任何人都能搜尋這些書的每一個字句,不論是貧是富、住在都市或鄉下、是第一世界或是第三世界的居民,所有語言都納入其中,而且當然完全是免費的。」[34]

這些訴訟後來進入法院審理。經過三年協商之後(在此期間,Google 又掃描了七百萬本書,其中有六百萬本仍受著作權保護),各方達成協議。這項協議的內容在二〇〇八年十月公諸於世,其中 Google 為已經掃描完的版權書籍,同意賠償

一百二十五萬美元給版權所有人；另外，Google 也同意設立一個付款機制，讓作者和出版商從 Google 圖書未來幾年的廣告和其他收益分得一杯羹。在 Google 做出這些讓步之下，提出告訴的作者和出版商也允許 Google 繼續進行全球書籍數位化的計畫。除此之外，公司也「被允許在美國境內對機購販售資料庫的訂閱權、出售單本書籍、在線上書頁裡放置廣告，以及使用書籍進行其他的商業用途。」[35]

　　這項和解協議卻開啟了另一個更加激烈的紛爭。協議的內容似乎讓 Google 壟斷數百萬本「孤兒書」（即版權所有人未知或找不到的書）的數位版本。許多圖書館學校深怕 Google 任意調高訂閱書籍資料庫的價碼。美國圖書館協會在一項提交法院的文件裡提出警告，認為 Google 有可能「會訂出讓公司獲利最高的訂閱價格，超出許多圖書館的負擔。」[36] 美國司法部和著作權局也同聲批判這項協議，認為這會讓 Google 在未來的數位書籍市場裡權力過大。

　　其他抱持批評態度的人，憂慮的是有些類似、但範圍更加廣泛的事情：以商業手法控制數位資訊的傳播，必定會使得知識的流通受限。雖然 Google 極力聲稱公司秉持著大公無私的心態，這些批評者仍認為 Google 居心叵測。哈佛大學歷史學教授和圖書館館長達頓批評：「當 Google 這類公司行號看到圖書館時，他們看到的不只是學習的殿堂，而是等待挖掘的潛在資產，也就是他們所謂的『內容』。」雖然達頓也承認 Google 在「使資訊更容易取得」這一方面的「目標值得稱讚」，但是讓一個獲利導向的企業壟斷「資訊的存取能力，

而非鐵路或鋼鐵材料」實在冒太大的險了：「假如 Google 認為獲利比讓人存取來得重要，要怎麼辦？」[37] 到了二〇〇九年末，原本的協議遭到廢除，Google 和其餘各方改成推動一個牽涉範圍沒有那麼廣的提案。

就好幾個方面來說，Google 圖書的爭議相當發人省思。首先，這件事情顯示了我們還必須花費多少的心力，才能在數位時代裡延續著作權法規的精神和實行細則，特別是合理使用相關的條款。（在這項訴訟裡控告 Google 的出版社中，有些甚至是 Google 圖書的合作夥伴，可見當前情勢有多麼混沌不明。）另一方面，我們也可以從中看到 Google 的高尚理想，以及有時候追求這些理想時所用的高壓手段。身兼律師和科技評論員的科曼觀察此事，認為 Google「已經完全堅信自己有多麼善良，也因為有這樣的信念，使得它可以合理化公司自身對於企業道德、反競爭、客戶服務和公司社會角色的規定。」[38]

最重要的是，這個爭議也讓我們確知全世界的書未來**一定**會被數位化，而且這項工程進行的速度很可能會很快。Google 圖書的爭議並不是在質疑把書籍掃描到資料庫裡是不是聰明的作法，而是探討這個資料庫要怎麼控制和商業化。不論達頓所稱「世界上最大的圖書館」最後是否由 Google 單獨掌控，這個圖書館還是會被建造起來；而透過網路傳送到世界上每個實體圖書館的數位書籍，過一段時間後也會取代許多長期保存在書架上的紙本書籍。[39] 讓書本內容可以「在線上發掘與搜尋」的好處實在是太多了，很難想像會有人反對這個工程。古書、古代卷軸和其他文件變成數位版本後，已經替歷史研究開

闢了許多精采新道路，有人甚至預示了歷史發現的「第二個文藝復興」。[40] 誠如達頓所言：「我們非數位化不可。」

不過，就算書頁勢必會化為線上影像，我們還是得評估一下這會造成什麼樣的後遺症。把一本書放到線上，變成可以發掘、搜尋的型態時，同時也把書本支解了。這種作法會犧牲文本的一貫性，換句話說，就是書本論點或敘事的線性進行。古羅馬工匠把散頁縫成第一本手抄書，我們現在卻把這個成品拆散了。原本「見形於意義」的靜謐也被犧牲掉了：Google 圖書裡的每一個頁面或文字片段都圍繞著成群的連結、工具、標籤頁和廣告，競相吸引讀者一點一滴的注意力。

由於 Google 堅信高效率為至善至美，使得「讓使用者快速進出」成為公司期望的目標，因此拆解書本對這個公司來說只有好處，沒有壞處。Google 圖書的經理馬斯承認「書籍不在線上的時候也有豐富的生命」，不過卻認為它們「在線上的生命會更精采。」[41] 讓書本的生命更精采，這是什麼意思呢？可尋性只是一切的開端：依照 Google 的說法，公司想要讓我們可以把線上發掘到的數位書籍給「切片、搗碎」；我們會經常「連結、分享、匯集」網路上的內容，而 Google 就是想要我們可以做到這些「在實體書籍上無法輕易辦到的事。」公司已經發表一個剪貼工具，「讓你輕鬆剪下公眾領域書籍的字句，發表到你的部落格或網頁上。」[42] 另外，還有一項名為「熱門字句」的服務，會標示出書裡經常被人引述的片段；有些書裡甚至還會顯示「單詞雲」，依照公司的說法，可以讓讀者「在十秒鐘內探索一整本書。」[43] 我們也沒必要對這些工具

怨聲載道，畢竟這些工具是真的有用，但我們也能從中清楚看到一件事：從 Google 的角度來看，一本書不是因為它是自成一格的文學作品才顯得有價直，而是因為它是另一堆等待勘採的資料。Google 急欲建立的宏偉圖書館不能跟我們熟悉的圖書館混為一談。它不是由書本構成的圖書館，而是由斷簡殘篇堆砌成的資料館。

諷刺的是，Google 在極力讓閱讀更有效率之時，正好在不知不覺中破壞了書本這項科技產物為閱讀行為和人類大腦帶來的高效率作法。書寫最後發展成現在呈現在皮紙或紙本頁面上的形式，讓我們不用絞盡腦汁替文字內容解碼，使得我們可以進行深度閱讀，把注意力和腦力放在解讀意義上面。當文字顯示在螢幕上時，我們還是可以快速解讀文字，而且閱讀的速度甚至還比以前更快；不過，我們不再被引領進更深層的領域，使用文本的隱含意義建立起屬於自己的解讀方式。我們反而被驅使前往另一小塊相關資訊，而且一塊接著一塊。原先徐徐深掘出意義，現在反而變成露天開採所謂的「相關內容」了。

那是一八四四年，美國麻薩諸塞州康科德鎮一個和煦的夏日早晨。一位滿懷雄心壯志的小說作家霍桑，坐在樹林裡的一塊小空地裡；這個地方特別寧靜，鎮上的居民稱之為「沉睡谷」。霍桑正沉浸在深度的冥想中，觀照著每個浮上心頭的意象，把自己變成一顆「透明的眼球」：這是康科德超驗主義之父艾默生在八年前提出的說法。霍桑後來在筆記本裡記下那

天，「陽光閃爍在影子之中，影子又抹去陽光，讓愉悅與沉思交織的舒坦心情有了意象。」他感受到一陣微風，「是最輕柔的嘆息，卻又有著一種精神上的力量，使得它似乎以溫和、驟逝的涼快感穿透人的肉身，直接吹拂心靈，讓心靈發出愉快的顫抖。」他在微風中聞到一絲絲「白松的淡香」，聽到「村子時鐘的鐘聲」，以及遠方「割草的人在磨他們的鐮刀」；不過，「如果距離夠遠，這些勞動之聲只會讓愜意閒躺的人更加寧靜，更沉醉在自己的思緒裡。」

不過，他的美夢突然被打斷了：

但是，聽哪！那是火車鳴笛聲，長聲尖叫比任何事物都還要尖銳，因為就算隔了一英里也無法將之轉成柔和美聲。它訴說著忙碌人群的故事，是從酷熱市井街道前來的人，只是到鄉下村莊裡度過一天的時間。這些是從事生意的人，簡言之就是滿懷不平靜的人：也難怪火車會發出如此嚇人的尖叫，因為它把嘈雜的世界帶進我們沉睡的安寧之中。[44]

美國思想家馬克斯重述了霍桑在沉睡谷的早晨，以此開啟他一九六四年探討科技如何影響美國文化的經典之作《花園裡的機器：美國的科技與田園理想》。馬克斯認為，這個作家真正的主題是「心智的景物」，特別是「兩種意識之間的對比」。樹林裡的寧靜空地讓這個獨自思索的人「可以特別將自己隔絕在紛擾之外」，有一個可以沉思的保護地。火車在一陣

喧囂中到來，帶著「忙碌人群」，也帶來「與工業化起始相關的精神不和諧」。[45] 喧鬧世界機械般的繁忙，使得沉思的心神無法負荷。

Google 和其他網路公司強調高效率資訊交流是知識成長的關鍵，這種想法也不是最近才出現的：至少從工業革命開始時，這就已經是人類思想史上的常見看法。這種看法和美國超驗主義思想家，以及稍早的英國浪漫主義思想家所主張的大大不同：他們認為真正的啟發必須來自沉思與自省。套用馬克斯的說法，「機器」與「花園」之間更廣大的衝突（亦即「工業的理想」與「田園的理想」），反映在這兩種觀點之間的張力裡；而機器與花園之間的角力，也在形塑現代社會裡扮演相當重要的角色。

依霍桑之見，工業理想下的高效率會對田園理想的寧靜沉思造成致命的傷害。這並不是說讓資訊可以快速發掘、取得是一件壞事。若要發展出健全的大腦，必須同時具備找到廣泛資訊並將之快速分析的能力，以及天馬行空冥想的本事；換句話說，必須有高效率搜集資料的時間，也需要有低效率反思、操作機器、在花園裡閒坐的時間。我們必須有辦法在 Google 的「數字世界」裡正常運作，但還是需要有時退到沉睡谷裡。現在的問題是，我們失去了在這兩種腦部狀態找到平衡的能力；就腦內活動而言，我們一直處在恆動的狀態。

古騰堡的印刷機把識字、閱讀的大腦帶給一般世人，同時卻也啟動了一套發展歷程，現在反而有可能讓閱讀的大腦荒廢掉。書籍和期刊雜誌在市面上變得唾手可得之後，人類首度發

現他們被資訊淹沒了。英國作家伯頓在他一六二八年的鉅著
《憂鬱症的解剖》裡，描述了「龐雜、混沌又讓人混亂的書
籍」讓十七世紀讀者混淆的情形：「我們受其壓迫，雙眼因閱
讀而陣痛，手指因翻頁而痠麻。」在此稍早，另一位英國作家
邦那比・李奇於一六〇〇年也對此頗多怨言：「當今一大患疾
是充斥這個世界的無窮盡書籍，使得世界無法消化每日新問世
的大量閒雜內容。」[46]

　　從那時以後，我們日益急切地試圖釐清每天需要面對的資
訊混亂狀態。幾個世紀以來，我們向來都以簡單、手動又因人
而異的方式來管理自己個人資料，像是特殊的歸檔流程、依照
字母排列、使用注解或清單目錄，或是其他的不成文規定。除
此之外，圖書館、大學、公司行號和政府官僚體制等學院或
機構裡還有更複雜的資料整理和儲存方法，但仍舊以手動為
主。二十世紀時，資訊的浪潮不斷湧現，資料處理的科技也
日新月異，管理個人和公司機構資料的方法和工具變得更加
繁複、有系統，而且也愈來愈自動化。我們為了解決這個問
題，反而轉向當初讓資訊流量過大的機器來尋求答案。

　　美國著名電器工程師布希於一九四五年在《大西洋月刊
裡》發表〈思維之際〉這篇文章，受到許多人的評論；他在文
內預示了現代人管理資訊的方式。布希於二次大戰時擔任羅斯
福總統的科學顧問；他憂心科學家無法掌握與工作相關的最新
資訊，使得科學的進展受阻。他在文章中認為，新的資料不停
出版，「已經超出現今我們有辦法使用的範圍了。人類經驗的
總和正以不可思議的速度快速增加，但我們若要在這個迷陣

裡找到當下重要的項目,使用的方法就跟古代帆船航海時一樣。」

不過,布希也認為科技在不久後就可以解決資訊過載的問題:「現在的時代已經有許多便宜、複雜又非常可靠的機器,這些裝置總是會帶來一些新面貌。」他提出一種叫作「記憶機」的個人記錄機器,這種新機器不只對科學家的助益甚大,也可以幫助任何需要「邏輯思考」的人。布希說,記憶機會嵌在桌面裡,「這個裝置可以讓一個人〔以壓縮的形式〕儲存所有的書籍、個人紀錄和通訊,機器更會設計成可以讓人以極速、高度彈性的方式使用和參酌。」桌面上會有「半透明的螢幕」,上面會投射出儲存在機器內的資料畫面,以及用來瀏覽資料庫用的「鍵盤」和「許多按鍵和把手」。這個機器「最主要的特徵」,是使用「關聯式索引」的方式把不同的資訊連結起來:「只要任意選擇一個項目,它就會立即自動指向別的項目。」布希強調,這個「把兩種東西綁在一起的過程,是最重要的事情。」[47]

布希的記憶機預示了未來的個人電腦,以及全球資訊網的超媒體系統。早期許多個人電腦軟硬體設計師都從布希那篇文章裡得到靈感,其中包括超文本的先驅人物,如著名電腦工程師英格巴特,和蘋果電腦平台上 HyperCard 的發明人艾金生。不過,雖然我們被記憶機的後代環繞,使得今日的世界遠遠超出布希生前所能想像的景象,他意圖解決的資訊過載難題卻仍然懸而未解。事實上,這個問題反而變得更嚴重了。正如李維所言:「個人數位資訊系統和全球超文本發展出來後,似乎並

沒有解決布希發現的問題，反而還讓問題更加惡化。」[48]

　　如果回過頭來看，失敗的原因似乎很明顯。電腦網路大幅降低了創造、儲存和分享資訊的成本，使得我們可以輕易取得大量資訊，數量之大遠超過歷史上任何時候。而 Google 等公司發展出來的強大工具，讓使用者可以輕鬆發現、過濾和傳播資訊，也確保我們會永遠被**當下對我們有意義**的資訊淹沒，數量之大遠超過我們大腦能負荷的。資料處理的科技愈是進步，尋找和過濾資料的工具愈是精準，相關資訊的洪流只會更勢不可擋，我們也會看到愈來愈多自己感到興趣的東西。資訊過載已經成為常駐的病症，而且愈治療愈嚴重。我們只有一種應對的方式，就是增加掃視略讀的分量，並且更加仰賴這些反應奇快的機器，即使這些問題當初就是這些機器造成的。李維指出，今天「我們可以取得的資訊遠比以前還多，但可以應用這些資訊的時間變少了，更別說是稍經思考後才拿來使用。」[49]明天的情況只會更糟。

　　我們曾經以為時間是最能過濾人類思想的東西。艾默生在一八五八年的文章〈論書〉裡寫道：「最佳的閱讀法則，會是從自然而生的，而非來自機械的。」所有的作家必須「把他們的表現交由時間的銳耳評斷，經過思考權衡，十年之後祂只會從百萬頁裡挑出一頁重印。這一頁又要交由時間考驗，交由各方意見的微風去蕪存菁；若要二十年後、一百年後再重新印製，經歷過的是何等嚴峻的篩選過程啊！」[50]但是，我們現在已經沒有那個耐心，枯等時間緩慢又細心地篩選。我們每分每秒都被當下重要的資訊給淹沒了，也因此只能憑靠自動化的過

濾裝置，而這些裝置又會立刻偏好最新、最熱門的資訊。在網路上面，各方意見不再是徐徐微風，而是龍捲風。

火車卸下忙碌人群，駛離康科德車站後，霍桑試著回到先前深沉的精神集中狀態，卻徒勞無功。他看到腳旁有座蟻丘，於是「像一位滿懷惡意的天才」，朝蟻丘丟了幾粒沙，把入口擋住。他看到「從某件公事或私事」回到家的「其中一位居民」掙扎著，試圖弄清楚牠的家發生了什麼事：「牠的動作裡，表現的是何等的驚異、急躁、思緒混亂！製造出這番惡運的神意，對牠而言是多麼無法理解的事！」但是很快就有別的事情讓霍桑從螞蟻的苦難中分神。他發現光影閃爍的進行出現了變化，看到雲朵「散布在天空裡」，在不停變幻的雲裡見到「夢想家烏托邦的廢墟」。

二〇〇七年時，美國科學促進會邀請佩吉發表年會的專題演講；這個協會的年會是美國最重要的科學家會議。佩吉的演說是場沒有經過準備的漫談，不過還是可以從中一窺這位年輕創業家頭腦裡在想什麼。他向聽眾說明他對人類生命和智慧的理解，靈感又是來自一項類比。他說：「我的理論是，如果你們看看自己的程式碼，也就是你們的 DNA，壓縮起來的大小大約是六百 MB，所以這比任何一個現代作業系統還要小，不論是 Linux 或 Windows 作業系統皆然……而且從定義上來看，這個程式碼還要讓你們的大腦開機。所以你們體內的程式運算法可能沒有那麼複雜；〔人類的智慧〕可能比較與整體的演算有關。」[51]

　　數位電腦老早就取代時鐘、湧泉和工廠機械，成為我們用來形容大腦構造與運作的譬喻用詞了。拿電腦用語來描述大腦已是司空見慣的事，我們甚至還不會覺得這都只是一種譬喻。（在這本書裡，我提到大腦「迴路」、「管線」、「輸入」和「程式」已經不下數次了。）但是佩吉的看法相當極端。對他而言，大腦不只是像一部電腦，而是根本就是一部電腦。他的假設可以充分說明 Google 為何把智慧與高效率資訊處理畫上等號。如果我們的大腦是電腦，智慧就可以化成生產力的議題，只要讓頭顱內的晶片可以愈快處理愈多資料就好了。人類的智慧變得跟機器的智能沒什麼兩樣。

　　佩吉打從一開始就視 Google 為人工智慧的雛形。早在二〇〇〇年，Google 還沒成為家喻戶曉的名詞時，佩吉在訪問裡就提出以下看法：「人工智慧會是 Google 最終極的版本。我們現在離這個境界還早。不過，我們可以一步步逼近這個目標，我們現在正在做的也就是這件事。」[52] 二〇〇三年，他在史丹佛大學的一場演講裡又對公司的展望多了一些描述：「最終極的搜尋引擎會跟人類一樣聰明，甚至比人類還聰明。」[53] 布林自稱在中學的時候就開始撰寫人工智慧的程式，也和他的合夥人一樣，殷切期望製造出一台真正的思考機器。[54] 二〇〇四年，他跟一位《新聞周刊》的記者說：「想當然耳，如果全世界的資訊都直接與你的大腦相連，或是跟一台比你自己大腦還要聰明的人工大腦相連，這對你一定是好事。」[55] 大約在此同時，他在一個電視訪談裡甚至還認為「最終極的搜尋引擎」會很像庫柏力克的 HAL。他說：「當然，我希望它不會

像 HAL 一樣有臭蟲，把太空船上面的人都殺掉。不過這是我們努力的目標，我也覺得我們至少朝著這個目標前進。」[56]

大多數人可能會覺得很奇怪：為什麼會有人想要做出像 HAL 一樣的人工智慧系統？但這兩位年輕的電腦工程師擁有大量資金，旗下又有程式設計師和電腦工程師組成的小軍團，自然也會抱持這樣的野心，而且能有這樣的想法甚至還是相當令人讚賞的事。Google 是一個以科學為根基的企業，依據施密特的說法，公司的一大動力就是「使用科技來解決至今未解的問題」[57]，而人工智慧正是現在最難解的一道題目。布林和佩吉怎會不想嘗試看看呢？

雖然如此，他們認為我們的大腦有人工智慧輔助（甚至被人工智慧取代）「一定是好事」；這樣的假設既有啟發性，又讓人感到不安。這個看法印證了 Google 如何堅守著泰勒式的信念，亦即智慧是一個機械過程的產物，而這個過程的每一道步驟可以被單獨抽出來衡量，並加以最佳化。二十世紀德國哲學家安德斯曾說：「人類是出生而來，非製造而來，因而感到羞愧。」從 Google 兩位創辦人的言談裡，我們可以看到這種羞愧之情，以及從中激發的野心。[58] 在 Google 的世界裡（也就是我們上線時進入的世界），幾乎沒有空間給深度閱讀所需的寧靜沉思，和冥想時四處飄移的模糊意識。模稜兩可的情境不再是通往啟發的窗口，而是一個需要修理的臭蟲。人類的大腦只不過是部老舊的電腦，需要更快的處理器和更大的硬碟，當然也要更好的演算法來引導思想的路徑。

「人類為了更容易操控電腦網路所做的一切事情，同時也

會因為不同的原因，讓電腦網路更容易操控人類。」[59]科學歷史專家戴生在一九九七年出版的《人工智慧的演化》一書裡這樣說。這本書問世八年後，戴生受邀到 Google 總部發表演說，紀念諾伊曼的生平事蹟。諾伊曼是普林斯頓大學的物理學家，在一九四五年時依據圖靈的理論，首次寫下設計現代電腦的詳盡指示。戴生一生都在臆測機器內部的生命，對他而言這趟旅程一定是精采萬分：畢竟這間公司為了創造一顆人工大腦，願意投注龐大的資源，其中包括世界頂尖的電腦工程師。

　　但這趟行程讓戴生有諸多疑慮。他在一篇記敘這次行程的文章裡，回憶起圖靈在〈電腦化機械與智能〉文末提出的嚴正警語。圖靈說，我們試圖建造有智慧的機器時，「我們不該毫無敬畏之心。奪走上帝創造性靈的能力，僅能止於我們創造孩童新生命的地步。」戴生又轉述一位「洞察力驚人」的友人比他稍早參訪 Google 總部後的心得：「我覺得那裡平易近人的程度讓人難以承受。那裡有快樂的黃金獵犬在庭園中的灑水器間慢動作跑步，人人都會打招呼和微笑，處處都有玩具。我馬上就察覺在某個黑暗角落裡一定有不可告人的邪惡事情。如果惡魔降臨人世，還有哪裡更適合祂躲藏？」[60]當然，這樣子的反應有點誇張，可是也容易讓人理解。Google 有著無窮的野心和無底的資金，對於世界的知識又有帝國主義般的思維，自然乘載著我們的希望，卻也讓我們恐懼。布林也承認這件事：「有些人說 Google 是神，但也有人說 Google 是撒旦。」[61]

　　所以 Google 總部的黑暗角落裡到底藏著什麼樣的黑暗怪物？人工智慧機器是不是真的快要問世了？萬能的矽晶之王是

不是就在門外等著我們？應該沒有這麼一回事。世界上第一場探討人工智慧的研討會是在一九五六年夏天舉行的，地點正好是我的母校達特茅斯學院；當時的人認為電腦很明顯過沒多久就能複製人類思維。這場研討會長達一個月，與會的數學家和工程師最後發表一項聲明，認為「理論上，學習的所有層面，或是任何其他與智慧有關的行為，都能加以精確描述，讓機器也能模擬。」[62] 最主要的工作，不過是要寫出適合的程式罷了，把腦內意識思考的過程轉變成各種不同的演算算式。但是在經過那麼多年的努力後，仍然沒有辦法精確描述人類智慧的所有思考過程。現在距離達特茅斯學院那場研討會已經超過半個世紀了，電腦的演進有如閃電般迅速，但是從人類的觀點來看，它們仍然跟木頭一樣笨拙沒頭腦。我們今日「會思考」的機器，其實壓根兒不知道它們在想些什麼。孟福在一九六七年的時候觀察道：「沒有電腦可以自行建構出新的符號」；這句話今日依然成立。[63]

不過，人工智慧的提倡者也沒有放棄；他們只是轉移焦點而已。整體來說，他們已經不再想辦法寫出可以複製人類學習和其他智慧行為的程式了，轉而試圖用電腦的迴路複製腦內數億個神經元的電子訊號，相信這樣會讓機器「產生」智慧，就像實體大腦會產生思想行為。只要像佩吉所說，把「整體的演算」弄對，產生智慧的細部演算法則就會自行生成。發明家和未來學家寇茲懷爾在一九九六年撰文，探討庫柏力克《二○○一太空漫遊》對未來的影響，認為一旦我們有辦法用夠精密的方式掃描大腦，「足以辨認不同區域神經元之間的連結構

造」之後，我們就能「設計出以類似方式運作的模擬神經網路。」雖然我們現在還無法「做出一個像 HAL 一樣的腦袋」，寇茲懷爾得到的結論是：「我們現在就有辦法描述這要怎麼做。」[64]

　　我們實在沒有理由相信這種製造智慧機器的新方法會比舊方法有效。新方法還是建立在簡化的假設上面：它假定大腦的運作方式跟電腦公式化的數學運算方式一樣；換句話說，就是大腦和電腦說的是同一種語言。不過，這樣的謬論只是因為我們想用我們可以理解的方式，去詮釋我們不能理解的現象。諾伊曼自己警告後人不要落入這種錯誤的思維裡。他在老年時寫道：「我們在談論數學時，也許是在討論一種『附屬』的語言，而這是建構在中樞神經系統真正使用的『主要』語言上面。」不論神經系統的語言為何，「很有可能會跟我們有意識明白稱為『數學』的語言大異其趣。」[65]

　　把實體的大腦和思想意念視為兩個不同的層次，二者又以精密的「結構」存在，也是一種錯誤的想法。研究神經可塑性的先驅人物已經證實大腦和思想是糾結在一起的，彼此互相形塑。正如作家休爾曼在二〇〇九年《新亞特蘭提斯季刊》的〈為何人腦不像電腦〉一文裡所說：「種種跡象顯示，人類思想不像電腦那樣擁有可逐層分辨的階層，而是由各種組織方式和因果關係交織的階層架構。思想意念的改變會讓大腦改變，反之亦然。」若要用電腦建造出可以精確模擬人類思維的模擬大腦，必須要複製「大腦裡**所有**會影響思維和被思維影響的層面。」[66] 因為我們現在距離完全解開大腦階層架構還離得

很遠，更遑論認清這些階層如何作用和交互作用，製造出能思考的人工大腦恐怕在好一段時間後還只是一個夢想，甚至有可能永遠沒辦法實現。

Google 既非上帝，亦非撒旦，如果 Google 總部真有黑影，也只不過是恢宏氣勢營造的假象而已。Google 兩位創辦人真正讓人感到不安之處，不是他們幼稚地夢想要製造一部思考能力比所有對手都強的超酷機器，而是在這個夢想背後，他們對於人類思維有限、扭曲的認知。

第九章

搜尋，記憶

　　蘇格拉底是對的。人類愈是習慣寫下自己的想法，以及閱讀他人寫下的想法，就愈不仰賴自己記憶裡的東西了。過去需存在大腦裡的，現在可改存放在石板、卷軸上，或是抄本的扉頁裡。正如這位偉大演說家所預言，世人記憶起東西時，依靠的「不再是自身，而是外在的記號。」印刷機出現後，連帶促成出版事業的形成與讀寫能力的提升，使得世人對個人記憶的倚賴程度更低。不論在圖書館或家中書架上，隨手可得的書籍和期刊也成了補給品，來補足大腦這個生理貯藏室。人類不再需要記住所有的東西了，反正只要翻翻書查閱就好了。

　　但事情的全貌不僅止如此。印刷頁面的氾濫造成了另一個效果，雖然蘇格拉底沒有料想到，但他八成也會歡迎。書籍賦予人類的資訊、意見、觀點和故事，遠比先前來得大量和廣泛，而深度閱讀的方法與文化又會強化印刷資訊轉入記憶的過程。西元七世紀的塞維亞主教聖依西多祿便感嘆，閱讀書中思想家的「箴言」時，會讓這些內容「較不易從記憶中逃逸。」[1]由於每個人可以自由規畫閱讀方向和學習過程，個人記憶漸漸

不再是受到外在社會定義的結構體，反而成為架構個人獨特觀點和個性的基礎。受到書籍的啟發，世人開始視自己為個人記憶的作者：莎士比亞便託哈姆雷特之口，稱他的記憶為「我腦裡的書卷」。

蘇格拉底唯恐書寫會弱化記憶，套用義大利小說家和學者艾可的說法，蘇格拉底是在表現「一種永恆的恐懼：恐懼新的科技成就可能會把我們認為珍貴和有用的東西給消滅或摧毀掉；這些珍貴事物對我們來說本身就具有某種價值，而且是精神層面的價值。」就這個例子而言，蘇格拉底是多慮了：書籍的確是記憶力的補給品，不過誠如艾可所言，書籍還會「挑戰並加強記憶，不會將之麻醉。」[2]

荷蘭人文主義學者伊拉斯謨在其一五一二年的《雄辯術》教科書中，強調記憶與閱讀之關聯。他督促學生於書中以「適當的小記號」標注「搶眼的文字、古老或創新的用詞、亮眼的文體、箴言、範例，和值得記誦的精煉詞藻。」他也建議每位學生和教師使用筆記本，內容依照主題整理，「每當遇到任何值得記下的東西，可以寫在適當的分類下。」這些名言錦句需要用正常書寫方式記下，不能用速寫的筆跡潦草記錄下來，之後再定時朗誦，這樣就能確保這些佳言會長存在記憶之中。這些語句可以說「如花朵一般」，從書頁中摘下後，有如壓花將其保存在記憶的扉頁裡。[3]

伊拉斯謨在學童時期大量背誦古典文學作品，包括詩人賀拉斯及劇作家泰倫提烏斯的全部作品。他並不建議只為背誦而背誦，或是為了強記事物而訓練死記的功力。對他來說，背誦

不只是一種儲存方式，更是一種糅合過程的第一步；這個過程會讓人對閱讀的內容有更深層、更具個人色彩的認知。根據古典歷史學家拉梅爾的說法，伊拉斯謨相信一個人應該要「消化或內化所學，並加以反思，而非盲從他視為模範的作者，只顧複製其可取之處。」伊拉斯謨的背誦方式完全不是無腦的機械程式，反而需要大腦全力投入；依拉梅爾所見，這需要「創意與判斷力」。[4]

伊拉斯謨的建言呼應了羅馬哲學家塞內卡的譬喻；塞內卡描述記憶在閱讀和思考上面扮演的角色時，也使用自然界現象的譬喻方式：「我們應學蜜蜂，將各類閱讀所吸收的內容放在不同的空間，因為存放在不同空間的東西比較容易保存。而後，我們要勤快地發揮個人本能，將品嘗過的各種花蜜混合後，轉化成一種甜品；就算他人看得出這道甜品從何而來，卻已和原本的樣貌大不相同。」[5]塞內卡和伊拉斯謨都認為記憶不但是容器，更是熔爐。記憶不光是大腦記得的所有事物的總和，更是一個全新的事物，是讓人之所以獨一無二的精髓。

伊拉斯謨建議所有從事閱讀的人用筆記本抄下值得記錄的箴言，許多人也很殷勤地遵照他的建言。這種隨身攜帶的備忘錄（「備忘錄」一詞甚至變成筆記本的代稱）是文藝復興時期教學一定會用到的東西；所有的學生都有一本備忘錄。[6]到了十七世紀時，不只有學校裡的人才會使用備忘錄：這種筆記本被視為孕育教養必備的工具。一六二三年時，培根便認為「對記憶有助益」的事物裡，「幾乎沒有任何東西比一本妥善、有內涵的備忘文摘來得更有用。」在培根的看法裡，一本

悉心維護的備忘錄對記憶文字作品有幫助，因此「會讓創意有發揮的材料。」[7] 根據美國哥倫比亞特區美國大學的語言學教授芭倫所言，十八世紀期間「一位紳士的備忘錄」可以當成「他學問發展的工具，同時也是紀實。」[8]

隨著生活步調在十九世紀加速，備忘錄不再那麼常見，到了二十世紀中，甚至連記誦行為本身也受到鄙視。激進的教育家把記憶和背誦逐出教室，將之視為未開化年代殘存下來的遺跡。長久以來，記憶被視為個人靈感與創造力的來源，此時卻成為想像力的阻礙物，後來甚至被貶為浪費腦力的行為。新的儲存和記錄媒體陸續在上個世紀問世，像是錄音帶、錄影帶、微縮膠卷、影印機、計算機和電腦磁碟；這些新發明讓「人工記憶」的範圍大幅擴張，也更容易取得，用大腦保存資訊顯得愈來愈不必要了。網際網路帶來容量無窮又到處可以存取的資料庫，不只再次改變我們對記憶這項行為的看法，甚至還讓我們用不同的眼光來看待記憶本身。網路很快就被世人當成是個人記憶的替代品，而不單只是輔助工具。我們現在談論人工記憶時，常常會與生理的記憶功能等同視之，認為二者並不可分。

前文裡提到的《連線雜誌》文章作者湯普生，將網路形容為「外部大腦」，取代了先前由內部記憶負責的角色。他說：「我已經幾乎完全放棄花費力氣來記住東西了，因為我可以立即從網路上取回資訊。」他認為我們「把資料轉移到矽晶上，讓我們腦內的灰質可以從事更貼近身而為『人』該做的事，像是腦力激盪和做白日夢。」[9] 紐約時報廣受歡迎的專欄作家大

衛‧布魯克斯也寫下類似的看法：「我本來以為資訊時代的魔力會讓我們知道更多，但我後來發現這個魔力反而讓我們可以知道更少。它讓我們多了外在的認知幫傭：矽晶記憶系統、合作式的線上知識過濾器、計算消費者偏好的演算方式，以及用網路串聯的知識。我們可以把負擔外包給這些幫傭，把自己解放出來。」[10]

　　《美國情境》部落格的一位作家蘇德曼認為，我們現在幾乎時時刻刻都和網際網路連線，「使用大腦來儲存資訊已經不再是很有效率的一件事了。」依他的看法，記憶的作用應該要化成一種簡單的目錄，當我們有需要的時候可以指引我們到網路上存有所需資訊的地方：「當你可以把大腦當成整座圖書館的快速指引時，何必只記下一本書的完整內容？我們不再需要記下資訊內容本身，現在可以用數位的方式把內容存起來，自己只需要記住我們把哪些內容儲存起來。」網路逐漸「教導我們用它的方式來思考」，最後我們自己頭腦裡只會有「少量的深度知識」。[11]科技作家泰普史考特則提出更直接的看法：既然我們現在「只要在 Google 裡點擊一下」就能查到任何東西，「記住長段文章或歷史事實」已經過時了。記住東西是「一件浪費時間的事」。[12]

　　我們坦然接受電腦資料庫比個人記憶來得有效率，甚至是更優越的替代品這件事，其實並不讓人特別驚訝。最近一百多年來，世人對大腦的看法在轉變，這種想法只是集這些轉變之大成而已。當我們用來儲存資料的機器容量日益增大、彈性和反應能力也愈來愈強之時，我們也逐漸習慣讓人工記憶和生理

記憶之間的界線模糊；但無論如何，這樣的發展仍是一件不可思議的事。記憶可以像大衛・布魯克斯所說「外包」出去，是人類在過往歷史裡完全無法想像的事。對古希臘人來說，記憶是一位女神，即繆思女神的母親倪瑪莎妮。對聖奧古斯丁來說，記憶是「廣袤無垠的淵博」，反映了上帝對世人的力量。[13] 這種古典的看法在中世紀、文藝復興、啟蒙時代一直深植世人心中，事實上一直到十九世紀末都是如此。美國哲學家詹姆士於一八九二年對學校教師發表演說，指出「記住事情的藝術，就是思考的藝術」時，他只不過是陳述大家早就明白的事情而已。[14] 但他的話現在看來已經過時了：記憶不僅已經喪失了神聖性，甚至也早就開始失去人性了。倪瑪莎妮已經變成機器了。

我們對記憶的看法會這樣轉變，也印證了我們接受「大腦即電腦」的譬喻方式。如果生理記憶的運作有如電腦硬碟，把一塊塊資料存在固定位置，再將其輸入到腦袋的運算程式裡，那麼把這個功能外放到網際網路上不僅是確實能辦得到的事，甚至還像湯普生和大衛・布魯克斯所說，是一件解放人類的事。這樣做會讓我們的記憶容量大大提升，同時把大腦裡的空間清出來，用來進行更有價值和「人性」的計算。這種譬喻手法簡潔易懂，因此很吸引人，而且看起來也比古時稱「記憶有如收藏壓花的書冊」或「記憶有如蜂窩裡的蜂蜜」這些說法來得有「科學性」。但這種後網路世代看待記憶的新觀點有個問題：它是錯的。

　　在一九七〇年代初期證明「突觸會隨經驗改變」之後，坎德爾還持續觀察海蛞蝓這個卑微生物的神經系統好幾年。不過，他的研究焦點轉變了：他不再只看促成簡單反射動作的神經活動（比方說海蛞蝓被碰觸時會把鰓縮回去），而把觀察擴展到「海蛞蝓腦部如何把資訊儲存為記憶」這個複雜的問題上。坎德爾特別想解開神經科學裡既關鍵又令人費解的一道謎題：大腦到底怎麼把稍縱即逝的短期記憶（像是在我們清醒時不停從工作記憶進進出出的記憶），轉化為可以保留一輩子的長期記憶？

　　從十九世紀末以降，神經科學家和心理學家就已經知道我們大腦裡的記憶不只一種。一八八五年時，德國心理學家艾賓浩斯進行了一系列艱辛的實驗，只以他自己為受測對象，記憶兩千個無意義的單字。他發現，他如果讀到某個單字的次數愈多，就愈能記住那個單字，而且一次記住六個單字遠比一次記住十二個單字來得容易。他還發現遺忘的過程可以分成兩個階段：他記誦的單字裡，大多數會很快從他的記憶裡消失，在練習之後不到一小時就已經忘掉，但有一小部分的單字會在記憶裡保留很久，只會慢慢忘記。美國哲學家詹姆士根據艾賓浩斯的實驗結果，在一八九〇年提出結論，認為記憶可以區分為兩種：在觸發事件之後不久就會從頭腦消失的「第一線記憶」，以及大腦可以永遠保存的「第二線記憶」。[15]

　　大約在此同時，針對拳擊選手進行的研究發現，頭部受到引發腦震盪的重擊時，可能會造成後向失憶症，使人忘掉受創前幾分鐘或幾小時的所有記憶，卻仍舊保有更早的記憶。癲癇

症的患者也被發現，在病情發作後有這樣的現象。這類的觀察暗示了記憶就算再怎麼強烈，在成形之後仍有一小段不穩定的期間；要讓短期記憶（即「第一線記憶」）轉變成長期記憶（即「第二線記憶」），似乎得花上一些時間。

穆勒和皮爾柴克這兩位德國心理學家於一八九〇年代進行實驗，印證了這這個假設。他們拿艾賓浩斯的實驗做一些變化，請一群受試者記下一串無意義的單字。過幾天後，他們測試這些受試者，發現他們記住這串單字沒有問題。兩位研究人員再對另外一群受試者進行相同的實驗，但這次他們要求這群受試者在記完那串無意義單字後，馬上再記第二串單字。第二天測試的時候，這群受試者記不起來第一串單字。穆勒和皮爾柴克再進行一項試驗，這次又加入新的變化。第三群受試者先被要求記下第一串單字，過兩小時後才拿到第二串單字來記住。這群受試者跟第一群一樣，第二天回憶起第一串單字時沒有問題。穆勒和皮爾柴克據此下了結論，認為大腦裡的記憶必須花一小時左右才會固定住，或說是「固化」。短期記憶不會馬上變成長期記憶，固化也是非常脆弱的過程：不論是頭部受到重擊，或是單純讓人分心的事情，任何干擾都有可能把剛生成的記憶掃出頭腦外。[16]

後來的實驗證實了記憶分為短期記憶與長期記憶兩種，也印證了短期記憶變成長期記憶的固化過程有多麼重要。一九六〇年代時，賓州大學神經學家福勒斯納發現了一項相當有意思的事情。他在老鼠身上注射一種抗生素，讓牠們的細胞無法產生蛋白質，結果發現這些動物沒有辦法形成長期記憶（在走迷

宮時，記不起來要如何才能避免被電擊），但仍然能繼續生成短期記憶。這個發現的意義很明顯：長期記憶不是以更強的形態存在的短期記憶。這兩種記憶分別需要不同的生理過程：儲存長期記憶需要合成新的蛋白質，儲存短期記憶則不需要。[17]

先前海兔（坎德爾選用的大型海蛞蝓）實驗得到了開創性結果，讓坎德爾收到啟發，召集了優秀研究員組成一個團隊，包括生理心理學家和細胞生物學家，協助他探究短期及長期記憶的生理運作。他們開始仔細追蹤海蛞蝓神經元訊息的傳遞，「一個一個細胞來看」，因為這個動物會學會適應外界刺激，如戳動和對身體的電擊等等。[18] 他們很快就確認了艾賓浩斯早就觀察到的現象：一個經驗重複愈多次，對該經驗的記憶就會保留愈久，亦即，重複會促成固化。當他們觀察重複行為對單一神經元和突觸的生理影響時，他們發現了讓人訝異的現象。改變的不只有突觸裡的神經遞質含量（這會連帶改變神經元之間既有連結的強度），神經元本身也長出新的突觸末梢。換句話說，長期記憶的形成不只跟化學物質改變有關，還涉及生理結構的改變。坎德爾發覺，這個現象說明了記憶固化需要新蛋白質的原因，因為蛋白質在促成細胞結構的改變裡扮演了不可或缺的角色。

海蛞蝓相對簡單的記憶網路裡，出現了大量且廣泛的生理結構變化。在其中一個案例裡，研究員發現在長期記憶固化之前，一個特定感覺神經元有大約一千三百個突觸連結，連到約二十五個其他神經元。這些連結裡只有約百分之四十是活躍的，會透過製造神經遞質來傳遞訊息。長期記憶形成以後，突

觸連結的數量增加到超過原本數量的兩倍（增為大約兩千七百個），其中活躍的比率從百分之四十增加到百分之六十。記憶持續多久，新突觸也存在多久。當他們停止重複經驗以讓記憶消逝，突觸的數量最後降到約一千五百個。一個記憶即使被遺忘後，突觸的數量仍比原先的稍多；此一現象可以說明為何一件事在學習第二次的時候比較容易。

坎德爾在二○○六年的回憶錄《追尋記憶的痕跡》裡寫道，透過新一輪的海兔實驗，「我們首度看到腦內突觸的數量不是固定的：它會經由學習而改變！而且，只要生理結構的改變一直維持著，長期記憶就會一直持續。」這項研究也透露兩種記憶的根本生理差異：「短期記憶會造成突觸功能的改變，會強化或減弱既有的連結；長期記憶需要有生理結構上的改變。」[19] 坎德爾的發現與莫山尼克等人對神經可塑性的發現吻合。後續的實驗很快地證實不只有蛞蝓體內會有記憶固化所牽涉的生化和結構改變，它們也會在其他動物的腦內發生，其中包含靈長類動物。

坎德爾和同儕解開了記憶在細胞層次上的一些祕密。他們於是想再做更深度的探索，探索細胞內的分子活動。坎德爾日後形容這些研究員所做的事情，是「進入全然未知的領域。」[20] 他們先觀察短期記憶形成的過程中，突觸內的分子變化。他們發現這個過程涉及的遠遠不只神經遞質（在此是麩胺酸）在神經元間的傳遞，還需要其他種類，稱為中間神經元的細胞一同參與。中間神經元產生血清素這種神經遞質，而血清素會微調突觸連結，控制釋放入突觸的麩胺酸量。在與生化學家詹姆

士‧舒瓦茲和格林加德的合作中，坎德爾發現微調的過程靠的是一連串的分子訊息。中間神經元釋放出來的血清素與突觸前神經元細胞膜上的接受器結合（突觸前神經元即是帶著電脈衝的神經元），引起化學反應，使神經元產生一種叫環單磷酸腺嘌呤的分子。環單磷酸腺嘌呤則會啟動一種叫激撼 A 的蛋白質，這是一種會刺激細胞釋放更多麩胺酸到突觸裡的催化酵素，進而強化突觸連結、延長相連神經元的電活動，促成腦部將短期記憶維持數秒或數分鐘。

坎德爾面臨的下一個挑戰，是釐清這種驟逝的短期記憶如何轉變成為較永久的長期記憶。這個固化的過程是基於什麼樣的分子過程？他必須進入遺傳學的領域才能解答這個問題。

一九八三年時，著名且資金充裕的霍華休斯醫學研究所邀請坎德爾夥同舒瓦茲和哥倫比亞大學神經科學家阿克塞爾，在哥倫比亞大學帶領一個分子認知的團隊。這個團隊不久便成功從海兔胚胎裡採集神經元，並用它們在實驗室裡培養出一個基本神經網路的組織，包括一個突觸前神經元、一個突觸後神經元，以及二者之間的突觸。這些科學家在組織中注入血清素來模擬中間神經元的控制活動。如他們所預見，一劑血清素（用以代替一項學習經驗）誘發了麩胺酸的釋放，造成短期記憶裡典型的短暫突觸強化。相對地，五劑分別注入的血清素則強化了既有的突觸達數天之久，並且促成了新突觸末梢的形成：這是長期記憶特有的改變。

多次注入血清素的結果造成激撼 A 這個酵素和另一種叫 MAP 的酵素從神經元的外細胞質進入細胞核。在細胞核裡，

激撅 A 啟動一種叫 CREB-1 的蛋白質，這又會帶動一套基因來合成神經元長出新突觸末梢所需的蛋白質。在此同時，MAP 啟動另一種叫 CREB-2 的蛋白質，這會關閉一套阻止新突觸末梢生成的基因。經過一個「標記」細胞的複雜化學過程後，由此產生的突觸改變會集中在神經元表面的某些特定區域，並且長時間保留著。經由這套繁瑣的過程，牽動廣泛化學及基因訊息和改變，突觸得以保留記憶長達數天或數年。坎德爾寫道：「新突觸末梢的生長及維持，讓記憶得以持久。」[21] 這個過程也透露一個重要的事情，關係著經驗如何藉由我們頭腦的可塑性，持續形塑我們行為及身分：「一個基因必須被啟動才能形成長期記憶，這件事情清楚地證實基因不只是決定行為的關鍵，還會對學習行為等等環境刺激有反應。」[22]

　　海蛞蝓的思想生活看樣子實在不怎麼精采。坎德爾和他的團隊研究的記憶迴路構造很簡單。這些迴路用來儲存的是心理學家所謂的「內隱」記憶，亦即過往經驗的無意識記憶，在進行反射動作或練習後天學習的技能時會自動被喚起。蛞蝓在縮回牠的鰓時會喚起牠的內隱記憶；同理，一個人運籃球或騎腳踏車的時候也要靠內隱記憶。依照坎德爾的解釋，內隱記憶「會直接藉由行為表現而喚起，我們不需要有意識去做，甚至連我們需要依靠記憶都不自知。」[23]

　　我們說到記憶的時候，通常指的是「外顯」的記憶，亦即對人物、事件、事實、想法、感覺和印象的回憶，能被我們召喚到意識思考的工作記憶中。外顯記憶包含我們「記得」的過

去種種。坎德爾稱外顯記憶為「複合記憶」；他會用這個名稱也有十足的理由。外顯記憶若要長期儲存，需要經由「突觸固化」過程底下的所有生化和分子手續；外顯記憶必須經過這些手續後才能儲存起來。但除此之外，還需要另一種固化過程，稱為「系統固化」，讓大腦偏遠地區可以協調互動。科學家一直到最近才開始記錄下系統固化的詳細情形，他們現今的發現有許多仍屬不確定。不過，可以確定的是外顯記憶固化需要大腦皮質和海馬迴進行長時間的深入「對話」。

　　海馬迴是大腦很古老的一個小區域，深藏在皮質底下內側顳葉裡。海馬迴除了是方向感的主宰外（倫敦計程車司機就是把市區街道地圖存在大腦這個地方），也在外顯記憶的形成與管理上扮演重要角色。我們之所以發現海馬迴與記憶儲存的關聯，有一大半需要感謝莫萊森這位不幸的人。莫萊森於一九二六年出生，年輕時頭部受到嚴重創傷後便飽受癲癇之苦，成年之後不斷有僵直痙攣發作，使他愈來愈衰弱。醫生最後把他的病症根源追蹤到海馬迴的區域，並在一九五三年進行手術，切除海馬迴大部分和內側顳葉一些其他部位。手術之後，莫萊森的癲癇痊癒了，但是他的記憶卻出現非常奇怪的狀況。他的內隱記憶和較早的外顯記憶保持原封不動；他可以鉅細靡遺回憶起兒時的事情。但是許多較晚的外顯記憶竟然消失了，有些甚至是手術前好幾年的記憶。同時，他也沒辦法儲存新的外顯記憶。事情發生之後，過沒多久他就會完全不記得。

　　莫萊森的經歷由英國心理學家米爾娜詳加記錄，從中可推得外顯記憶必須經由海馬迴才能固化，但是過一段時間之

後，這些記憶有許多可以不靠海馬迴獨立存在。[24] 過去五十年來的大量實驗幫助我們解開這個謎團。我們對於一項經驗的記憶，在形成之初似乎不只儲存在記錄這個經驗的皮質區域（例如，聲音的記憶存在聽覺皮質裡，眼睛看到的記憶存在視覺皮質裡），還會存在海馬迴內。海馬迴是暫存新記憶最理想的地方，因為它的突觸可以快速變化。經過幾天之後，海馬迴會經由一種我們仍然不了解的信號程序，讓記憶在皮質裡穩住，開始將它從短期記憶變成長期記憶。記憶完成固化過程後，似乎就會從海馬迴裡消失，皮質變成唯一的存放處。外顯記憶從海馬迴轉移到皮質是個漸進式的過程，可能會花費好幾年的時間。[25] 這就是為什麼莫萊森的許多記憶會跟著他的海馬迴一起消失。

海馬迴有如交響樂團的指揮，指引我們演奏由意識記憶譜成的交響曲。它除了讓記憶穩穩放在皮質裡，還有可能扮演另一個關鍵角色，把種種同時發生但分散大腦四處的記憶（視覺、空間、聽覺、觸覺、情緒等等）交織起來，合成一個對某件事情的單一、完整回憶。神經科學家也提出理論，認為海馬迴會幫助我們把新記憶與舊記憶連結起來，形成豐富的神經連結網路，讓記憶有彈性和深度。這些連結大部分很可能是在我們睡覺時形成的，這時海馬迴可以暫時放下其他的認知相關工作。心理學家席格爾在《人際關係與大腦的奧祕》這本書裡解釋如下：「雖然夢境似乎充斥著看似隨機的動態、白天經歷的片段，和遙遠年代前的點滴，但夢可能是頭腦的基本運作方式，讓外顯的各種回憶凝聚成為一套前後一致的表徵，永久存

放在固化的記憶裡。」[26] 研究顯示，我們的睡眠受到干擾時，記憶也會受到牽累。[27]

　　我們對於外顯記憶，甚至是內隱記憶的運作仍舊需要更深入了解，未來的研究也會繼續修正今日已知的事實。不過，有愈來愈多的證據顯示我們頭腦裡的記憶是一個異常複雜的過程產生出來的，而每個人所在的環境和身處的經驗，都會以獨一無二的方式微調這個過程。以前把記憶比擬為植物，強調持續不斷地有機生長，其實是再恰當也不過的譬喻方式。事實上，這種譬喻法甚至比我們今日把生理記憶視為存放在資料庫、使用電腦晶片處理的精確數位資料這種新潮高科技譬喻來得好。人類記憶的每個面向，包括它如何成形、維持、連結和被喚起，都由諸多易動的變因操控，像是生理、化學、電流和基因訊號，使得人類記憶有幾乎無限多種的可能和層次。電腦記憶只以簡單的二元資料存在，非〇即一；負責處理資料的迴路也是固定不變的，可能是開放或是封閉迴路，但不會是介於二者之間的形態。

　　以色列海法大學神經生物學與動物行為學系主任羅森布姆跟坎德爾一樣，對記憶固化進行過深入的研究。他從研究裡得知一件重要的事情，就是生理記憶和電腦記憶有多麼不同。他說：「人腦裡長期記憶的生成過程是一種不可思議的過程，和電腦等等『人造腦』的過程明顯不同。人造腦會在吸收資訊後馬上存進記憶裡，而人腦會在接收資訊後一直處理好一段時間，記憶品質的好壞取決於這個資料處理的過程。」[28] 生理記憶是活的，電腦記憶則否。

那些高聲讚揚記憶「外包」給網際網路的人，被一個錯誤的譬喻誤導了。他們忽視了生理記憶的有機生長特質。人類真正的記憶之所以這麼豐富有個性（當然也讓它既神祕又脆弱），就是因為它的偶發特質。人類記憶存在於時間的流逝之中，跟著身體一起改變。事實上，光是我們把回憶喚起來這個動作，就會重啟整個固化的過程，包括促成新蛋白質的生成，以形成新的突觸末端。[29] 我們把一個外顯的長期記憶召回工作記憶裡面時，它又變回短期記憶了；這個記憶再次固化時，它會得到新的連結、新的脈絡。正如李寶所說：「負責回憶的大腦和當初形成記憶的大腦不同。如果現在的大腦要了解以前的記憶，它必須更新這項記憶。」[30] 生理記憶永遠處在更新的狀態中。相較之下，電腦會把記憶分成一個個固定片段，不論你把這些片段在磁碟之間移動多少次，它們仍然會保持原形不變動。

提倡記憶外包的人還混淆了工作記憶與長期記憶。一個人如果無法把一件事實資訊、一個想法，或是一次經驗固化到長期記憶裡，並不代表他「釋放」出大腦的空間給別的功能。長期記憶有別於容量受限的工作記憶，可以幾乎無限制地延展或收縮，因為大腦可以長出新的突觸末端或剪掉舊的，並且不斷調整突觸連結的強度。任教於密蘇里大學的記憶研究專家奈爾森‧科文寫道：「正常的人腦不像電腦，永遠不會遇到經驗無法存入記憶的狀況：大腦不可能裝滿。」[31] 柯林伯格說：「長期記憶裡可以儲存的資訊可以說毫無邊際。」[32] 除此之外，有證據顯示我們在增加自己的記憶庫存量時，思考也會變得更清

晰。臨床心理學家科洛薇爾在《學習的神經科學》一書裡，說明光是記住東西這件事，似乎就會對大腦產生變化，使得它以後更容易學習新的想法和技能。[33]

我們儲存新的長期記憶時並不會限制大腦的能力，反而會使其增長。每當我們擴充自身記憶，我們的智能也會增加。網路讓我們有個方便又吸引人的工具來輔助個人記憶，可是我們拿網路來替代個人記憶、避開惱人的固化過程時，頭腦裡的寶藏就有流失的危險。

當學校在一九七〇年代開始允許學生使用計算機時，許多家長反對這個做法。他們擔心小孩子依賴這些機器後，會降低對數學概念的掌握能力。後續的研究證實這些大多是白擔心了。[34] 因為不需要花費大量的時間在基本運算上，許多學生反而對於習題背後的原理有更深入的認知。計算機的事情現今常常被拿來當成正面的證據，認為仰賴線上資料庫並無害處，甚至是一種解放。根據這個說法，網路讓我們擺脫記住事情的工作，可以把更多時間投入創意的思考上。但這樣類推是有問題的。口袋型計算機減輕了我們工作記憶的負擔，讓這個重要的短期儲存區可以用在更抽象的思路上面。從數學學生的經驗來看，計算機讓大腦更容易將工作記憶的想法轉移到長期記憶裡，以概念基模的方式進行編碼，藉由這種重要的方式建構腦中的知識。網路造成的效應則相當不一樣：它反而讓工作記憶的負擔**更重**，不只會從更高階的思考程序裡搶奪資源，還會阻撓長期記憶的固化，以及基模的發展。計算機的功能強大但功用單純，最後成為輔助記憶的工具；網際網路則是促進健忘的

科技。

　　到底是什麼東西會讓我們記住或忘掉某件事？記憶固化的
關鍵是保持專注。精神集中的程度要夠強才有辦法讓外顯記憶
儲存起來，並且形成與記憶本身同樣重要的交互連結，之後又
要經由反覆練習或密集的智力或情感投入才會增強。注意力
愈集中，記憶就會愈清晰。坎德爾說：「若要讓一個記憶持
續，必須以深入的方式徹底處理輸入進來的資訊。要做到這一
點，必須專注在資訊上，並將之與已經根植在記憶裡的知識產
生有意義、有系統的連結。」[35] 如果我們沒辦法專注在工作記
憶裡的資訊上，這些資訊就無法長久留存，只有在儲存它的
神經元帶電時，才會持續存在。這種情況最多只能維持幾秒
鐘，之後就會完全消失，在頭腦裡幾乎不會留下任何痕跡。

　　注意力看似虛無飄渺的東西，就像發展心理學家麥坎迪斯
所說，是「頭腦裡的鬼魂」[36]；但是注意力集中是一種確實存
在的生理狀態，而且會在大腦各處發生作用。近年對老鼠進行
的實驗指出，注意力集中在一個想法或經驗上面時，會在大腦
裡引發遍及全腦的連鎖反應。有意識的注意力會先從大腦皮質
的額葉開始發生，對腦部進行由上而下的高層控管，決定大腦
要聚焦在哪裡。注意力建立起來後，會驅使皮質裡的神經元傳
送訊息到大腦中部的神經元，這些神經元又會製造強烈的神經
遞質多巴胺。這些神經元的軸突一路延伸到海馬迴內，成為
這種神經遞質的輸送管道。多巴胺傳送到海馬迴的突觸裡面
後，就會瞬間啟動外顯記憶的固化過程（可能是藉由啟動合成

新蛋白質的基因）。[37]

　　我們上線時接收到大量的訊息，彼此爭相吸引我們的注意力；這些訊息不但使得我們的工作記憶過載，還會讓我們的額葉沒辦法專心在任何一件事情上。記憶固化的過程甚至根本沒辦法開始。再者，正因為神經通道具有可塑性，我們愈常使用網路，就愈是訓練頭腦保持分心狀態，可以用高效率快速處理資料，但是無法維持注意力。這說明了為什麼很多人即使離開電腦也很難專心。我們的大腦變得擅長遺忘，不擅長記憶。我們愈來愈依賴儲存在網路上的資料，這可能正好是一個自我延續、自我擴大的循環：使用網路後，我們更難將資訊儲存在生理記憶中，只好更加依賴容量無窮又容易搜尋的網路人工記憶，即便這樣子做會讓我們的思想愈來愈膚淺。

　　這些腦內的改變會自動發生，不在我們意識能夠掌控的狹窄範圍內，但這並不代表我們不必為所做的選擇負責。我們之所以和其他動物不同，有一部分就是因為我們對注意力有更大的控制能力。「『學習如何思考』其實指的是學習如何控制你思考的**方法**，以及你思考些**什麼**，」小說作家華萊士於二〇〇五年對凱尼恩學院的畢業生這樣說，「這指的是你夠有意識，夠有警覺，可以**選擇**你要注意什麼東西，以及**選擇**要如何從經驗裡建構意義。」把這種控制能力放掉不用，只會讓自己徒有「一種不斷啃蝕自己的難受感覺，好像曾經擁有卻又失去一個無限的東西。」[38] 華萊士在精神上飽受折磨，在這場演說兩年半後就上吊自殺了，但這種折磨使他對我們如何選擇（或如何沒辦法選擇）讓思緒聚焦有著特別深刻的感受。我們

讓出對自己注意力的控管能力是讓自己暴露在險境中；神經科學家發現腦部細胞和分子的運作方式，在在都呼應這一點。

蘇格拉底也許對書寫造成的影響下了錯誤的預言，但他仍然很有智慧地警告我們不要把記憶的寶藏視為理所當然。他預言未來會有一個工具在腦中「植入健忘之惡」，功能上「非記憶之道，而是提示之用」；隨著網路的到來，這個預言又有新的意義。這個預言也許有可能只是太早下定論，不是真的有錯。我們把網路當成主要的萬用媒體時，最大的犧牲可能是我們削弱了頭腦內的豐富連結。沒錯，網際網路本身就是個許多連結構成的網路，但是把線上資料片段湊在一起的超連結跟大腦內的突觸可是完全不同。網際網路上的連結不過是位址資訊而已，只是一些簡單的軟體標籤，指引瀏覽器到另一個存放資訊的頁面，完全沒有腦內突觸的有機、豐饒與敏感特質。如休爾曼所述，大腦的連結「不只是讓我們能**存取**記憶；從許多層面來看，它們**構成**記憶。」[39] 網路的連結不是我們自己的，不論我們花多少時間在線上搜尋和瀏覽，也不可能歸我們所有。我們把記憶外包給機器時，也送走了我們智能很重要的一部分，甚至連自己的身分都拱手讓出。美國哲學家詹姆士在一八九二年那場關於記憶的演講裡，便用以下的字句作結：「連結**就是**記憶。」我們還可以再補充：「連結**就是**自我。」

「我預言未來的歷史，」惠特曼在《草葉集》開端這樣寫著。長久以來，我們知道一個人成長的文化環境會影響他記憶裡的內容和個性。舉例來說，一個人如果出生在重視個人成就

的社會裡（像是美國），比起在重視群體成就的社會下長大的
人（像是韓國），更會記得生命早期的事件。[40] 心理學家和人
類學家現在正在發現惠特曼直覺料想到的事：這種影響是雙
向進行的。個人記憶會形塑和維持文化底下的「共同記憶」。
依據人類學家波伊爾的說法，儲存在個人頭腦裡的事件、事
實、概念、技能等等各種東西，不只是建構個體的「個別獨特
性表徵」，更是「文化傳遞的關鍵」。[41] 每個人都承載和預言
著未來的歷史。文化就靠著我們的突觸來延續。

　　記憶外放到外部的資料庫裡，不只威脅到個體的深度和獨
特性，還會威脅到我們共同文化的深度與獨特性。在一篇最近
發表的文章裡，戲劇作家佛爾曼以動人的筆鋒說明了我們到底
賭上了哪些東西：「我從西方的文化傳統而來。這種文化下的
理想（我的理想）是受過高深教育、能言善道的個人擁有的複
雜、密集、有如大教堂般的構體；這樣的男性或女性會在一
己身內承載著整部西方文明傳統，是自己建構出來的獨特版
本。」但是現在不一樣了。他繼續寫道：「我現在看到我們
所有人裡面（包括我自己在內），這個複雜的高密度內在換
成另一種自我了，這種新的自我在資訊過載的高壓和『立即
取得』的科技下不斷演變。」佛爾曼在結論裡，認為我們「內
在蘊藏的高密度文化傳承」流失以後，我們恐怕會變成「鬆餅
人：我們只要按一個按鍵就能連結到龐大的資訊網路，於是被
弄成又大又稀又淡的一片。」[42]

　　文化不只是 Google 所謂「全世界的資訊」的總和，其內
容也不可能全部化為二進位的程式碼後上傳到網路上。文化若

要維持生機，必須要在每一個世代的每一個頭腦裡更新。把記憶外包出去，文化就會凋零。

〔插敘〕
關於寫這本書的動機

　　我知道你在想什麼：這本書的存在，好像有違它的主旨。如果我真的覺得保持精神集中、專注在一條思考路徑上有那麼困難，我又怎麼有辦法寫出幾百頁的散文，而且至少還算通順？

　　其實這並不簡單。我在二〇〇七年末剛開始寫這本書的時候，想盡辦法把精神專注在這件事上，卻效果有限。網路一如往常，提供豐富又有用的資訊和研究工具，但是它不停打斷我，把我的思緒和章句都打散了。我寫出來的通常都是不相連的隻字片語，就跟我寫部落格的方式一樣。顯然，這代表的是極大的改變。第二年的夏天，我和妻子從波士頓一個高度通訊發達的郊區搬到科羅拉多州的山裡。我們的新家沒有手機訊號，網路連線也是相當不穩定的 DSL 線路。於是，我取消了我的推特帳號，暫停登入我的臉書帳號，把我的部落格打入冷宮，關掉我的 RSS 閱讀器，也縮短了我使用 Skype 和即時通訊的時間。最重要的是，我減緩了電子郵件軟體收信的頻率：長久以來，我把它設定成每分鐘收一次信，但現在我重

新設為每小時只檢查一次，而且後來連這樣都讓我過度分心時，我大部分時間就把軟體關閉。

　　拆除線上生活絕非不痛不癢的過程。有好幾個月的時間，我腦中突觸的網路成癮症一直在發作。我發現我會偷偷去點擊「檢查新郵件」的按鈕，有時候甚至會瘋狂上一整天的網。但是，這種渴望過一段時間後就消退了；我發覺我可以連續好幾個小時在鍵盤上打字或是閱讀艱困的學術文章，思緒也不會飄走。感覺上，有些年老失修的神經迴路開始躍動，一些與網路牽連的新生迴路變得比較靜止。整體來說，我發現我變得更為平靜，更能控制我的思考，比較不像一隻在實驗室裡按機關的白老鼠，比較像──怎麼說呢，比較像個「人」。我的大腦又能呼吸了。

　　我知道我的情況算是特別的。由於我從事自由業，生性又有些孤僻，所以可以選擇斷線。當今大多數人沒辦法這樣選擇；網路對他們的工作和社交生活實在太重要了，就算他們想要逃離網路也沒辦法。美國一位年輕的小說作家坎克爾，最近在文章裡思索著網路如何一步步加深對他清醒時分的控制：「誠如其提倡者所言，網際網路增添了變化與方便性；它自己並不會加諸任何東西在你身上。只是我們最後的感覺並不是這樣。我們並不**覺得**線上的習慣是我們自由選擇的，反而覺得這些習慣是我們在無助狀態下學到的，或是歷史強迫我們接收的；我們的注意力並沒有依我們所願來分配，甚至可以說分配的方式我們一點都不喜歡。」[1]

　　真正的問題其實不是人類還能不能偶爾讀書或寫書，這當

然是沒問題的。每當我們開始使用一種新的智能科技，我們不會馬上從一種思考模式跳轉成另外一種。大腦並不是二進位機器。智能科技會以轉移我們思考重心的方式，來展現它的影響力。最早使用新科技的人常常會在大腦適應新媒體的過程中，感到他們的注意力、認知和記憶行為模式出現變化；不過，最重大的轉變得花上好幾個世代，隨著這項科技逐步深植於工作、休閒、教育等等定義社會與文化的行為習慣，在其中慢慢潛移默化。我們閱讀的方式怎麼改變？我們書寫的方式怎麼改變？我們思考的方式怎麼改變？這些問題我們不只要問我們自己，還要問我們的子孫。

　　至於我呢，我已經陷回原本的樣子了。隨著這本書接近尾聲，我的電子郵件軟體變回一直執行的狀態，我的 RSS 閱讀器也重新上線了。我又開始玩一些新興的社群網路服務，也在部落格上發表幾篇新文章。我最近受不了誘惑，買了一部內建無線網路功能的藍光播放器。這部機器讓我把 Pandora 上的音樂、NetFlix 上的電影，和 YouTube 上的短片串流到我的電視和音響上。我必須承認，這樣真的很酷。我不確定沒有這個東西我能不能活。

第十章

像我一樣的東西

　　這是資訊科學史上一個相當怪異的事件，但是意義也相當深遠。一九六四到一九六五年的數個月期間，麻省理工學院一位四十一歲的資訊科學家懷森鮑姆寫了一個能分析書寫語言的軟體程式，並且把程式設定在學校新的分時處理系統上面運作。學生坐在系統的終端機前面把句子打進電腦裡，懷森鮑姆的程式就會根據一些簡單的英文文法規則找出句中的重要字詞，分析其句型結構脈絡。之後，這個程式會再根據另一套規則把這個句子轉變為一個看似回應原句的新句子。電腦產生的句子會幾乎立即出現在學生的終端機上，讓人有交談的錯覺。

　　懷森鮑姆在一篇一九六六年的文章介紹他的程式，文中舉了以下的例子。如果有人輸入：「我的情況最近不太好」，電腦只需要知道「我的」這兩個字常常會出現在一個人描述某個情形之前，於是把句子重組為一個回應：「你的情況不太好持續多久了？」懷森鮑姆說，這個程式的運作方式是「先對原句套用一種樣板，其中一部分會對應『我的』兩個字，剩下『情況最近不太好』就會被分出來。」程式之後會再用一套適

用這個樣板、由算式構成的「重組工具」，當中會有一條規則指出「任何一個形式為『我的某某某』的句子」要「轉變為『你的某某某持續多久』，不論當中的某某某為何。」[1]

懷森鮑姆的程式是他那個時代的產物。一九五〇和六〇年代時，世人對電腦、軟體設計和人工智慧感到狂熱，讓大家不但認為人類大腦是一種電腦，還認為人類語言是這台電腦裡某個演算過程輸出的產物。維吉尼亞大學教授哥倫比亞在《計算的文化邏輯》書中進一步說明，一群新生的「計算語言學家」（其中的首要人物是懷森鮑姆在麻省理工學院的同僚喬姆斯基）提出一個假設，認為人類口語和書寫的「自然語言」反映了「人類大腦裡面的電腦運作方式，這台腦內電腦會進行所有的語言相關運算。」[2]一九五八年時，喬姆斯基在《資訊與控制》期刊裡提出「一個可能可以用來描述文法的方式，是將其視為一台通用圖靈機器設計的程式來描述。」[3]依哥倫比亞之見，這種計算理論之所以那麼吸引人，就是因為它裹在一層誘人的「新科技魅影」糖衣之中。這樣的看法有著「機械般的清晰」，把語言裡屬於人類的「混亂情形」替換成為「一部乾淨的內在電腦」。[4]使用這項工程的方式處理人類的說話方式後，就能找出潛藏在語言下的程式碼，用來重製為軟體。

懷森鮑姆將他的程式命名為 ELIZA，這個名字是蕭伯納《賣花女》劇中女主角的名字伊萊莎。在這齣戲劇中，原本操著下層倫敦佬腔調的女主角在高傲的語音學教授希金斯指導下，學會字正腔圓的英語發音。為了讓模擬對話的內容更有趣一些，懷森鮑姆給了這個人造對話機一個羅哲斯學派心理治療

師的人格。他在論文中指出，他是基於務實需求才會選擇這種
人格。這個學派的治療師使用的是心理學家羅哲斯於一九四〇
年代發展出來的技巧；他們與病人交談時，會假裝對世界一無
所知，大部分時間只會把病人對他們所說的，以平庸、無標
準答案的問題或回應重新說一遍。病人知道這種無知的狀態
是裝出來的，所以就會任意把「各種背景知識、理解和評斷
能力」交付治療師。懷森鮑姆認為，這種羅哲斯式的人格讓
ELIZA 有「重要的心理功用」：這會讓人以為程式給人的茫
然無知樣貌背後藏著某種真正的智慧。

　　懷森鮑姆在文中附上 ELIZA 與一位年輕女生的交談紀
錄；這位女生是這個程式早期的測試人員之一（機器的回應以
粗體顯示）：

　　男人都一樣。
　　什麼方式？
　　他們會一直拿事情來煩我們。
　　你能不能舉出一個例子？
　　比方說，我的男朋友叫我來這裡。
　　你的男朋友叫你來這裡。
　　他說我大部分的時間都很憂鬱。
　　聽到你很憂鬱，我覺得很抱歉。
　　是真的。我不快樂。
　　你覺得來這裡會幫助你不再不快樂嗎？
　　我需要協助，我只能確定這一點。

如果你得到協助,對你來說會有什麼意義?

也許我就能學會怎麼跟我媽媽相處。

再告訴我一些關於你家人的事。

我的媽媽會照顧我。

你家裡還有誰會照顧你?

我的爸爸。

你的爸爸。

你有些方面像我爸爸。

你看到哪些地方像?

你不會很強勢,但我想你不想讓我察覺到這點。

什麼東西讓你覺得我不會很強勢?

你不會跟我爭吵。

你為什麼覺得我不會跟你爭吵?

因為你怕我。

你覺得我怕你,會讓你覺得滿意嗎?

我爸爸怕所有的人。[5]

懷森鮑姆承認,他的作品對自然語言處理這個新興學門的貢獻不太,甚至有些愚蠢;不過,他也發覺程式設計師不需要花費太大的功夫,就能讓機器「以神奇的方式運行,常常連觀察經驗最豐富的人都能為之驚嘆。」只是當程式「內部的運作方式以夠明白、足以讓人理解的語言說明時,它的魔力就會崩解;被揭示開來後,它就只是一套執行程序的集合,每一道程序都清晰易懂。在一旁觀看的人會對自己說:『這個連我都能

寫。』」軟體程式從「擺放『智慧』物品的架子，移到擺放一般珍奇物品的地方。」[6]

　　一如蕭伯納劇中的希金斯教授，懷森鮑姆創造的平衡狀態不久就受到干擾了。ELIZA 的名聲很快就在麻省理工學院裡傳開來，成為課堂上的常客，以及電腦運算和分時處理相關報告時常用的範例。這個軟體程式以一般人容易理解的方式展現了電腦的力量和速度，也是早期少數有辦法做到這一點的程式之一。若要跟 ELIZA 交談，不需要數學背景，更不必先學過資訊工程。這個程式也廣泛複製到其他校園裡；不久之後連新聞記者也發現了，根據懷森鮑姆日後的回憶，ELIZA 成為「全民休閒玩物」。[7] 雖然社會大眾對這個程式的高度興趣讓他覺得很意外，但真正讓他最震驚的是使用這個軟體的人很快就「對電腦產生情感」到相當深刻的地步，會把電腦當成真人來談話。他們「在跟電腦交談一段時間後，堅信機器真的了解他們，就算我跟他們解釋過也一樣。」[8] 懷森鮑姆的祕書曾經看過他撰寫 ELIZA 的程式碼，「一定知道它只是個電腦程式」，但連她都被吸引住了。她在懷森鮑姆辦公室內的終端機裡使用這個軟體沒多久以後，就請懷森鮑姆離開辦公室，因為交談內容太過私密，讓她覺得不好意思。懷森鮑姆說：「我當初沒有想到，即使是很正常的人使用一個相當簡單的電腦程式，不需要多久就能產生強烈的錯覺。」[9]

　　還有更奇怪的事情接著發生。有些頗具名聲的心理學家和科學家開始提議這個程式可以用在治療真正有問題的病人上，而且還興致頗高地認為 ELIZA 在這方面的價值不凡。在

一篇刊登於《神經與精神疾病月刊》的文章裡，三位著名的精神科學家認為 ELIZA 在稍微修改過以後，可以成為「一個治療工具，在缺乏治療師的精神病院和心理治療中心裡廣為使用。」由於「現代和未來的電腦有分時處理的能力，一個經過特別設計的電腦系統每小時可以處理數百位病人。」著名天文物理學家薩根在《自然歷史雜誌》的文章裡，也認為 ELIZA 的潛力無窮。他預言未來會發展出「電腦治療的終端機網路，有點像是一系列的大型公共電話亭，我們每次只需要花幾塊錢就能跟一位專注、經過測試，而且整體來說不會主導病人的精神治療師交談。」[10]

圖靈在〈電腦化機械與智能〉一文裡思索了「機器能不能思考？」這個問題。他提出一個簡單的測試方法來檢驗電腦是否能夠視為具有智慧，本來稱為「模仿遊戲」，但不久之後世人普遍稱之為「圖靈試驗」。這需要一位「審問者」坐在電腦終端機前，房間裡除此之外空無一物。審問者和兩個人進行打字交談，其中一個人是真正的人類，另一個是一台假裝是人類的電腦。如果審問者無法分辨電腦和人類的差別，根據圖靈的看法，這部電腦就可以說是具有智慧。如果機器有辦法透過文字建構出一個讓人信服的身分，這就代表真正可以思考的機器問世了。

與 ELIZA 交談是圖靈試驗的一種變形。但是懷森鮑姆很驚訝地發現，跟這個程式「交談」的人並不會想要以理性、客觀的方式評斷 ELIZA 真正的身分。他們**想要**相信 ELIZA 是一台真正會思考的機器。他們**想要**賦予 ELIZA 人類的特質；就

算他們知道 ELIZA 是一個電腦程式，只會遵守相當淺顯易懂的指示，也還是一樣。到最後，圖靈試驗不只測試了機器是否能思考，也測試了人類的思考方式。那三位在《神經與精神疾病月刊》發表文章的精神科學家不只認為 ELIZA 可以替代真正的治療師，甚至還繞了一圈回來，認為精神治療師就本質來說其實就是一種電腦：「一位人類治療師可以視為一個處理資訊和做出抉擇的機器，依據的是一套如何下決定的規則，分別和短期與長期目標密切相關。」[11] 就算 ELIZA 模仿人類的方式相當彆扭，它還是讓人把人類本身視為模擬電腦的機器。

軟體程式造成的回響讓懷森鮑姆受到驚嚇，讓他開始思考一個他之前從來沒問過、但往後許多年揮之不去的問題：「到底是電腦的哪個層面，讓『人是機器』的看法更加可能實現了？」[12] 一九七六年時，在 ELIZA 問世十年之後，他在《電腦的力量與人類的理性》一書裡提供了一個答案。他說，若要認清電腦造成的影響，必須把機器放到人類過往所有智能科技的脈絡裡，也就是地圖、時鐘等長久發展下改變大自然，使「人類對於現實世界的觀點」轉變的工具。這些科技最後都成為「人類建構自己世界的材料。」一旦人類開始使用這些工具，就沒辦法棄之不用；若真的將之拋棄，會讓社會陷入「高度混亂的狀態，甚至完全崩潰。」智能科技「在徹底與結構體結合之後，就會成為結構裡不可或缺的一部分，而且會摻在各種關鍵的副結構體內，若將其抽出勢必會危及整體結構。」

這項「近乎教條」的事實足以說明在二次大戰後，我們對

於數位電腦的依賴為何會愈來愈深,而且看起來無法阻擋。懷森鮑姆說:「電腦不是戰後時期和往後期間現代社會必備的生存條件;它受到美國政府、商業和工業最『先進』的人士毫無保留的青睞,使得它成為社會賴以生存的必備資源,但這種生存形式之所以成形,就是經由電腦而塑造的。」他從自己在分時處理網路的經驗裡得知,電腦扮演的角色會遠遠超出政府和工業程序自動化的範圍。電腦會介入所有塑造人類日常生活的活動,像是人類如何學習、如何思考、如何與他人社交。他提出警語:智能科技的歷史告訴我們「把電腦引入某些複雜的人類活動裡,可能會是不可逆的行為。」我們的心智和社交生活可能會變得跟工業程序一樣,反映出電腦加諸其上的形式。[13]

懷森鮑姆後來相信,讓我們最有人性的東西,是最難以數字計算之物:我們身與心之間的連結、形塑我們記憶與思考的經驗、我們產生情感或同情的能力。我們愈益與電腦密切互動,在螢幕上閃爍的飄渺字符裡經歷生命的時間愈來愈多的時候,我們會面臨極大的危險,恐會失去我們的人類特性,犧牲了我們之所以與機器不同的特質。懷森鮑姆認為,若要避免這個命運,唯一的方式是要有足夠的自我意識和勇氣,拒絕把最重要的思考和心智活動交給電腦,特別是「需要智慧來處理的工作」。[14]

懷森鮑姆的書除了是一本談論電腦和軟體運作的鉅著外,也是發自內心的殷切呼喊,是一位程式設計師檢視自身職業的限制,充滿感性,有時又有些自命清高。這本書並沒有讓懷森鮑姆在同儕間受到歡迎:在書本上市之後,懷森鮑姆被

許多著名資訊科學家斥為異端，特別是從事人工智慧工作的學者。當年達特茅斯學院人工智慧研討會的一位主辦人麥卡錫，在一篇嘲笑的評論裡替許多科技論者發聲：他把《電腦的力量與人類的理性》貶為一本「沒有理性的書」，也批評懷森鮑姆的反科學「說教」。[15] 在資料處理的圈子以外，這本書並沒有造成多大的回響。書本上市的時間正好是個人電腦從少數玩家的玩物變成量產機器的時候，社會大眾被調教成即將陷入瘋狂購買的狀態，最後會讓電腦進入幾乎每間辦公室、住家和學校；他們當然沒有心思去理會一位叛徒的懷疑之聲。

　　木匠舉起鐵槌時，大腦會把鐵槌當成手的一部分。士兵舉起望遠鏡時，他的大腦會用另一副眼睛來看，立即適應相當不同的視野。讓猴子用鉗子拿食物的實驗使得我們看到靈長類大腦的可塑性，讓大腦能夠把工具視為感官圖譜的一部分，使不自然的東西感覺起來很自然。這項能力在人類大腦裡進化了，就連與人類最接近的靈長類親戚都望塵莫及。我們這個物種一項重要的特徵，就是我們有能力與各種工具融為一體，加上高過其他物種的認知能力，使得我們能夠善用各種新科技。這一點也讓我們擅長發明新科技：我們的大腦可以在一個裝置還沒發明出來以前，就先想像這個裝置的運作方式，以及使用它會帶來的好處。我們的心智能力演化成有辦法模糊內外的界線，讓內在的身體與外在的器具之間不再那麼分明；依奧勒岡大學神經科學家佛萊所見，這點「無疑是促成科技發展的重要步驟。」[16]

　　人類與使用工具之間產生的密切連結，會讓人類與工具互受彼此影響。科技變成我們的延伸之時，我們也同時變成科技的延伸。木匠拿起鐵槌後，那隻手也只能做鐵槌能做的事：手於是成為敲釘子或拔釘子的器具。士兵舉起望遠鏡時，他只能看到鏡片讓他看到的東西：他的視野範圍變遠了，但對貼近身邊的東西變得茫然無知。尼采使用打字機的經驗是科技如何影響我們的絕佳範例。這位哲學家最後不只是想像他的書寫球是個「像我的東西」；他更覺得他逐漸變成像書寫球一樣的東西，好似那部打字機在塑造他的想法。詩人艾略特放下紙筆、改用打字機來寫詩和散文之後，也有類似的體驗。他在一封一九一六年寫給美國作家艾肯的信裡說：「我在打字機上寫作時，我發現我摒棄了以前特愛的長句子。我寫的東西短如斷奏，像當今的法文散文。打字機讓人寫得清晰，但我不覺得它會讓寫作細膩。」[17]

　　每個工具在開啟新的可能性之外，都會在我們身上設限。我們愈是使用它，就愈是重塑自己來符合它的形狀和功用。這就是為什麼我在使用文字處理軟體一段時間後，就喪失用紙筆書寫和修改文件的能力。我後來發現我的經驗並不獨特，根據研究心理學家多吉的觀察：「使用電腦寫作的人，改用手寫的時候常常會覺得無所適從。」他們習慣敲擊按鍵、看到字母像魔法一樣出現在螢幕上以後，「把思想轉譯為草體書寫」的能力就會衰退。[18] 現在的小孩子從小就使用各種電腦和手持裝置的鍵盤，學校也不再有草寫體練習的課程，有愈來愈多的證據顯示草體書寫要從我們的文化裡完全消失。這種寫法

要變成一門失傳的技藝了。耶穌會神父和傳媒學者寇金在一九六七年便觀察如下：「我們塑造我們的工具，而後工具會塑造我們。」[19]

　　寇金在學問上的導師正是麥克魯漢；麥克魯漢提出許多先知卓見，說明了我們創造的科技如何在強化我們之餘，同時把我們榨乾。他在《認識媒體》裡有一段相當敏銳但不特別顯眼的觀察，認為我們的工具會在「增強」特定的身體部位時，同時使其「麻木」。[20]動力紡織機發明後，紡織工人每天製造出來的布遠比以前手工製作時來得多，但他們的手也不再那麼靈巧，也失去了一些對布料觸感的「感覺」；套用麥克魯漢的說法，他們的手指頭麻木了。今日的農夫進行工業化的生產，坐在龐大推土機的冷氣駕駛艙裡，幾乎完全不會碰到土壤，但他一天可以耕作的土地面積比使用耘鋤的老祖先一個月耕作的面積還要大。我們坐在方向盤後面時，能夠行駛的距離比用雙腳行走的距離更遠，但我們喪失徒步行走的人和土地之間的密切連結。

　　麥克魯漢自己也承認，他絕非第一個觀察到科技麻木效應的人。這種想法其實相當古老；將這種想法轉為最優美卻最不祥的詩句的，可能是撰寫聖經舊約詩篇的人：

　　他們的偶像，是金的，銀的，

　　是人手所造的。

　　有口卻不能言；

　　有眼卻不能看；

> 有耳卻不能聽；
>
> 有鼻卻不能聞；
>
> 有手卻不能摸；
>
> 有腳卻不能走；
>
> 有喉嚨也不能出聲。
>
> 造他的要和他一樣；
>
> 凡靠他的也要如此。

　　我們接受科技帶來的力量，付出的代價就是被孤離，而智能科技造成的代價可能尤甚。我們最貼身、最人性的天生能力就是理解、認知、記憶與感受的能力，但心智層面的工具在強化這些能力之時，同時又會使它們麻木。機械時鐘雖然帶來無數的好處，卻讓我們喪失對時間流動的自然感覺。孟福說明現代時鐘如何「創造出一個信念，相信一個由數學測得的序列組成的獨立世界」時，他也強調時鐘造成的後果，是「切斷時間與人類事件的關係。」[21] 懷森鮑姆再拿孟福的看法來拓展，認為計時機器促成的世界觀「一直是舊時世界觀的殘缺版，因為它拒絕了舊有現實立基其上（甚至可以說用以建構）的直觀經驗。」[22] 我們不再順從自身的感官來決定何時飲食、工作、睡覺、起床，反而改遵照時鐘。我們變得更加科學了，但也變得更加機械化了。

　　就連地圖這個看似簡單又無害的工具也造成麻木的效果。製圖師的技藝大大增強了我們老祖宗的航行能力。人類首次可以安心在陌生的山海之間旅行，而這種進展連帶促成探

險、貿易和戰爭的擴展；但是這也削弱了人類天生就有的景物辨識能力，以及將周遭景物建構成詳盡腦中圖譜的能力。地圖把空間化為抽象的二維表徵，介入看地圖的人以及他對現實地表的認知之間。從近年對大腦的研究來看，我們可以推測這種能力的喪失一定有生理上的成分。人類不再依靠自己的能力、改成仰賴地圖以後，海馬迴內與空間認知有關的區域一定會縮小。這種麻木的效果還會深及腦內神經元。

我們現在出門仰賴全球衛星定位的裝置，可能也讓大腦經歷相同的適應過程。替倫敦計程車司機進行腦部研究的神經科學家馬奎爾，擔心衛星導航可能會對計程車司機的神經元「影響甚鉅」。她代表她的研究團隊提出看法：「我們非常希望他們不要使用衛星導航工具。我們相信大腦〔海馬迴〕區域灰質體積會增加，就是因為〔司機〕需要記憶大量的資訊。如果他們都改用衛星導航系統，他們腦內的資料庫就會變小，也有可能會影響我們觀察到的腦內變化。」[23] 計程車司機可以免除記住全市道路的辛苦訓練，但也會喪失這種訓練為心智帶來的獨門好處。他們的大腦也會變得沒那麼有意思。

麥克魯漢在說明科技如何讓特定感官既強化又麻木，甚至到了讓感官「自我截肢」的地步時，並不是要讓地圖、時鐘、動力紡織機以前的社會蒙上一層浪漫色彩。他了解，使用科技後必定會產生孤離效應。每當我們使用工具來加強對外在世界的控制時，我們就會改變我們和那個世界的關係；若要有控制能力，必須要在心理上有所隔閡。就某些情況來說，孤離效應正是讓工具有價值之處。我們之所以會蓋房子、縫織

Gore-Tex 的保暖外套,就是因為我們**想要**與冷風冷雨隔絕。我們之所以會建構下水道系統,就是因為我們**想要**跟自己的排泄物保持足夠的距離。大自然不是我們的敵人,但它也不是我們的朋友。麥克魯漢要表達的是,若要誠心評斷任何一種新科技或新進展,必須同時對所失與所得保持敏感認知。我們不該讓科技的光輝面蓋掉內心的警覺,使得我們無法察覺自己重要的部分已經麻木了。

有網路連線的電腦是個通用的媒體,讓我們的感官、認知和記憶能力高度延伸出去,因此是個特別強烈的神經擴大工具;同理,它造成的麻木效應也特別強烈。多吉解釋說,「電腦會延伸中樞神經系統的處理能力」,同時「也會改變它。」電子媒體「之所以改變神經系統的能力特別強,是因為這兩種東西的運作方式大同小異,因此大致上相容,也很容易連結在一起。」因為神經系統有可塑性,所以它「可以利用這種相容性與電子媒體合而為一,成為一個整合的大型系統。」[24]
我們神經系統會這麼快與電腦「合而為一」,還有另外一個更深層的原因。演化的過程讓我們的大腦有一種強烈的社會直覺;根據哈佛大學社會認知與情感神經科學實驗室主任米契爾的說法,這種直覺「牽涉到一系列的過程,讓我們揣測周遭的人的想法和感受。」近年來的神經造影研究指出大腦裡有三個高活動區域(分別位於前額葉皮質、頂葉皮質,以及頂葉皮質與顳葉皮質交會處),是「特別設計成理解他人想法之用。」米契爾說,我們內在的「讀心術」能力是讓人類這個物

種能夠這麼成功的重要關鍵，因為這種能力使得我們這些可以「協調大群的人一起達成獨立個體沒辦法完成的目標。」[25]不過，我們進入電腦時代以後，我們與他人心智連結的能力造成了無法預料的後果。米契爾說，「社會思想牽動的腦內部位長期活動過度旺盛」，使得我們有可能在沒有心智之處也認為有心智存在，就連「無動態的物體」也能被我們誤認為有頭有腦。這種神經「鏡射」作用可以解釋我們為什麼這麼容易把人類特徵投射在電腦上，以及把電腦特徵投射在我們身上；換句話說就是，ELIZA 說話的時候，我們為何彷彿聽見人聲。

我們願意進入多吉所謂「整合的大型系統」，甚至到了殷切盼望如此的地步，不只是數位電腦成為資訊媒體所造成的，也肇因於我們大腦本身的社會化特性。雖然人腦與機器之間的界線模糊，有可能讓人機合一後某些認知工作的效率大增，卻也使得我們身為人類的完整性受到威脅。我們的心智輕易融入一個更龐大的系統；雖然這個系統賦予我們額外的能力，卻也把它的限制加諸我們身上。借用寇金的說法，我們讓電腦程式化，而後電腦會讓我們程式化。

即使從實際層面來看，這些效應並不會都像我們相信的那樣美好。許多超文本和多媒體的研究已經證實，當多樣的線上刺激超出大腦的負荷量，我們的學習能力會大打折扣。更多的資訊反而有可能造成更少的知識。但是，我們使用的眾多軟體工具又會造成什麼效應呢？我們尋找與評估資料、形成與溝通想法，以及進行其他認知工作所使用的各種精妙軟體，會如何影響我們的學習方法和學習到的內容？二○○三年時，荷蘭臨

床心理學家范尼維根針對電腦輔助學習開始一項相當有意思的研究；一位英國國家廣播公司的記者後來形容這項研究為「一項絕妙的觀察，檢視了現今使用電腦的習慣，以及我們與資訊系統之間透過螢幕互動的時間日漸增長以後，可能造成的壞處。」[26] 范尼維根要兩組受試者在電腦上進行一道艱難的邏輯謎題。這個謎題要受試者在兩個盒子之間移動多顆彩色球，何時可以移動哪顆球都有規定。有一組受試者使用的是刻意設計成很有幫助的軟體：在解謎的時候，軟體會在螢幕上提供協助，像是使用視覺提示指出哪些球可以移動。另外一組使用的是最基本的軟體，完全沒有提示或任何輔助。

在最初的幾個階段裡，軟體有輔助的那一組完成正確步驟的時間比另外一組快很多；這與預期的一樣。但測試進行一段時間以後，使用基本軟體的那一組學習的速度增快。最後，軟體沒有輔助的受試者比其他受試者更快完成謎題，錯誤也比較少，而且也比較少陷入無路可走的僵局。根據范尼維根的報告，研究結果顯示使用無輔助軟體的人比較能夠先行規畫、訂出策略，而使用有輔助軟體的人通常只會抱著「試試看」的方式進行。事實上，使用有輔助軟體的那組受試者在解謎時，常常只是「漫無目的亂點」。[27]

這項實驗的八個月以後，范尼維根把兩組受試者找回來，要他們再做一次彩球謎題，以及一個變化的謎題。他發現，原先使用無輔助軟體的人，解謎的速度比使用有輔助軟體的人快了將近一倍。在另一項測試裡，他要另一群受試者使用普通的行事曆軟體排訂一系列複雜的會議，當中的參與者會互

相重疊。這次的實驗也一樣：其中一組使用的軟體會在螢幕上提供很多提示，另外一組的軟體則沒有輔助功能。這次的實驗也得到一樣的結果：使用無輔助軟體的受試者「完成難題使用了較少的多餘步驟，也用比較直接的方式完成」，而且也展現出更「計畫導向的行為」和「更聰明的解題過程」。[28]

范尼維根在研究報告裡強調，他的實驗設計有考量到受試者基礎認知能力的落差；受試者表現和學習能力的差別，完全是因為軟體的差別所致。使用基本軟體的人一致表現出「更集中的精神、更直接有效的解決方法、更好的策略，以及更佳的知識吸收能力。」受試者愈是依照軟體的明顯提示，就會愈不投入工作裡，最後學習到的也愈少。范尼維根在結論裡，認為我們把解題和其他認知相關工作「外部化」給電腦時，我們也減少大腦「建構穩固知識架構」的能力（換句話說，就是基模），而這些架構未來「可以套用在新的情境上。」[29] 能言善道的人可能會用更尖銳的口吻來說：軟體愈聰明，使用者就愈笨。

談到研究代表的意義時，范尼維根認為程式設計師也許可以考慮減低軟體的輔助功能，藉此強迫使用者花更多的腦力。這也許是個好建議，但實在難以想像撰寫市售軟體和網路程式的人會接納這種意見。范尼維根自己也說，軟體設計的一大趨勢就是不斷追求更「易於使用」的介面，在網路上特別是如此。網路公司彼此激烈競爭，為的就是讓使用者的人生過得容易一些，讓使用者把解決問題和其他腦力相關工作交給微處理器的晶片。搜尋引擎的演進就是一個微小卻顯著的例

子。Google 搜尋引擎最早的版本只是個非常簡單的工具，只有在文字框裡打關鍵字，按下「搜尋」按鍵而已。但 Google 面臨其他搜尋引擎（如微軟的 Bing）的競爭，便努力把搜尋引擎變得愈來愈殷勤。現在，只要在文字框裡輸入第一個字母，Google 馬上就會提出一些以那個字母為首的熱門搜尋關鍵字。公司對這個功能的說明如下：「我們的演算方式會採用廣泛的資訊來預測使用者最想看到的搜尋字串。藉由一開始提供更精確的搜尋，〔我們〕可以讓你的搜尋更方便也更有效率。」[30]

這種讓認知過程自動化的方式，已經成為程式設計師的慣用手法了。這當然有原因：使用者自然會選擇幫助最大、指引最多的軟體工具和網站，而難用的就會被摒棄不用。我們**想要**友善又有幫助的軟體；怎麼可能會不這樣想呢？但是，在我們把更多的思考工作讓給軟體之際，我們很可能讓自己的腦力衰退，改變也許不大，但意義卻很顯著。挖土的工人把鏟子換成自動挖土機時，他的工作效率會提升，但手臂上的肌肉卻會變弱。我們把腦內工作交給自動機器處理時，很可能也做出這樣的犧牲。

近年來，另一項關注學術研究本身的研究提供了具體的證據，證實我們用來過濾線上資訊的工具會影響我們的思考習慣、限制我們的想法。芝加哥大學社會學家伊凡斯建立了一個龐大無比的資料庫，搜羅了一九四五年到二〇〇五年間各個學術期刊裡發表的三千四百萬篇學術文章。他分析了文章裡的引用文獻，來看期刊從紙本轉移成線上版本以後，引用文獻的模

式是否有變化，藉此來看學術研究的流變。由於數位文件遠比紙本文件容易搜尋，一般常理向來認為學術期刊放到網路上面以後，會讓學術研究的廣度大為增加。但伊凡斯發現並沒有這麼一回事：當愈來愈多期刊移到線上，學者引用的文章數量反而比以前更少，而在愈來愈多早年的期刊被數位化、放上網路之際，學者引述近年文章的數量反而愈多，頻率也更高。根據伊凡斯的描述，可取得的資訊愈多愈廣泛時，反而使得「科學與學問變得狹隘。」[31]

　　伊凡斯在二〇〇八年的《科學》期刊上說明這個違反常理的發現時，提到自動化的資訊過濾工具（如搜尋引擎）常常會放大原本已屬熱門的事物，快速建立起資訊重要與否的共識，並且不斷強調這個共識。再者，超連結容易引領使用者點擊下去，使得上線的研究人員「略過許多有些微關係的文章；使用紙本資料的研究人員」在翻閱期刊或書籍時卻經常會掃讀這類文章。伊凡斯認為，學者愈是能夠快速找到「當道的看法」，就愈有可能「追隨它，使得愈來愈多的引文引述愈來愈少的文獻。」雖然在圖書館做研究的古老方法遠比搜尋網路來得沒效率，這種方法卻很有可能讓學者的視野變廣：「瀏覽和使用印刷資料會帶領研究者走過不相關的文獻，有可能促成更廣泛的比較，引導研究者進入更早的時間。」[32] 最容易的方法不一定是最好的方法，但我們的電腦和搜尋引擎卻不斷慫恿我們採用最容易的方法。

　　在泰勒引入他的科學管理方法之前，每個獨立的工人會依據自己的訓練、知識和經驗，自行決定如何做自己的工作；

換言之，每個人會自己寫劇本給自己演。泰勒的理論問世以後，工人改為依循別人寫好的劇本。操作機器的人不再需要了解劇本如何構成，或是背後的道理是什麼；他只有被要求遵照它行事而已。這個作法一舉清掉了每個人各自獨立造成的混亂情形，而工廠整體來說變得更有效率，生產也更能預測，工業於是蓬勃發展。但是，隨著混亂情形一同被清除掉的，還有個人動機、創作力，和突發奇想。有意識的技藝變成無意識的例行公事。

我們上線時，同樣也在遵照別人寫的劇本，亦即各種演算的法則和指示；就算我們可以看到潛藏背後的程式碼，也沒有多少人看得懂。我們使用 Google 或其他搜尋引擎搜尋資訊時，就是在依循一套劇本。我們看到亞馬遜或 Netflix 推薦的產品時，就是在依循一套劇本。我們在臉書上從選單裡選擇最適合形容自己或人際關係的描述時，也是在依循一套劇本。這些劇本也許很有巧思又有很高的實用價值，一如泰勒式工廠裡的劇本，但它們也把智慧探索，甚至社會歸屬的種種紛亂狀況變得機械化。依電腦程式設計師羅德之見，軟體有可能把人類最貼近自己身心的行為變成不費心思的「儀式」，而儀式的每個步驟都「被編入網頁的思維裡。」[33] 我們不會再依自己所知所覺來行事，只會照既定的步驟依樣畫葫蘆。

霍桑那天坐在沉睡谷的綠蔭裡，迷失在冥思中的時候，頭腦裡到底在想些什麼？他想的東西又跟搭乘那列嘈雜火車的都市客所想的有何分別？最近二十年來一系列的心理學實

驗發現，人在貼近大自然的鄉下環境裡待上一段時間後，就會有更集中的注意力和更強的記憶力，認知能力普遍也會增強；另外，大腦也會變得更安定、更敏銳。根據注意力恢復理論（縮寫為 ART）的看法，人類沒有受到各種外在刺激轟炸時，就能讓大腦產生放鬆的效果。由下而上的干擾物不會再不停流入他們的工作記憶裡，因此讓工作記憶得以休息。由此而生的靜思狀態會加強他們控制自己心智的能力。

　　這個領域最近的一項研究結果於二〇〇八年末發表在《心理科學》期刊上。心理學家柏曼率領的研究團隊找來三十多位受試者，讓他們接受一系列嚴格又耗費腦力的試驗，以測試他們的工作記憶容量，以及由上而下控制注意力的能力。受試者被分為兩組，有一半的人在遠離塵囂的森林公園裡走了大約一小時，另外一半的人花同樣的時間走在市中心的街道裡。在走動之後，兩組受試者再次接受同樣的試驗。研究人員發現，在公園裡待上一段時間後，受試者在認知相關試驗上的表現出現「大幅進步」；這代表他們的注意能力有了顯著的增長。相較之下，在市區內走動不會讓測試結果提升。

　　研究人員再找來另外一群受試者進行相同的實驗。這些受試者在兩次測試之間沒有出去走動，只有看到鄉下寧靜景色或都市喧囂場景的照片。實驗結果仍然一樣：看到自然景色照片的人更能掌握自己的注意力，看到都市場景照片的人則未見注意力進步。研究人員描述實驗結果如下：「整體來說，和大自然進行簡單的短暫互動就能讓認知控制能力產生明顯的進步。」如果要讓「認知功能有效率」，花時間待在自然環境裡

似乎是「相當顯著」的方法。[34]

　　網路上沒有沉睡谷，沒有任何一個寧靜的地方讓安靜沉思發揮復原大腦的神奇療效。網路上只有都市街道的嘈雜聲，永不停歇又迷惑人心。網路帶來的刺激跟都市聲色一樣，有可能充滿活力，或讓人有新的啟發，我們也不會想要棄之不顧；但這些刺激同時也讓人倦怠和分心。一如霍桑所知，這些刺激很容易就淹沒所有比較沉靜的思緒。我們把大腦工作自動化、把思想和記憶交付一個強大的電子系統時，面臨的最大危機就是讓科學家懷森鮑姆和藝文人士佛爾曼同感懼怕的事：我們生而為人的知性與人性正被慢慢侵蝕掉。

　　需要大腦寧靜又專注的不只有深度沉思而已，還有同理心與同情心。心理學家研究人類如何感到害怕和面對現實威脅的時間已久，但直到最近才開始研究道德行為的淵源。南加大大腦與創造力研究中心的所長達瑪西歐說，心理學家現在發現崇高的情感來自「天生就很緩慢」的神經過程。[35] 最近在一項實驗裡，達瑪西歐和同事要受試者聆聽描述其他人身體或心理受到創傷的故事。受試者之後進入磁振造影機器裡，在回憶這些故事時由機器掃描他們的大腦。這項實驗揭露了以下的事實：雖然大腦可以很快對生理創傷產生反應（如果你看到別人受傷，你大腦內處理疼痛本能的區域幾乎會立刻產生反應），但是對心理創傷感到同情的腦內過程比較複雜，推展開來的速度會緩慢許多。研究人員發現，大腦必須花時間才能「超出身體直接的感受」，開始了解與感覺「某個情境的心理和道德層面。」[36]

這些學者認為，這項實驗說明了我們愈是受到干擾，就愈難體驗到最細微、最具人性的感情，如同理心、同情心等等。該團隊的一位研究人員伊莫迪諾揚提出以下的警語：「有些想法，特別是攸關他人社會與心理狀態的道德決策，需要我們有足夠的時間來沉思。如果事情發生的速度太快，可能就無法完全體會其他人的心理狀態。」[37] 若說網路破壞了我們的道德良知，未免是妄下定論；但可以肯定的是，網路重新部署我們的心智迴路、減低我們寧靜深思的能力時，除了改變我們思想的深度以外，也改變了我們情感的深度。

有些人看到我們的大腦輕易適應網路的智能規範，認為這值得慶幸。一位《華爾街日報》的專欄作家便說：「科技的進展不會走回頭路，所以多工處理和運用多元資訊的大勢只會繼續向前進。」不過，我們不需要擔心，因為我們的「人類軟體」假以時日就會「趕上讓資訊得以普遍存在的機械科技」；換句話說，我們會「演化」成為更有辦法使用資料的物種。[38]《紐約雜誌》一篇封面故事的作者也說，我們逐漸適應「飄盪」在線上資訊片段這種「二十一世紀工作方式」的時候，「腦內迴路的布線方式一定會改變，使其更有效率地處理更多的資訊。」我們也許會失去「從頭到尾專注在一件複雜的工作上」的能力，但我們會獲得可以彌補損失的新技能，像是「同時在六種不同媒體上進行三十四個對談」的能力。[39] 一位著名的經濟學家滿懷欣喜地寫道：「網路讓我們從自閉症中借來認知方面的優點，成為更能消化資訊的物種。」[40] 一位在《大西洋月刊》發文的作家認為，我們罹患「科技帶來的注意

力不足症」可能只是個「短期的問題」，因為這種症狀源自
「資訊流動有限時，發展與成型的認知習慣。」發展出新的
認知習慣，是「唯一一個遊走在網路連線不間斷的時代的方
法。」[41]

　　這些人在文章裡認為新的資訊環境正在重塑人類，其實所
言不假。我們心智的適應能力根植於大腦最深處，也正是導引
人類智能史的重要因素。但是，如果這種適應能力讓我們心
安，這種安心的感覺也不值得讓人高興。適應能力讓我們更能
應付外在環境，但實質上來說，這個過程是中立、無所偏好
的。到頭來，真正的問題不是我們轉變的過程，而是我們最後
會變成什麼樣子。一九五〇年代時，哲學家海德格看到即將
來襲的「科技革命浪潮」能夠「擄獲、蠱惑、迷住、欺瞞人
類，使得算計式的思考終有一日成為**唯一一種**受到認可、為人
採用的思考方式。」海德格認為我們進行「冥思」的能力是人
性的精髓，但這個能力可能會淪為貿然向前進步的犧牲品。[42]
科技巨輪轟然向前推進，有可能像那天開進康科德小鎮的火車
一樣，掩蓋過只有透過沉思與反省才能得到的細膩感受、想法
和情感。海德格說，「科技的狂亂」使其作勢「侵占所有的地
方。」[43]

　　我們也許正要進入這個占領過程的最終階段。我們正迎接
這種狂亂進入靈魂裡。

後記

人性元素

　　我在二〇〇九年末快要完成這本書之際，在報紙不起眼的角落裡看到一則小新聞。英國最大的教育考試機構愛德思（該公司是培生教育出版集團底下的子公司）宣布他們要引進「全自動的人工智慧閱卷系統，來批改考試的申論題。」英國的學生接受一項廣為採用的語文考試之後，這個電腦化系統會「閱讀並評估」他們的申論題答案。根據《泰晤士高等教育增刊》的報導，愛德思的發言人說明這套系統「準確度跟人類批改的一樣，同時會去除一些人為因素，像是疲勞和主觀性。」一位教育測驗專家也在報導裡認為，電腦評量寫作題目會是未來教育的重要元素：「我們只是不知道『什麼時候會發生』，而不是『會不會發生』。」[1]

　　我當時就在想，愛德思的軟體在看到沒有遵守寫作規矩的作文時，又怎麼能辨認少數的學生不是因為能力不足，而是因為天賦異稟才會打破成規？我知道答案是什麼：它根本做不到。正如懷森鮑姆所言，電腦只會遵守規則，不會做出評斷。它們沒有主觀想法，只會照章行事。這則新聞讓我們看到

懷森鮑姆的先知卓見：他在數十年前就提出警語，我們日益習慣和依賴電腦之後，就會忍不住把「需要智慧來處理的工作」交給電腦，而且一旦這麼做就無法回頭。最後，若要進行這些工作，軟體就會變得不可或缺。

科技的誘惑難以抗拒，而在這個可以即時存取資訊的時代，高速和高效率的優點使其看起來幾乎完美無缺，也理所當然讓人人都想要。但是，我仍然抱持一絲希望，但願我們不會無聲無息就進入資訊工程師和軟體工程師替我們編碼好的未來。就算我們不理會懷森鮑姆的忠告，我們若想對得起自己，也必須知道他曾說過這樣的話，也要清楚我們可能會喪失的東西。如果我們不假思索就認定「人性元素」已經過時，而且應該要拋棄，這會是多麼可悲的事 —— 特別是當我們要孕育下一代心智的時候！

愛德思的新聞又讓我想起《二〇〇一太空漫遊》最後的場景。我在一九七〇年代那個類比青少年時代第一次看過這部電影之後，這個場景就一直縈繞在我腦海裡。這個場景之所以那麼深刻又奇特，是因為電腦在智能元件被拆解時的情緒反應：它在迴路一個個被切斷時感到的無助，它像小孩般哀求太空人（「我可以感覺到。我可以感覺到。我很害怕。」），以及它最後回復完成時的狀態，只能用純真無邪來形容。HAL這樣宣洩情感跟電影裡的人類成對比：在電影中，人類被刻畫成冷酷無情，做事情時有著機器人般的高效率，思想和行為也像是照本宣科，宛如依循某種演算方式進行。在《二〇〇一太空漫遊》的世界裡，人類變得太像機器，使得最有人性的角色

竟然是一部機器。這就是庫柏力克黑暗預言的精髓：我們仰賴電腦來介入我們對世界的理解時，我們自己的智慧才會真正變成無深度的人工智慧。

致謝

這本書的前身是我為《大西洋月刊》二○○七年七—八月號所寫的一篇文章，標題是〈Google 讓我們變笨了嗎？〉在此感謝《大西洋月刊》的班奈特、佩克、吉布尼、拉文和薩拉姆給予支持和鼓勵。第八章對於 Google 商業策略的描述來自我在二○○七年為《策略與商業雜誌》寫的文章〈Google之謎〉；感謝該雜誌的克萊納和柏恩絲坦給予專業的編審建議。我也感謝莫山尼克、沃夫、奧茲、波德瑞克、史莫、劉子明、薛基、凱文・凱利、佛里曼、寇茲、羅德、克雷恩、比爾・湯普生和休爾曼耐心回答我的問題。我也要特別感謝諾頓出版社的編輯科里和他才華洋溢的同事，以及我的經紀人伯克曼，和他在伯克曼經紀公司的同僚。最後，我要向最早閱讀這本書的兩位勇敢讀者致敬：我的太太安妮，和我的兒子亨利。他們都堅持到最後。

參考書目

前言　看門狗與小偷

1. Marshall McLuhan, *Understanding Media: The Extensions of Man*, critical ed., ed. W. Terrence Gordon (Corte Madera, CA: Gingko, 2003), 5.

2. 同上，30。

3. 同上，31。

4. 同上，23。

5. 同上，31。

6. David Thomson, *Have You Seen?: A Personal Introduction to 1,000 Films* (New York: Knopf, 2008), 149.

第一章　HAL 與我

1. Heather Pringle, "Is Google Making Archaeologists Smarter?," *Beyond Stone & Bone* blog (Archaeological Institute of America), February 27, 2009, http://archaeology.org/blog/?p=332.

2. Clive Thompson, "Your Outboard Brain Knows All," *Wired*, October 2007.

3. Scott Karp, "The Evolution from Linear Thought to Networked Thought," *Publishing 2.0* blog, February 9, 2008, http://publishing2.com/2008/02/09/the-evolution-from-linear-thought-to-networked-thought.

4. Bruce Friedman, "How Google Is Changing Our Information-Seeking Behavior," *Lab Soft News* blog, February 6, 2008, http://labsoftnews.typepad.com/lab_soft_news/2008/02/how-google-is-c.html.

5. Philip Davis, "Is Google Making Us Stupid? Nope!" *The Scholarly Kitchen* blog, June 16, 2008, http://scholarlykitchen.sspnet.org/2008/06/16/is-google -making-us-stupid-nope.

6. Scott Karp, "Connecting the Dots of the Web Revolution," *Publishing 2.0* blog, June 17, 2008, http://publishing2.com/2008/06/17/connecting -the-dots-of-the-web-revolution.

7. Davis, "Is Google Making Us Stupid? Nope!"

8. Don Tapscott, "How Digital Technology Has Changed the Brain," *BusinessWeek Online,* November 10, 2008, www.businessweek.com/technology/content/nov2008/tc2008117_034517.htm.

9. Don Tapscott, "How to Teach and Manage 'Generation Net,'" *BusinessWeek Online,* November 30, 2008, www.businessweek.com/technology/content/nov2008/tc20081130_713563.htm.

10. 引述自 Naomi S. Baron, *Always On: Language in an Online and Mobile World* (Oxford: Oxford University Press, 2008), 204。

11. John Battelle, "Google: Making Nick Carr Stupid, but It's Made This Guy Smarter," *John Battelle's Searchblog,* June 10, 2008, http://battellemedia.com/archives/004494.php.

12. John G. Kemeny, *Man and the Computer* (New York: Scribner, 1972), 21.

13. Gary Wolfe, "The (Second Phase of the) Revolution Has Begun," *Wired*, October 1994.

第二章　必經之路

1. Sverre Avnskog, "Who Was Rasmus Malling-Hansen?," Malling-Hansen Society, 2006, www.malling-hansen.org/fileadmin/biography/biography.pdf.

2. 尼采和他的打字機的故事出自 Friedrich A. Kittler, *Gramophone, Film, Typewriter* (Stanford: Stanford University Press, 1999), 200-203; J. C. Ny*Philosophy and the Cognitive Sciences*, ed. R. Casati (Vienna: H*Nietzsche on Language, Consciousness, and the Body* (Champaign: University of Illinois Press, 2005), 27-29; 以及 Curtis Cate, *Friedrich Nietzsche* (Woodstock, NY: Overlook, 2005), 315-18。

3. Joseph LeDoux, *Synaptic Self: How Our Brains Become Who We Are* (New York: Penguin, 2002), 38-39.

4. 我們的大腦除了有十億個神經元外，尚有大約一兆個神經膠質細胞（glial cells 或 glia，出自希臘文「膠」一字）。這種細胞曾經被認為是不會活動的，只是襯墊神經元之用；但近二十年來，神經科學家發現了神經膠質細胞在大腦裡具有重要功能的證據。其中，有一種星形膠質細胞的數量特別多，似乎會在回應來自其他細胞的信號時，釋放碳原子和製造神經遞質。往後與神經膠質細胞相關的新發現，可能會讓我們對大腦的運作有更深入的理解。相關概述可參閱 Carl Zimmer, "The Dark Matter of the Human Brain," *Discover*, September 2009。

5. J. Z. Young, *Doubt and Certainty in Science: A Biologist's Reflections on the Brain* (London: Oxford University Press, 1951), 36.

6. William James, *The Principles of Psychology*, vol.1 (NewYork: Holt,1890), 104-6. 杜蒙該文之英譯，出自 James E. Black and

William T. Greenough, "Induction of Pattern in Neural Structure by Experience: Implications for Cognitive Development," in *Advances in Developmental Psychology*, vol. 4, ed. Michael E. Lamb, Ann L. Brown, and Barbara Rogoff (Hillsdale, NJ: Erlbaum, 1986), 1。

7. 參見 Norman Doidge, *The Brain That Changes Itself: Stories of Personal Triumph from the Frontiers of Brain Science* (New York: Penguin, 2007), 223。

8. 引述自 Jeffrey M. Schwartz and Sharon Begley, *The Mind and the Brain: Neuroplasticity and the Power of Mental Force* (New York: Harper Perennial, 2003), 130。

9. 引述自 Doidge, *Brain That Changes Itself*, 201。

10. 諾貝爾獎得主休伯曾經對神經外科醫師波頓這樣說；參見 Schwartz and Begley, *Mind and the Brain*, 25。

11. Doidge, *Brain That Changes Itself*, xviii.

12. 梅勒與麥克魯漢辯論的影片見 Google 影片：http://video. google.com/videoplay?docid=5470443898801103219。

13. Schwartz and Begley, *Mind and the Brain*, 175.

14. R. L. Paul, H. Goodman, and M. Merzenich, "Alterations in Mechanoreceptor Input to Brodmann's Areas 1 and 3 of the Postcentral Hand Area of *Macaca mulatta* after Nerve Section and Regeneration," *Brain Research,* 39, no. 1 (April 1972): 1-19.

15. 引述自 Schwartz and Begley, *Mind and the Brain,* 177。

16. 作者於二〇〇八年二月一日訪問奧茲之談話內容。

17. Graham Lawton, "Is It Worth Going to the Mind Gym?," *New Scientist,* January 12, 2008.

18. 突觸的運作機制非常複雜，會受到許多化學物質的影響。這些化學物質包括神經遞質，如麩胺酸（促成神經元之間交換

電子信號）、γ一胺基丁酸（GABA，阻擋電子信號）等等，
以及各種改變遞質強弱的調節物質，如血清素、多巴胺、睪
固酮、雌性激素等等。在一些罕見的情形下，神經元的細胞
膜會融合在一起，讓電子信號不必經由突觸就能直接傳遞。
參閱 LeDoux, *Synaptic Self*，特別是 49-64 頁。

19. Eric R. Kandel, *In Search of Memory: The Emergence of a New Science of Mind* (New York: Norton, 2006), 198-207；另見 Bruce E. Wexler, *Brain and Culture: Neurobiology, Ideology, and Social Change* (Cambridge, MA: MIT Press, 2006), 27-29。

20. Kandel, *In Search of Memory*, 202-3.

21. LeDoux, *Synaptic Self*, 3.

22. 帕斯科里昂於一九九三年進行一項實驗，證實盲人閱讀點字時會用到大腦的視覺皮層；詳見 Doidge, *Brain That Changes Itself*, 200。

23. McGovern Institute for Brain Research, "What Drives Brain Changes in Macular Degeneration?," press release, March 4, 2009.

24. Sandra Blakesley, "Missing Limbs, Still Atingle, Are Clues to Changes in the Brain," *New York Times*, November 10, 1992.

25. 當今有些阿茲海默症的實驗性療法，使用藥物來刺激可塑的突觸，使其產生變化，進而強化記憶的形成；目前使用老鼠測試這類治療方法，成效相當可觀。詳見 J.-S. Guan, S. J. Haggarty, E. Giacometti, et al., "HDAC2 Negatively Regulates Memory Formation and Synaptic Plasticity," *Nature*, 459 (May 7, 2009): 55-60.

26. Mark Hallett, "Neuroplasticity and Rehabilitation," *Journal of Rehabilitation Research and Development*, 42, no. 4 (July-August 2005): xvii-xxii.

27. A. Pascual-Leone, A. Amedi, F. Fregni, and L. B. Merabet, "The

Plastic Human Brain Cortex," *Annual Review of Neuroscience,* 28 (2005): 377-401.

28. David J. Buller, *Adapting Minds: Evolutionary Psychology and the Persistent Quest for Human Nature* (Cambridge, MA: MIT Press, 2005), 136-42.

29. M. A. Umilt *Proceedings of the National Academy of Sciences,* 105, no. 6 (February 12, 2008): 2209-13；另見 Angelo Maravita and Atsushi Iriki, "Tools for the Body (Schema)," *Trends in Cognitive Science,* 8, no. 2 (February 2004): 79-86。

30. E. A. Maguire, D. G. Gadian, I. S. Johnsrude, et al., "Navigation-Related Structural Change in the Hippocampi of Taxi Drivers," *Proceedings of the National Academy of Sciences,* 97, no. 8 (April 11, 2000): 4398-403；另見 E. A. Maguire, H. J. Spiers, C. D. Good, et al., "Navigation Expertise and the Human Hippocampus: A Structural Brain Imaging Analysis," *Hippocampus,* 13, no. 2 (2003): 250-59；以及 Alex Hutchinson, "Global Impositioning Systems," *Walrus,* November 2009。

31. A. Pascual-Leone, D. Nguyet, L. G. Cohen, et al., "Modulation of Muscle Responses Evoked by Transcranial Magnetic Stimulation during the Acquisition of New Fine Motor Skills," *Journal of Neurophysiology,* 74, no. 3 (1995): 1037-45；另見 Doidge, *Brain That Changes Itself,* 200-202。

32. Michael Greenberg, "Just Remember This," *New York Review of Books,* December 4, 2008.

33. Doidge, *Brain That Changes Itself,* 317.

34. 同上，108.

35. Pascual-Leone et al.,"Plastic Human Brain Cortex"；另見 Sharon Begley, *Train Your Mind, Change Your Brain: How a New Science*

Reveals Our Extraordinary Potential to Transform Ourselves (New York: Ballantine, 2007), 244.

36. Doidge, *Brain That Changes Itself,* 59.

37. Schwartz and Begley, *Mind and the Brain*, 201.

〔插敘〕 大腦自我思考時在想什麼

1. 亞里士多德《論動物部分》之英譯，可參考 William Ogle 的英譯版本。

2. Robert L. Martensen, *The Brain Takes Shape: An Early History* (NewYork: Oxford University Press, 2004), 50.

3. Ren*The World and Other Writings*, ed. Stephen Gaukroger (Cambridge: Cambridge University Press, 1998), 106-40.

4. Martensen, *Brain Takes Shape,* 66.

第三章　思考的工具

1. Vincent Virga and the Library of Congress, *Cartographia* (New York: Little, Brown, 2007), 5.

2. 同上。

3. Arthur H. Robinson, *Early Thematic Mapping in the History of Cartography* (Chicago: University of Chicago Press, 1982), 1.

4. Jacques Le Goff, *Time, Work, and Culture in the Middle Ages* (Chicago: University of Chicago Press, 1980), 44.

5. David S. Landes, *Revolution in Time: Clocks and the Making of the Modern World* (Cambridge, MA: Harvard University Press, 2000), 76.

6. Lynn White Jr., *Medieval Technology and Social Change* (New York: Oxford University Press, 1964), 124.

7. Landes, *Revolution in Time*, 92-93.

8. Lewis Mumford, *Technics and Civilization* (New York: Harcourt Brace, 1963), 15. 著名的資訊科學家希利斯指出，「電腦以機械化的方式執行既定的程序，因此直承時鐘的技術。」W. Daniel Hillis, "The Clock," in *The Greatest Inventions of the Past 2,000 Years*, ed. John Brockman (New York: Simon & Schuster, 2000), 141.

9. Karl Marx, *The Poverty of Philosophy* (New York: Cosimo, 2008), 119.

10. Ralph Waldo Emerson, "Ode, Inscribed to W. H. Channing," in *Collected Poems and Translations* (New York: Library of America, 1994), 63.

11. Marshall McLuhan, *Understanding Media: The Extensions of Man*, critical ed., ed. W. Terrence Gordon (Corte Madera, CA: Gingko, 2003), 68；近年再度有人提及此一觀點，見 Kevin Kelly, "Humans Are the Sex Organs of Technology," *The Technium* blog, February 16, 2007, www.kk.org/thetechnium/archives/2007/02/humans_are_the.php。

12. James W. Carey, *Communication as Culture: Essays on Media and Society* (New York: Routledge, 2008), 107.

13. Langdon Winner, "Technologies as Forms of Life," in *Readings in the Philosophy of Technology*, ed. David M. Kaplan (Lanham, MD: Rowman & Littlefield, 2004), 105.

14. Ralph Waldo Emerson, "Intellect," in *Emerson: Essays and Lectures* (New York: Library of America, 1983), 417.

15. Maryanne Wolf, *Proust and the Squid: The Story and Science of the Reading Brain* (New York: Harper, 2007), 217.

16. H. G. Wells, *World Brain* (New York: Doubleday, Doran, 1938), vii.

17. Ren*The Philosophical Writings of Descartes*, vol. 3, *The Correspondence* (Cambridge: Cambridge University Press, 1991), 304.

18. Walter J. Ong, *Orality and Literacy* (New York: Routledge, 2002), 82.

19. F. Ostrosky-Sol*International Journal of Psychology*, 39, no. 1 (2004): 27-35.

20. Wolf, *Proust and the Squid*, 36.

21. E. Paulesu, J.-F. D*Science*, 291 (March 16, 2001): 2165-67；另見 Maggie Jackson, *Distracted: The Erosion of Attention and the Coming Dark Age* (Amherst, NY: Prometheus, 2008), 168-69。

22. Wolf, *Proust and the Squid*, 29.

23. 同上，34。

24. 同上，60-65。

25. 〈斐德若篇〉之英譯，可參考 Reginald Hackforth 和 Benjamin Jowett 的通行版本。

26. Eric A. Havelock, *Preface to Plato* (Cambridge, MA: Harvard University Press, 1963), 41.

27. Ong, *Orality and Literacy*, 80.

28. Ong, *Orality and Literacy*, 33.

29. 同上，34。

30. Eric A. Havelock, *The Muse Learns to Write: Reflections on Orality and Literacy from Antiquity to the Present* (New Haven, CT: Yale University Press, 1986), 74.

31. McLuhan, *Understanding Media*, 112-13.

32. 同上，120。

33. Ong, *Orality and Literacy*, 14-15.

34. 同上，82。

第四章　逐漸加深的頁面

1. Saint Augustine, *Confessions*, trans. R. S. Pine-Coffin (London: Penguin, 1961), 114.

2. Paul Saenger, *Space between Words: The Origins of Silent Reading* (Palo Alto, CA: Stanford University Press, 1997), 14.

3. 同上，7。

4. 同上，11。

5. 同上，15。

6. Maryanne Wolf, *Proust and the Squid: The Story and Science of the Reading Brain* (New York: Harper, 2007), 142-46.

7. Saenger, *Space between Words*, 13.

8. Charles E. Connor, Howard E. Egeth, and Steven Yantis, "Visual Attention: Bottom-Up versus Top-Down," *Cognitive Biology*, 14 (October 5, 2004): 850-52.

9. Maya Pines, "Sensing Change in the Environment," in *Seeing, Hearing, and Smelling in the World: A Report from the Howard Hughes Medical Institute*, February 1995, www.hhmi.org/senses/a120.html.

10. 大腦若要對注意力保持由上而下的掌控能力，前額葉皮質的神經元必須以固定順序啟動。麻省理工學院神經科學家戴西蒙說：「你的前額葉必須花費很大的力氣，才能強迫你不去處理〔讓人分心的〕強烈信號。」見 John Tierney, "Ear Plugs to Lasers: The Science of Concen-tration," *New York Times*, May 5, 2009.

11. Vaughan Bell, "The Myth of the Concentration Oasis," *Mind Hacks* blog, February 11, 2009, www.mindhacks.com/blog/2009/02/the_myth_of_ the_conc.html.

12. 引述自 Alberto Manguel, *A History of Reading* (NewYork: Viking,

1996), 49。早期基督徒會以一種稱為「誦讀聖言」的方式閱讀聖經；深度冥思的閱讀方式被視為一種接近聖靈的方法。

13. Saenger, *Space between Words*, 249-50.

14. 同上，258。翁格指出，出版業的發展愈來愈精細後，編審的工作也更為顯著：「印刷出版一部作品，除了作者的參與外，還需要許多人投入其中，包括出版商、經紀人、審稿人、文字編輯等等。在這些人仔細審視的前後，作家經常也必須花費很大的心思來修改，此間所需的功夫是在手抄本文化中幾乎看不到的。」Ong, *Orality and Literacy* (New York: Routledge, 2002), 122。

15. Saenger, *Space between Words*, 259-60.

16. Christopher de Hamel, "Putting a Price on It," introduction to Michael Olmert, *The Smithsonian Book of Books* (Washington, DC: Smithsonian Books, 1992), 10.

17. James Carroll, "Silent Reading in Public Life," *Boston Globe*, February12, 2007.

18. 古騰堡不是第一個發明活字印刷的人。大約在西元一〇五〇年前後，中國北宋的畢昇開始在膠泥片上刻字，之後再以手工拓印的方式印出頁面，拓印的手法與雕版印刷類似。由於中國當時並未發明可以大量印刷的機械（可能因為中文大量的文字符號造成困難），畢昇的發明未見廣泛使用。見 Olmert, *Smithsonian Book of Books*, 65。

19. Frederick G. Kilgour, *The Evolution of the Book* (New York: Oxford University Press, 1998), 84-93.

20. Francis Bacon, *The New Organon*, ed. Lisa Jardine and Michael Silverthorne (Cambridge: Cambridge University Press, 2000), 100.

21. Elizabeth L. Eisenstein, *The Printing Press as an Agent of*

Change, one-volume paperback ed. (Cambridge: Cambridge University Press, 1980), 46.

22. Michael Clapham, "Printing," in *A History of Technology*, vol. 3, *From the Renaissance to the Industrial Revolution, c. 1500-c. 1750*, ed. Charles Singer et al. (London: Oxford University Press, 1957), 37.

23. Eisenstein, *Printing Press as an Agent of Change*, 50.

24. 同上，49。

25. Fran*Gargantua and Pantagruel*, trans. Sir Thomas Urquhart and Pierre Le Motteux (New York: Barnes & Noble, 2005), 161.

26. Eisenstein, *Printing Press as an Agent of Change*, 72.

27. 引述自 Joad Raymond, *The Invention of the Newspaper: English Newsbooks, 1641-1649* (Oxford: Oxford University Press, 2005), 187。

28. 見 Olmert, *Smithsonian Book of Books*, 301。

29. Eisenstein, *Printing Press as an Agent of Change*, 130.

30. 愛森絲坦寫道：「出版事業發展出來後，對聽眾大聲朗誦的作法不僅仍然持續，甚至還因為大量文本湧入市面，讓朗讀更為發達。」Elizabeth L. Eisenstein, *The Printing Revolution in Early Modern Europe,* 2nd ed. (New York: Cambridge University Press, 2005), 328.

31. J. Z. Young, *Doubt and Certainty in Science: A Biologist's Reflections on the Brain* (London: Oxford University Press, 1951), 101.

32. 書籍也帶來新的工具，讓人類用來組織和傳達資訊。一如顧迪所言，書籍愈益普遍之時，列表、表格、配方、製作流程等也更為普及。這類文字工具使得我們的思想更有深度，讓我們有愈來愈精細的方法來分類和解釋各種現象。顧迪寫

道：「我們不需要對書本內容有多深入的想法，就能發現書寫行為讓人與人之間的溝通產生多大的變革，不只是在機械運作層面上，更是在認知層面上改變了我們能用大腦做什麼，以及大腦能對我們做什麼。」Goody, *The Domestication of the Savage Mind* (Cambridge: Cambridge University Press, 1977), 160.

33. 達頓指出，這個完全民主、注重個人能力的「讀書人共和國」只是一個不可能完全實現的夢想，但這個理想造成一股強大的動力，塑造了人類對於自身和文化的想像。Robert Darnton, "Google and the Future of Books," *New York Review of Books*, February 12, 2009.

34. David M. Levy, *Scrolling Forward: Making Sense of Documents in the Digital Age* (New York: Arcade, 2001), 104；粗體字引自原文。

35. Nicole K. Speer, Jeremy R. Reynolds, Khena M. Swallow, and Jeffrey M. Zacks, "Reading Stories Activates Neural Representations of Visual and Motor Experiences," *Psychological Science*, 20, no. 8 (2009): 989-99. Gerry Everding, "Readers Build Vivid Mental Simulations of Narrative Situations, Brain Scans Suggest," Washington University (St. Louis) Web site, January 26, 2009, http://news-info.wustl.edu/tips/page/normal/13325.html.

36. Ralph Waldo Emerson, "Thoughts on Modern Literature," *Dial*, October 1840.

37. Ong, *Orality and Literacy*, 8.

38. Eisenstein, *Printing Press as an Agent of Change*, 152.

39. Wolf, *Proust and the Squid*, 217-18.

40. 有些人認為，網路上的通訊通常簡短、不正式，又像交談，因此會把我們帶回以口述為主的文化。但是，有很多因素讓

這種假設無法成真，當中最重要的就是溝通過程不是面對面
的，而是透過科技來中介，與口述文化不同。數位訊息是不
具實體的。翁格寫道：「口說的語句不像書寫的字句，不會
只存在於單純的語文脈絡裡。口語一定是修正某個整體存在
的情境，因此一定會牽涉身體。發聲以外的身體行為並非偶
然或刻意形成的，而是自然流露，甚至是無可避免的。」
Ong, *Orality and Literacy*, 67-68.

41. 同上，80.

〔插敘〕 佛萊斯和他的神奇球型管

1. Public Broadcasting System, "A Science Odyssey: People and
   Discoveries: Lee de Forest," undated, www.pbs.org/wgbh/aso/
   databank/entries/btfore.html；佛萊斯早年生平和成就，參
   見 Hugh G. J. Aitken, *The Continuous Wave: Technology and
   American Radio, 1900-1932* (Princeton, NJ: Princeton University
   Press, 1985), 162-249。佛萊斯自述其生平，見 *Father of the
   Radio: The Autobiography of Lee de Forest* (Chicago: Wilcox &
   Follett, 1950).

2. Aitken, *Continuous Wave*, 217.

3. Lee de Forest, "Dawn of the Electronic Age," *Popular Mechanics*,
   January 1952.

第五章　就本質而言最為通用的媒體

1. Andrew Hodges, "Alan Turing," in *The Stanford Encyclopedia
   of Philosophy*, Fall 2008 ed., ed. Edward N. Zalta, http://plato.
   stanford.edu/archives/fall2008/entries/turing.

2. Alan Turing, "On Computable Numbers, with an Application
   to the Entscheidungsproblem," *Proceedings of the London*

Mathematical Society, 42, no. 1 (1937): 230-65.

3. Alan Turing, "Computing Machinery and Intelligence," *Mind*, 59 (October 1950): 433-60.

4. George B. Dyson, *Darwin among the Machines: The Evolution of Global Intelligence* (New York: Addison-Wesley, 1997), 40.

5. Nicholas G. Carr, *Does IT Matter?* (Boston: Harvard Business School Press, 2004), 79.

6. K. G. Coffman and A. M. Odlyzko, "Growth of the Internet," AT&T Labs monograph, July 6, 2001, www.dtc.umn. edu/%7Eodlyzko/doc/oft.internet.growth.pdf.

7. Forrester Research, "Consumers' Behavior Online: A 2007 Deep Dive," April 18, 2008, www.forrester.com/Research/ Document/0,7211,45266,00.html.

8. Forrester Research, "Consumer Behavior Online: A 2009 Deep Dive," July 27, 2009, www.forrester.com/Research/ Document/0,7211,54327,00.html.

9. Nielsen Company, "Time Spent Online among Kids Increases 63 Percent in the Last Five Years, According to Nielsen," media alert, July 6, 2009, www.nielsen-online.com/pr/pr_090706.pdf.

10. Forrester Research, "A Deep Dive into European Consumers' Online Behavior, 2009," August 13, 2009, www.forrester.com/ Research/Document/0,7211,54524,00.html.

11. TNS Global, "Digital World, Digital Life," December 2008, www. tnsglobal.com/_assets/files/TNS_Market_Research_Digital_ World_Digital_Life.pdf.

12. Nielsen Company, "Texting Now More Popular than Calling," news release, September 22, 2008, www.nielsenmobile.com/ html/press%20 releases/TextsVersusCalls.html; Eric Zeman,

"U.S. Teens Sent 2,272 Text Messages per Month in 4Q08," *Over the Air* blog (*Information Week*), May 26, 2009, www. informationweek.com/blog/main/archives/2009/05/us_teens_ sent_2.html.

13. Steven Cherry, "thx 4 the revnu," *IEEE Spectrum*, October 2008.

14. Sara Rimer, "Play with Your Food, Just Don't Text!" *New York Times*, May 26, 2009.

15. Nielsen Company, "A2/M2 Three Screen Report: 1st Quarter 2009," May 20, 2009, http://blog.nielsen.com/nielsenwire/wp-content/uploads/2009/05/nielsen_threescreenreport_q109.pdf.

16. Forrester Research, "How European Teens Consume Media," December 4, 2009, www.forrester.com/rb/Research/how_ european_teens_consume _media/q/id/53763/t/2.

17. Heidi Dawley, "Time-wise, Internet Is Now TV's Equal," *Media Life*, February 1, 2006.

18. Council for Research Excellence, "The Video Consumer Mapping Study," March 26, 2009, www.researchexcellence.com/vcm_ overview.pdf.

19. Bureau of Labor Statistics, "American Time Use Survey," 2004-2008, www.bls.gov/tus/.

20. Noreen O'Leary, "Welcome to My World," *Adweek*, November 17, 2008.

21. Marshall McLuhan, *Understanding Media: The Extensions of Man*, critical ed., ed. W. Terrence Gordon (Corte Madera, CA: Gingko, 2003), 237.

22. Anne Mangen, "Hypertext Fiction Reading: Haptics and Immersion," *Journal of Research in Reading*, 31, no. 4 (2008): 404-19.

23. Cory Doctorow, "Writing in the Age of Distraction," *Locus*, January 2009.

24. Ben Sisario, "Music Sales Fell in 2008, but Climbed on the Web," *New York Times,* December 31, 2008.

25. Ronald Grover, "Hollywood Is Worried as DVD Sales Slow," *BusinessWeek*, February 19, 2009; Richard Corliss, "Why Netflix Stinks," *Time*, August 10, 2009.

26. Chrystal Szeto, "U.S. Greeting Cards and Postcards," Pitney Bowes Background Paper No. 20, November 21, 2005, www. postinsight.com/files/Nov21_GreetingCards_Final.pdf.

27. Brigid Schulte, "So Long, Snail Shells," *Washington Post*, July 25, 2009.

28. Scott Jaschik, "Farewell to the Printed Monograph," *Inside Higher Ed*, March 23, 2009, www.insidehighered.com/news/2009/03/23/ Michigan.

29. Arnold Schwarzenegger, "Digital Textbooks Can Save Money, Improve Learning," *Mercury News*, June 7, 2009.

30. Tim Arango, "Fall in Newspaper Sales Accelerates to Pass 7%," *New York Times*, April 27, 2009.

31. David Cook, "Monitor Shifts from Print to Web-Based Strategy," *Christian Science Monitor*, October 28, 2008.

32. Tom Hall, "'We Will Never Launch Another Paper,'" *PrintWeek*, February 20, 2009, www.printweek.com/news/881913/We-will-launch-paper.

33. Tyler Cowen, *Create Your Own Economy* (New York: Dutton, 2009), 43.

34. Michael Scherer, "Does Size Matter?," *Columbia Journalism Review*, November/December 2002.

35. 引述自 Carl R. Ramey, *Mass Media Unleashed* (Lanham, MD: Rowman & Littlefield, 2007), 123。

36. Jack Shafer, "The *Times'* New Welcome Mat," *Slate*, April 1, 2008, www.slate.com/id/2187884.

37. Kathleen Deveny, "Reinventing Newsweek," *Newsweek*, May 18, 2009.

38. Carl DiOrio, "Warners Teams with Facebook for 'Watchmen,'" *Hollywood Reporter*, May 11, 2009, www.hollywoodreporter. com/hr/content_display/ news/e3i4b5caa365ad73b3a32b7e201b5e ae9c0.

39. Sarah McBride, "The Way We'll Watch," *Wall Street Journal*, December 8, 2008.

40. Dave Itzkoff, "A Different Tweet in Beethoven's 'Pastoral,'" *New York Times*, July 24, 2009.

41. Stephanie Clifford, "Texting at a Symphony? Yes, but Only to Select an Encore," *New York Times*, May 15, 2009.

42. 美國密西根州傑克遜市的西風社區教會有約九百名信眾,該教會是在禮拜裡結合社群網路的先驅。布道時,信眾可以用推特發表訊息,訊息會顯示在大型螢幕上。根據《時代雜誌》一篇文章的描述,二〇〇九年有一次禮拜裡有人傳了以下的訊息:「我身陷在一切事物中很難認識神。」Bonnie Rochman, "Twittering in Church," *Time*, June 1, 2009.

43. Chrystia Freeland, "View from the Top: Eric Schmidt of Google," *Financial Times*, May 21, 2009.

44. John Carlo Bertot, Charles R. McClure, Carla B. Wright, et al., "Public Libraries and the Internet 2008: Study Results and Findings," Information Institute of the Florida State University College of Information, 2008; American Library Association,

"Libraries Connect Communities: Public Library Funding & Technology Access Study 2008-2009," September 25, 2009, www.ala.org/ala/research/initiatives/plftas/2008_2009/librariesconnectcommunities3.pdf.

45. Scott Corwin, Elisabeth Hartley, and Harry Hawkes, "The Library Rebooted," *Strategy & Business*, Spring 2009.

第六章　書籍本身的形象

1. Ting-i Tsai and Geoffrey A. Fowler, "Race Heats Up to Supply E-Reader Screens," *Wall Street Journal*, December 29, 2009.

2. Motoko Rich, "Steal This Book (for$9.99)," *New York Times*, May16, 2009; Brad Stone, "Best Buy and Verizon Jump into E-Reader Fray," *New York Times*, September 22, 2009; Brad Stone and Motoko Rich, "Turning Page, E-Books Start to Take Hold," *New York Times*, December 23, 2008.

3. Jacob Weisberg, "Curling Up with a Good Screen," *Newsweek*, March 30, 2009；粗體字引自原文。

4. Charles McGrath, "By-the-Book Reader Meets the Kindle," *New York Times*, May 29, 2009.

5. L. Gordon Crovitz, "The Digital Future of Books," *Wall Street Journal*, May 19, 2008.

6. Debbie Stier, "Are We Having the Wrong Conversation about EBook Pricing?," HarperStudio blog, February 26, 2009, http://theharperstudio.com/2009/02/are-we-having-the-wrong-conversation-about-ebook-pricing.

7. Steven Johnson, "How the E-Book Will Change the Way We Read and Write," *Wall Street Journal*, April 20, 2009.

8. Christine Rosen, "People of the Screen," *New Atlantis*, Fall 2008.

9. David A. Bell, "The Bookless Future: What the Internet Is Doing to Scholarship," *New Republic*, May 2, 2005.

10. John Updike, "The End of Authorship," *New York Times Sunday Book Review*, June 25, 2006.

11. Norimitsu Onishi, "Thumbs Race as Japan's Best Sellers Go Cellular," *New York Times*, January 20, 2008；另見 Dana Goodyear, "I ♥ Novels," *New Yorker*, December 22, 2008.

12. Tim O'Reilly, "Reinventing the Book in the Age of the Web," *O'Reilly Radar* blog, April 29, 2009, http://radar.oreilly. com/2009/04/reinventing-the-book-age-of-web.html.

13. Motoko Rich, "Curling Up with Hybrid Books, Videos Included," *NewYork Times*, September 30, 2009.

14. Johnson, "How the E-Book Will Change."

15. Andrew Richard Albanese, "Q&A: The Social Life of Books," *Library Journal*, May 15, 2006.

16. Kevin Kelly, "Scan this Book!" *New York Times Magazine*, May 14, 2006.

17. Caleb Crain, "How Is the Internet Changing Literary Style?," *Steamboats Are Ruining Everything* blog, June 17, 2008, www. steamthing.com/2008/06/how-is-the-inte.html.

18. 有些 Kindle 使用者在二○○九年七月十七日突然感受到電子文本有多麼易逝：這些使用者曾經在亞馬遜網站上購買喬治‧奧威爾的《一九八四》或《動物農莊》，那天早上卻突然發現這兩本書從 Kindle 上面消失了。亞馬遜發現網站上販售的是未經授權的數位版本，因此把這兩本書從顧客的 Kindle 上刪除掉。

19. 到目前為止，數位媒體對語言的影響，大多集中在青少年傳送簡訊和即時訊息時常用的縮寫和表情符號。不過，這類行

為應該只是俚俗語演進裡另一個無害的小插曲。大人應該要
更當心他們自己的寫作能力受到影響：使用的字彙是否變少
了，或是用愈來愈多的老套說法？語法是不是漸趨制式化、
無彈性？在判斷網路對語言廣度和表現能力造成的影響時，
這些才是真正要緊的問題。

20. Wendy Griswold, Terry McDonnell, and Nathan Wright, "Reading and the Reading Class in the Twenty-First Century," *Annual Review of Sociology*, 31 (2005): 127-41；另見 Caleb Crain, "Twilight of the Books," *New Yorker*, December 24, 2007。

21. Steven Levy, "The Future of Reading," *Newsweek*, November 26, 2007.

22. Alphonse de Lamartine, *Ouvres Diverses* (Brussels: Louis Hauman, 1836), 106-7.

23. Philip G. Hubert, "The New Talking Machines," *Atlantic Monthly*, February 1889.

24. Edward Bellamy, "With the Eyes Shut," *Harper's*, October 1889.

25. Octave Uzanne, "The End of Books," *Scribner's Magazine*, August 1894.

26. George Steiner, "Ex Libris," *New Yorker*, March 17, 1997.

27. Mark Federman, "Why Johnny and Janey Can't Read, and Why Mr. and Mrs. Smith Can't Teach: The Challenge of Multiple Media Literacies in a Tumultuous Time," undated, http://individual. utoronto.ca/markfederman/WhyJohnnyandJaneyCantRead.pdf.

28. Clay Shirky, "Why Abundance Is Good: A Reply to Nick Carr," *Encyclopaedia Britannica Blog*, July 17, 2008, www.britannica. com/blogs/2008/07/why-abundance-is-good-a-reply-to-nick-carr.

29. Alberto Manguel, *The Library at Night* (New Haven, CT: Yale University Press, 2008), 218.

30. David M. Levy, *Scrolling Forward: Making Sense of Documents in the Digital Age* (New York: Arcade, 2001), 101-2.

第七章　雜耍的大腦

1. Katie Hafner, "Texting May Be Taking a Toll," *New York Times*, May 25, 2009.

2. Torkel Klingberg, *The Overflowing Brain: Information Overload and the Limits of Working Memory*, trans. Neil Betteridge (Oxford: Oxford University Press, 2009), 166-67.

3. Ap Dijksterhuis, "Think Different: The Merits of Unconscious Thought in Preference Development and Decision Making," *Journal of Personality and Social Psychology*, 87, no. 5 (2004): 586-98.

4. Marten W. Bos, Ap Dijksterhuis, and Rick B. van Baaren, "On the Goal-Dependency of Unconscious Thought," *Journal of Experimental Social Psychology*, 44 (2008): 1114-20.

5. Stefanie Olsen, "Are We Getting Smarter or Dumber?," CNET News, September 21, 2005, http://news.cnet.com/Are-we-getting-smarter-or-dumber/2008-1008_3-5875404.html.

6. Michael Merzenich, "Going Googly," *On the Brain* blog, August 11, 2008, http://merzenich.positscience.com/?p=177.

7. Gary Small and Gigi Vorgan, *iBrain: Surviving the Technological Alteration of the Modern Mind* (New York: Collins, 2008), 1.

8. G. W. Small, T. D. Moody, P. Siddarth, and S. Y. Bookheimer, "Your Brain on Google: Patterns of Cerebral Activation during Internet Searching," *American Journal of Geriatric Psychiatry*, 17, no. 2 (February 2009): 116-26；另見 Rachel Champeau, "UCLA Study Finds That Searching the Internet Increases Brain

Function," UCLA Newsroom, October 14, 2008, http://newsroom. ucla.edu/portal/ucla/ucla-study-finds-that-searching-64348.aspx。

9. Small and Vorgan, *iBrain,* 16-17.

10. 作者於二〇〇八年三月二十八日訪問沃夫之談話內容。

11. Steven Johnson, *Everything Bad Is Good for You: How Today's Popular Culture Is Actually Making Us Smarter* (New York: Riverhead Books, 2005), 19.

12. John Sweller, *Instructional Design in Technical Areas* (Camberwell, Australia: Australian Council for Educational Research, 1999), 4.

13. 同上，7。

14. 同上。

15. 同上，11。

16. 同上，4-5。關於當今對於工作記憶之限制的看法，可參考 Nelson Cowan, *Working Memory Capacity* (New York: Psychology Press, 2005).

17. Klingberg, *Overflowing Brain*, 39 and 72-75.

18. Sweller, *Instructional Design*, 22.

19. George Landow and Paul Delany, "Hypertext, Hypermedia and Literary Studies: The State of the Art," in *Multimedia: From Wagner to Virtual Reality*, ed. Randall Packer and Ken Jordan (New York: Norton, 2001), 206-16.

20. Jean-Francois Rouet and Jarmo J. Levonen, "Studying and Learning with Hypertext: Empirical Studies and Their Implications," in *Hypertext and Cognition*, ed. Jean-Francois Rouet, Jarmo J. Levonen, Andrew Dillon, and Rand J. Spiro (Mahwah, NJ: Erlbaum, 1996), 16-20.

21. David S. Miall and Teresa Dobson, "Reading Hypertext and the

Experience of Literature," *Journal of Digital Information*, 2, no. 1 (August 13, 2001).

22. D. S. Niederhauser, R. E. Reynolds, D. J. Salmen, and P. Skolmoski, "The Influence of Cognitive Load on Learning from Hypertext," *Journal of Educational Computing Research*, 23, no. 3 (2000): 237-55.

23. Erping Zhu, "Hypermedia Interface Design: The Effects of Number of Links and Granularity of Nodes," *Journal of Educational Multimedia and Hypermedia*, 8, no. 3 (1999): 331-58.

24. Diana DeStefano and Jo-Anne LeFevre, "Cognitive Load in Hypertext Reading: A Review," *Computers in Human Behavior*, 23, no. 3 (May 2007): 1616-41；本篇論文最初於二〇〇五年九月三十日在線上發表。

25. Steven C. Rockwell and Loy A. Singleton, "The Effect of the Modality of Presentation of Streaming Multimedia on Information Acquisition," *Media Psychology*, 9 (2007): 179-91.

26. Helene Hembrooke and Geri Gay, "The Laptop and the Lecture: The Effects of Multitasking in Learning Environments," *Journal of Computing in Higher Education*, 15, no. 1 (September 2003): 46-64.

27. Lori Bergen, Tom Grimes, and Deborah Potter, "How Attention Partitions Itself during Simultaneous Message Presentations," *Human Communication Research*, 31, no. 3 (July 2005): 311-36.

28. Sweller, *Instructional Design*, 137-47.

29. K. Renaud, J. Ramsay, and M. Hair, "'You've Got Email!' Shall I Deal with It Now?," *International Journal of Human-Computer Interaction*, 21, no. 3 (2006): 313-32.

30. 比方說，見 J. Gregory Trafton and Christopher A. Monk, "Task Interruptions," *Reviews of Human Factors and Ergonomics*, 3 (2008): 111-26。研究人員相信，被打斷的頻率過高，會造成認知過載，進而妨礙記憶形成。

31. Maggie Jackson, *Distracted: The Erosion of Attention and the Coming Dark Age* (Amherst, NY: Prometheus, 2008), 79.

32. Karin Foerde, Barbara J. Knowlton, and Russell A. Poldrack, "Modulation of Competing Memory Systems by Distraction," *Proceedings of the National Academy of Sciences*, 103, no. 31 (August 1, 2006): 11778-83; and "Multi-Tasking Adversely Affects Brain's Learning," University of California press release, July 7, 2005.

33. Christopher F. Chabris, "You Have Too Much Mail," *Wall Street Journal*, December 15, 2008；粗體字引自原文。

34. Sav Shrestha and Kelsi Lenz, "Eye Gaze Patterns While Searching vs. Browsing a Website," *Usability News,* 9, no. 1 (January 2007), www.surl.org/usabilitynews/91/eyegaze.asp.

35. Jakob Nielsen, "F-Shaped Pattern for Reading Web Content," *Alertbox*, April 17, 2006, www.useit.com/alertbox/reading_pattern.html.

36. Jakob Nielsen, "How Little Do Users Read?," *Alertbox*, May 6, 2008, www.useit.com/alertbox/percent-text-read.html.

37. Harald Weinreich, Hartmut Obendorf, Eelco Herder, and Matthias Mayer, "Not Quite the Average: An Empirical Study of Web Use," *ACM Transactions on the Web*, 2, no. 1 (2008).

38. Jakob Nielsen, "How Users Read on the Web," *Alertbox*, October 1,1997, www.useit.com/alertbox/9710a.html.

39. "Puzzling Web Habits across the Globe," *ClickTale* blog, July 31,

2008, www.clicktale.com/2008/07/31/puzzling-web-habits-across-the-globe-part-1/.

40. University College London, "Information Behaviour of the Researcher of the Future," January 11, 2008, www.ucl.ac.uk/slais/research/ciber/downloads/ggexecutive.pdf.

41. Merzenich, "Going Googly."

42. Ziming Liu, "Reading Behavior in the Digital Environment," *Journal of Documentation*, 61, no. 6 (2005): 700-712.

43. Shawn Green and Daphne Bavelier, "Action Video Game Modifies Visual Selective Attention," *Nature*, 423 (May 29, 2003): 534-37.

44. Elizabeth Sillence, Pam Briggs, Peter Richard Harris, and Lesley Fishwick, "How Do Patients Evaluate and Make Use of Online Health Information?," *Social Science and Medicine*, 64, no. 9 (May 2007): 1853-62.

45. Klingberg, *Overflowing Brain*, 115-24.

46. Small and Vorgan, *iBrain*, 21.

47. Sam Anderson, "In Defense of Distraction," *New York*, May 25, 2009.

48. 引述自 Don Tapscott, *Grown Up Digital* (New York:McGraw-Hill, 2009), 108-9。

49. 引述自 Jackson, *Distracted*, 79-80。

50. 引述自 Sharon Begley and Janeen Interlandi, "The Dumbest Generation? Don't Be Dumb," *Newsweek*, June 2, 2008。

51. Lucius Annaeus Seneca, *Letters from a Stoic* (New York: Penguin Classics, 1969), 33.

52. Patricia M. Greenfield, "Technology and Informal Education: What Is Taught, What Is Learned," *Science*, 323, no. 5910 (January 2, 2009): 69-71.

53. Eyal Ophir, Clifford Nass, and Anthony D. Wagner, "Cognitive Control in Media Multitaskers," *Proceedings of the National Academy of Sciences*, August 24, 2009, www.pnas.org/content/early/2009/08/21/0903620106.full.pdf；另見 Adam Gorlick, "Media Multitaskers Pay Mental Price, Stanford Study Shows," *Stanford Report*, August 24, 2009, http://news.stanford.edu/news/2009/august24/multitask-research-study-082409.html.

54. 作者於二〇〇九年九月十一日訪問莫山尼克之談話內容。

55. James Boswell, *The Life of Samuel Johnson, LL. D.* (London: Bell, 1889), 331-32.

〔插敘〕 智力測驗分數的浮動性

1. Don Tapscott, *Grown Up Digital* (New York: McGraw-Hill, 2009), 291.

2. College Board, "PSAT/NMSQT Data & Reports," http://professionals.collegeboard.com/data-reports-research/psat.

3. Naomi S. Baron, *Always On: Language in an Online and Mobile World* (Oxford: Oxford University Press, 2008), 202.

4. David Schneider, "Smart as We Can Get?," *American Scientist*, July-August 2006.

5. James R. Flynn, "Requiem for Nutrition as the Cause of IQ Gains: Raven's Gains in Britain 1938-2008," *Economics and Human Biology*, 7, no. 1 (March 2009): 18-27.

6. 有些讀者可能會覺得弗林的用詞帶有貶意。他解釋道：「我們現在在一個過渡時期，『智障』一詞換成『智能不足』等等，試圖找出比較不那麼負面的字眼。我這裡使用較早的說法，一方面為了讓意思清楚，另一方面也是因為縱觀歷史來看，負面聯想會一直從一個詞語移到另一個上面。」James R.

Flynn, *What Is Intelligence? Beyond the Flynn Effect* (Cambridge: Cambridge University Press, 2007), 9-10。

7. 同上,9。

8. 同上,172-73。

9. "The World Is Getting Smarter," *Intelligent Life*, December 2007;另見 Matt Nipert, "Eureka!" *New Zealand Listener*, October 6-12, 2007。

10. Patricia M. Greenfield, "Technology and Informal Education: What Is Taught, What Is Learned," *Science*, 323, no. 5910 (January 2, 2009): 69-71.

11. Denise Gellene, "IQs Rise, but Are We Brighter?," *Los Angeles Times*, October 27, 2007.

第八章　Google 教會

1. 關於泰勒的生平,見 Robert Kanigel, *One Best Way: Frederick Winslow Taylor and the Enigma of Efficiency* (New York: Viking, 1997).

2. Frederick Winslow Taylor, *The Principles of Scientific Management* (New York: Harper, 1911), 25.

3. 同上,7。

4. Google Inc. Press Day Webcast, May 10, 2006, http://google. client.shareholder.com/Visitors/event/build2/MediaPresentation. cfm?MediaID=20263&Player=1.

5. Marissa Mayer, "Google I/O '08 Keynote," YouTube, June 5, 2008, www.youtube.com/watch?v=6x0cAzQ7PVs.

6. Bala Iyer and Thomas H. Davenport, "Reverse Engineering Google's Innovation Machine," *Harvard Business Review*, April 2008.

7. Anne Aula and Kerry Rodden, "Eye-Tracking Studies: More than Meets the Eye," *Official Google Blog*, February 6, 2009, http://googleblog.blogspot.com/2009/02/eye-tracking-studies-more-than-meets.html.

8. Helen Walters, "Google's Irene Au: On Design Challenges," *BusinessWeek*, March 18, 2009.

9. Mayer, "Google I/O '08 Keynote."

10. Laura M. Holson, "Putting a Bolder Face on Google," *New York Times*, February 28, 2009.

11. Neil Postman, *Technopoly: The Surrender of Culture to Technology* (New York: Vintage, 1993), 51.

12. Ken Auletta, *Googled: The End of the World as We Know It* (New York: Penguin, 2009), 22.

13. Google, "Company Overview," undated, www.google.com/corporate.

14. Kevin J. Delaney and Brooks Barnes, "For Soaring Google, Next Act Won't Be So Easy," *Wall Street Journal*, June 30, 2005.

15. Google, "Technology Overview," undated, www.google.com/corporate/tech.html.

16. Academy of Achievement, "Interview: Larry Page," October 28, 2000, www.achievement.org/autodoc/page/pag0int-1.

17. John Battelle, *The Search: How Google and Its Rivals Rewrote the Rules of Business and Transformed Our Culture* (New York: Portfolio, 2005), 66-67.

18. 同上。

19. 見 Google, "Google Milestones," undated, www.google.com/corporate/history.html。

20. Sergey Brin and Lawrence Page, "The Anatomy of a Large-Scale

Hypertextual Web Search Engine," *Computer Networks*, 30 (April 1, 1998): 107-17.

21. Walters, "Google's Irene Au."

22. Mark Zuckerberg, "Improving Your Ability to Share and Connect," *Facebook* blog, March 4, 2009, http://blog.facebook.com/blog. php?post=57822962130.

23. Saul Hansell, "Google Keeps Tweaking Its Search Engine," *New York Times*, June 3, 2007.

24. Brennon Slattery, "Google Caffeinates Its Search Engine," *PC World*, August 11, 2009, www.pcworld.com/article/169989.

25. Nicholas Carlson, "Google Co-Founder Larry Page Has Twitter-Envy," *Silicon Alley Insider*, May 19, 2009, www.businessinsider. com/google-cofounder-larry-page-has-twitter-envy-2009-5.

26. Kit Eaton, "Developers Start toSurf Google Wave, and Love It," *Fast Company*, July 21, 2009, www.fastcompany.com/blog/kit-eaton/technomix/developers-start-surf-google-wave-and-love-it.

27. Doug Caverly, "New Report Slashes YouTube Loss Estimate by $300M," *WebProNews*, June 17, 2009, www.webpronews.com/ topnews/2009/06/17/new-report-slashes-youtube-loss-estimate-by-300m.

28. Richard MacManus, "Store 100%-Google's Golden Copy," *ReadWriteWeb*, March 5, 2006, www.readwriteweb.com/archives/ store_100_googl.php.

29. Jeffrey Toobin, "Google's Moon Shot," *New Yorker*, February 5, 2007.

30. Jen Grant, "Judging Book Search by Its Cover," *Official Google Blog*, November 17, 2005, http://googleblog.blogspot. com/2005/11/judging-book-search-by-its-cover.html.

31. 見美國專利第 7,508,978 號。

32. Google, "History of Google Books," undated, http://books.google.com/googlebooks/history.html.

33. Authors Guild, "Authors Guild Sues Google, Citing 'Massive Copyright Infringement,'" press release, September 20, 2005.

34. Eric Schmidt, "Books of Revelation," *Wall Street Journal*, October 18, 2005.

35. U.S. District Court, Southern District of New York, "Settlement Agreement: The Authors Guild, Inc., Association of American Publishers, Inc., et al., Plaintiffs, v. Google Inc., Defendant," Case No. 05 CV 8136-JES, October 28, 2008.

36. American Library Association, "Library Association Comments on the Proposed Settlement," filing with the U.S. District Court, Southern District of New York, Case No. 05 CV 8136-DC, May 4, 2009.

37. Robert Darnton, "Google and the Future of Books," *New York Review of Books*, February 12, 2009.

38. Richard Koman, "Google, Books and the Nature of Evil," *ZDNet Government* blog, April 30, 2009, http://government.zdnet.com/?p=4725.

39. 美國麻薩諸塞州一間著名的預備學校可能預示了未來圖書館的樣貌。庫興學院於二〇〇九年宣布，校方會把圖書館的書全部清掉，改放桌上型電腦、平面電視，和數十台 Kindle 和其他電子書閱讀器。校長崔西宣稱這座無書圖書館是「二十一世紀學校的典範」。David Abel, "Welcome to the Library. Say Goodbye to the Books," *Boston Globe*, September 4, 2009.

40. Alexandra Alter, "The Next Age of Discovery," *Wall Street Journal*, May 8, 2009.

41. Adam Mathes, "Collect, Share, and Discover Books," *Official Google Blog*, September 6, 2007, http://googleblog.blogspot. com/2007/09/collect-share-and-discover-books.html.

42. Manas Tungare, "Share and Enjoy," *Inside Google Books* blog, September 6, 2007, http://booksearch.blogspot.com/2007/08/ share-and-enjoy.html.

43. Bill Schilit and Okan Kolak, "Dive in to the Meme Pool with Google Book Search," *Inside Google Books* blog, September 6, 2007, http://booksearch.blogspot.com/2007/09/dive-into-meme-pool-with-google-book.html; and Diego Puppin, "Explore a Book in 10 Seconds," *Inside Google Books* blog, July 1, 2009, http:// booksearch.blogspot.com/2009/06/explore-book-in-10-seconds. html.

44. 霍桑筆記的選段引述自 Julian Hawthorne, *Nathaniel Hawthorne and His Wife: A Biography*, vol. 1 (Boston: James R. Osgood, 1885), 498-503.

45. Leo Marx, *The Machine in the Garden: Technology and the Pastoral Ideal in America* (New York: Oxford University Press, 2000), 28-29.

46. 引述自 Will Durant and Ariel Durant, *The Age of Reason Begins* (New York: Simon & Schuster, 1961), 65.

47. Vannevar Bush, "As We May Think," *Atlantic Monthly*, July 1945.

48. David M. Levy, "To Grow in Wisdom: Vannevar Bush, Information Overload, and the Life of Leisure," *Proceedings of the 5th ACM/IEEE-CS Joint Conference on Digital Libraries,* 2005, 281-86.

49. 同上。

50. Ralph Waldo Emerson, "Books," *Atlantic Monthly*, January 1858.

51. Larry Page, keynote address before AAAS Annual Conference, San Francisco, February 16, 2007, http://news.cnet.com/1606-2_3-6160334.html.

52. Academy of Achievement, "Interview: Larry Page."

53. Rachael Hanley, "From Googol to Google: Co-founder Returns," *Stanford Daily*, February 12, 2003.

54. Academy of Achievement, "Interview: Larry Page."

55. Steven Levy, "All Eyes on Google," *Newsweek*, April 12, 2004.

56. Spencer Michaels, "The Search Engine That Could," *NewsHour with Jim Lehrer*, November 29, 2002.

57. 見 Richard MacManus, "Full Text of Google Analyst Day Powerpoint Notes," *Web 2.0 Explorer* blog, March 7, 2006, http://blogs.zdnet.com/web2explorer/?p=132.

58. 引述自 Jean-Pierre Dupuy, *On the Origins of Cognitive Science: The Mechanization of the Mind* (Cam-bridge, MA: MIT Press, 2009), xiv.

59. George B. Dyson, *Darwin among the Machines: The Evolution of Global Intelligence* (Reading, MA: Addison-Wesley, 1997), 10.

60. George Dyson, "Turing's Cathedral," *Edge*, October 24, 2005, www.edge.org/3rd_culture/dyson05/dyson_05index.html.

61. Greg Jarboe, "A 'Fireside Chat' with Google's Sergey Brin," *Search Engine Watch*, October 16, 2003, http://searchenginewatch.com/3081081.

62. 見 Pamela McCorduck, *Machines Who Think: A Personal Inquiry into the History and Prospects of Artificial Intelligence* (Natick, MA: Peters, 2004), 111.

63. Lewis Mumford, *The Myth of the Machine: Technics and Human Development* (New York: Harcourt Brace Jovanovitch, 1967), 29.

64. David G. Stork, ed., *HAL's Legacy:* 2001's *Computer as Dream and Reality* (Cambridge, MA: MIT Press, 1996), 165-66.

65. John von Neumann, *The Computer and the Brain*, 2nd ed. (New Haven, CT: Yale University Press, 2000), 82；粗體字引自原文。

66. Ari N. Schulman, "Why Minds Are Not like Computers," *New Atlantis*, Winter 2009.

第九章　搜尋，記憶

1. 引述自 Alberto Manguel, *A History of Reading* (New York: Viking, 1996), 49。

2. Umberto Eco, "From Internet to Gutenberg," lecture presented at Columbia University's Italian Academy for Advanced Studies in America, November 12, 1996, www.umbertoeco.com/en/from-internet-to-gutenberg-1996. html.

3. 引述自 Ann Moss, *Printed Commonplace-Books and the Structuring of Renaissance Thought* (Oxford: Oxford University Press, 1996), 102-4。

4. Erika Rummel, "Erasmus, Desiderius," in *Philosophy of Education*, ed. J. J. Chambliss (New York: Garland, 1996), 198.

5. 引述自 Moss, *Printed Commonplace-Books*, 12.

6. 摩絲指出：「備忘錄是每位學童最早的學習經驗裡必備的一部分。」 *Printed Commonplace-Books*, viii.

7. Francis Bacon, *The Works of Francis Bacon*, vol. 4, ed. James Spedding, Robert Leslie Ellis, and Douglas Denon Heath (London: Longman, 1858), 435.

8. Naomi S. Baron, *Always On: Language in an Online and Mobile World* (Oxford: Oxford University Press, 2008), 197.

9. Clive Thompson, "Your Outboard Brain Knows All," *Wired*,

October 2007.

10. David Brooks, "The Outsourced Brain," *New York Times*, October 26, 2007.

11. Peter Suderman, "Your Brain Is an Index," *American Scene*, May 10, 2009, www.theamericanscene.com/2009/05/11/your-brain-is-an-index.

12. Alexandra Frean, "Google Generation Has No Need for Rote Learning," *Times* (London), December 2, 2008; and Don Tapscott, *Grown Up Digital* (New York: McGraw-Hill, 2009), 115.

13. Saint Augustine, *Confessions,* trans. Henry Chadwick (New York: Oxford University Press, 1998), 187.

14. William James, *Talks to Teachers on Psychology: And to Students on Some of Life's Ideals* (New York: Holt, 1906), 143.

15. 見 Eric R. Kandel, *In Search of Memory: The Emergence of a New Science of Mind* (New York: Norton, 2006), 208-10。

16. 同上，210-11。

17. Louis B. Flexner, Josefa B. Flexner, and Richard B. Roberts, "Memory in Mice Analyzed with Antibiotics," *Science*, 155 (1967): 1377-83.

18. Kandel, *In Search of Memory*, 221.

19. 同上，214-15。

20. 同上，221。

21. 同上，276。

22. 同上。

23. 同上，132。

24. 亨利‧莫萊森的真實姓名在他二〇〇八年過世後才公開，在此之前，他在科學文獻裡的代稱是 H.M.。

25. 見 Larry R. Squire and Pablo Alvarez, "Retrograde Amnesia and

300

Memory Consolidation: A Neurobiological Perspective," *Current Opinion in Neurobiology*, 5 (1995): 169-77。

26. Daniel J. Siegel, *The Developing Mind* (New York: Guilford, 2001), 37-38.

27. 在一項二〇〇九年進行的研究裡，法國和美國的研究人員發現睡眠時通過海馬迴的短暫強烈波動，會在儲存記憶到皮質的過程裡扮演重要的角色。當研究人員在老鼠的頭腦裡抑止這些波動時，牠們就無法讓長期空間記憶固化。Gabrielle Girardeau, Karim Benchenane, Sidney I. Wiener, et al., "Selective Suppression of Hippocampal Ripples Impairs Spatial Memory," *Nature Neuroscience*, September 13, 2009, www.nature.com/neuro/journal/vaop/ncurrent/abs/nn.2384.html.

28. University of Haifa, "Researchers Identified a Protein Essential in Long Term Memory Consoli-dation," Physorg.com, September 9, 2008, www.physorg.com/news140173258.html.

29. 見 Jonah Lehrer, *Proust Was a Neuroscientist* (New York: Houghton Mifflin, 2007), 84-85。

30. Joseph Le Doux, *Synaptic Self: How Our Brains Become Who We Are* (New York: Penguin, 2002), 161.

31. Nelson Cowan, *Working Memory Capacity* (New York: Psychology Press, 2005), 1.

32. Torkel Klingberg, *The Overflowing Brain: Information Overload and the Limits of Working Memory*, trans. Neil Betteridge (Oxford: Oxford University Press, 2009), 36.

33. Sheila E. Crowell, "The Neurobiology of Declarative Memory," in John H. Schumann, Shelia E. Crowell, Nancy E. Jones, et al., *The Neurobiology of Learning: Perspectives from Second Language Acquisition* (Mahwah, NJ: Erlbaum, 2004), 76.

34. 比 方 說，見 Ray Hembree and Donald J. Dessart, "Effects of Hand-held Calculators in Precollege Mathematics Education: A Meta-analysis," *Journal for Research in Mathematics Education*, 17, no. 2 (1986): 83-99。

35. Kandel, *In Search of Memory*, 210.

36. 引述自 Maggie Jackson, *Distracted: The Erosion of Attention and the Coming Dark Age* (Amherst, NY: Prometheus, 2008), 242.

37. Kandel, *In Search of Memory*, 312-15.

38. David Foster Wallace, *This Is Water: Some Thoughts, Delivered on a Significant Occasion, about Living a Compassionate Life* (New York: Little, Brown, 2009), 54 and 123.

39. 休爾曼與作者二○○九年六月七日通信內容。

40. Lea Winerman, "The Culture of Memory," *Monitoron Psychology*, 36, no. 8 (September 2005): 56.

41. Pascal Boyer and James V. Wertsch, eds., *Memory in Mind and Culture* (New York: Cambridge University Press, 2009), 7 and 288.

42. Richard Foreman, "The Pancake People, or, 'The Gods Are Pounding My Head,'" *Edge*, March 8, 2005, www.edge.org/3rd_ culture/foreman05/foreman05_index.html.

〔插敘〕 關於寫這本書的動機

1. Benjamin Kunkel, "Lingering," *n+1*, May 31, 2009, www. nplusonemag.com/lingering；粗體字引自原文。

第十章　像我一樣的東西

1. Joseph Weizenbaum, "ELIZA-A Computer Program for the Study of Natural Language Commu-nication between Man and

Machine," *Communications of the Association for Computing Machinery*, 9, no. 1 (January 1966): 36-45.

2. David Golumbia, *The Cultural Logic of Computation* (Cambridge, MA: Harvard University Press, 2009), 42.

3. 引述自 Golumbia, *Cultural Logic*, 37。

4. 同上,42。

5. Weizenbaum, "ELIZA."

6. 同上。

7. Joseph Weizenbaum, *Computer Power and Human Reason: From Judgment to Calculation* (New York: Freeman, 1976), 5.

8. 同上,189。

9. 同上,7。

10. 引述自 Weizenbaum, *Computer Power*, 5。

11. Kenneth Mark Colby, James B. Watt, and John P. Gilbert, "A Computer Method of Psychotherapy: Preliminary Communication," *Journal of Nervous and Mental Disease*, 142, no. 2 (1966): 148-52.

12. Weizenbaum, *Computer Power*, 8.

13. 同上,17-38。

14. 同上,227。

15. John McCarthy, "An Unreasonable Book," *SIGART Newsletter*, 58 (June 1976).

16. Michael Balter, "Tool Use Is Just Another Trick of the Mind," *Science-NOW*, January 28, 2008, http://sciencenow.sciencemag. org/cgi/content/full/2008/128/2.

17. *The Letters of T. S. Eliot,* vol. 1, *1898-1922,* ed. Valerie Eliot (New York: Harcourt Brace Jovanovich, 1988), 144。尼采和馬林漢生書寫球的邂逅則是既熱情又短暫。尼采跟許多殷切使用新

科技玩意的人一樣，受不了打字機的缺點。他後來發現書寫球是有問題的：當春天到來、地中海濕氣加重時，打字機的按鈕會開始卡住，墨水也會在頁面上到處亂流。尼采在書裡寫，那個裝置「跟小狗一樣脆弱，會造成一大堆問題。」不到幾個月的時間，他就放棄用書寫球寫作，把它換成一位祕書，即年輕詩人路·沙樂梅。五年後，尼采在晚期的著作《道德系譜學》裡寫下精采的論證，反對人類思想和人格的機械化。他讚揚寧靜沉思的大腦狀態，因為我們會從中靜靜地恣意「消化」經驗。他寫道，「暫時關上意識的門窗，離開喧囂之聲」可以讓大腦「清出空間給新的事物，以及更重要的高階功能。」Friedrich Nietzsche, *The Genealogy of Morals* (Mineola, NY: Dover, 2003), 34.

18. Norman Doidge, *The Brain That Changes Itself: Stories of Personal Triumph from the Frontiers of Brain Science* (New York: Penguin, 2007), 311.

19. John M. Culkin, "A Schoolman's Guide to Marshall McLuhan," *Saturday Review*, March 18, 1967.

20. Marshall McLuhan, *Understanding Media: The Extensions of Man*, critical ed., ed. W. Terrence Gordon (Corte Madera, CA: Gingko Press, 2003), 63-70.

21. Lewis Mumford, *Technics and Civilization* (New York: Harcourt Brace, 1963), 15.

22. Weizenbaum, *Computer Power*, 25.

23. Roger Dobson, "Taxi Drivers' Knowledge Helps Their Brains Grow," *Independent*, December 17, 2006.

24. Doidge, *Brain That Changes Itself*, 310-11.

25. Jason P. Mitchell, "Watching Minds Interact," in *What's Next: Dispatches on the Future of Science*, ed. Max Brockman (New

York: Vintage, 2009), 78-88.

26. Bill Thompson, "Between a Rock and an Interface," *BBC News*, October 7, 2008, http://news.bbc.co.uk/2/hi/technology/7656843. stm.

27. Christof van Nimwegen, "The Paradox of the Guided User: Assistance Can Be Counter-effective," SIKS Dissertation Series No. 2008-09, Utrecht University, March 31, 2008；另見 Christof van Nimwegen and Herre van Oostendorp, "The Questionable Impact of an Assisting Interface on Performance in Transfer Situations," *International Journal of Industrial Ergonomics,* 39, no. 3 (May 2009): 501-8。

28. 同上。

29. 同上。

30. "Features: Query Suggestions," Google Web Search Help, undated, http://labs.google.com/suggestfaq.html.

31. James A. Evans, "Electronic Publication and the Narrowing of Science and Scholarship," *Science*, 321 (July 18, 2008): 395-99.

32. 同上。

33. Thomas Lord, "Tom Lord on Ritual, Knowledge and the Web," *Rough Type* blog, November 9, 2008, www.roughtype.com/ archives/2008/11/tom_lord_on_rit.php.

34. Marc G. Berman, John Jonides, and Stephen Kaplan, "The Cognitive Benefits of Interacting with Nature," *Psychological Science*, 19, no. 12 (December 2008): 1207-12.

35. Carl Marziali, "Nobler Instincts Take Time," USC Web site, April 14, 2009, http://college.usc.edu/news/stories/547/nobler-instincts-take-time.

36. Mary Helen Immordino-Yang, Andrea McColl, Hanna Damasio,

and Antonio Damasio, "Neural Correlates of Admiration and Compassion," *Proceedings of the National Academy of Sciences*, 106, no. 19 (May 12, 2009): 8021-26.

37. Marziali,"Nobler Instincts."
38. L. Gordon Crovitz, "Information Overload? Relax," *Wall Street Journal*, July 6, 2009.
39. Sam Anderson, "In Defense of Distraction," *New York*, May 25, 2009.
40. Tyler Cowen, *Create Your Own Economy* (New York: Dutton, 2009), 10.
41. Jamais Cascio, "Get Smarter," *Atlantic,* July/August 2009.
42. Martin Heidegger, *Discourse on Thinking* (New York: Harper&Row,1966), 56；粗體字引自原文。
43. Martin Heidegger, *The Question Concerning Technology and Other Essays* (New York: Harper & Row, 1977), 35.

後記　人性元素

1. William Stewart, "Essays to Be Marked by 'Robots,'" *Times Education Supplement*, September 25, 2009.

索引

文獻

一至三畫

四至五畫

十畫

十一畫

十二畫

人名

十二畫

十六畫

十七畫

十八至十九畫

四至五畫

六至七畫

十畫

十一畫

網路讓我們變笨？數位科技正在改變我們的大腦、思考與閱讀行為（數位時代橫排版、附完整中英對照索引）

作　　　者	卡爾（Nicholas Carr）
譯　　　者	王年愷
責任編輯	曾琬迪、吳欣庭、謝宜英
協力編輯	蕭亦芝
校　　　對	魏秋綢
版面構成	張靜怡
封面設計	徐睿紳
行銷總監	張瑞芳
行銷主任	段人涵
版權主任	李季鴻
總　編　輯	謝宜英
出　版　者	貓頭鷹出版 OWL PUBLISHING HOUSE

事業群總經理　謝至平
發　行　人　何飛鵬
發　　　行　英屬蓋曼群島商家庭傳媒股份有限公司城邦分公司
　　　　　　115 台北市南港區昆陽街 16 號 8 樓
　　　　　　劃撥帳號：19863813；戶名：書虫股份有限公司
城邦讀書花園：www.cite.com.tw　購書服務信箱：service@readingclub.com.tw
購書服務專線：02-2500-7718~9（週一至週五 09:30-12:30；13:30-18:00）
24 小時傳真專線：02-2500-1990~1
香港發行所　城邦（香港）出版集團／電話：852-2508-6231／hkcite@biznetvigator.com
馬新發行所　城邦（馬新）出版集團／電話：603-9056-3833／傳真：603-9057-6622
印　製　廠　中原造像股份有限公司
初　　　版　2012 年 1 月
二　　　版　2015 年 7 月
三　　　版　2019 年 10 月／二刷 2024 年 9 月
定　　　價　新台幣 420 元／港幣 140 元
Ｉ Ｓ Ｂ Ｎ　978-986-262-394-7

讀者意見信箱　owl@cph.com.tw
投稿信箱　owl.book@gmail.com
貓頭鷹臉書　facebook.com/owlpublishing

【大量採購，請洽專線】(02) 2500-1919

城邦讀書花園
www.cite.com.tw

本書採用品質穩定的紙張與無毒環保油墨印刷，以利讀者閱讀與典藏。

國家圖書館出版品預行編目資料

網路讓我們變笨？：數位科技正在改變我們的大腦、思
考與閱讀行為 / 卡爾 (Nicholas Carr) 著；王年愷譯.
-- 三版 . -- 臺北市：貓頭鷹出版：家庭傳媒城邦分公
司發行 , 2019.10
面； 公分 . -- （貓頭鷹書房；63）
譯自：The shallows : what the Internet is doing to
 our brains
ISBN 978-986-262-394-7（平裝）

1. 生理心理學 2. 網際網路

172.1 108011690